JN043994

スッキリわかる

FP技能士3級

テキスト+問題集

（株）住まいと保険と資産管理
白鳥光良　編著

TAC出版
TAC PUBLISHING Group

「スッキリわかる FP 技能士3級」
購入者限定特典

① スッキリわかるFP講義動画を見てみよう！

FP 試験で学習しなければならない論点は多岐にわたります。

スッキリわかる FP では、特に理解しづらい論点の解説講義や、学習前に見ることで学習をスムーズに進められる学習の指針講義を作成しました。

ぜひ、試験合格へ向けた学習の一助にお役立てください。

② 「CBT模擬試験プログラム」にチャレンジ！

本書には、実際の CBT 試験そっくりに作られた「CBT 模擬試験プログラム」が付属しています！

試験直前になったら、模擬試験プログラムに挑戦して最終仕上げをしましょう！　これで直前対策もバッチリ！

PC またはタブレットで利用可能！もちろん無料で使えます！

アクセスはこちら　| TAC 出版 | 検索 |　

https://bookstore.tac-school.co.jp/pages/download_service/

① 書籍連動ダウンロードサービスにアクセス
② パスワードを入力 | 240511187 |
③ 講義動画を視聴（2024 年 6 月中旬公開予定）
　CBT 模擬試験プログラムを体験（今すぐ使えます！）

※この模擬試験プログラムは TAC 出版が独自に製作したものです。実際の試験とは異なる場合がございますので、ご了承ください。
※本特典の提供期間は、改訂版刊行月末日（2025 年 5 月予定）までです。

（免責事項）
(1) 本アプリの利用にあたり、当社の故意または重大な過失によるもの以外で生じた損害、及び第三者から利用者に対してなされた損害賠償請求に基づく損害については一切の責任を負いません。
(2) 利用者が使用する対応端末は、利用者の費用と責任において準備するものとし、当社は、通信環境の不備等による本アプリの使用障害については、一切サポートを行いません。
(3) 当社は、本アプリの正確性、健全性、適用性、有用性、動作保証、対応端末への適合性、その他一切の事項について保証しません。
(4) 各種本試験の申込、試験申込期間などは、必ず利用者自身で確認するものとし、いかなる損害が発生した場合であっても当社では一切の責任を負いません。

（推奨デバイス）PC・タブレット
（推奨ブラウザ）Microsoft Edge 最新版／ Google Chrome 最新版／ Safari 最新版
詳細は、下記 URL にてご確認ください。
https://tac-fp.com/login

改正ポイント

本書を '24-'25年版に改訂した際の主な改正ポイントは以下のとおりです。本書は、2024年4月1日現在施行中の法令に基づいており、2024年6月～2025年5月の試験に対応しております。

	改正前	改正後
基本年金額 (老齢基礎年金の満額、遺族基礎年金の基本部分)	**2023年度** 795,000円 (68歳以上は792,600円)	**2024年度** 816,000円(69歳以上は813,700円) ※「インフレで増えた年金に入ろ(816)う」
遺族基礎年金の子の加算	**2023年度** 2人目まで:228,700円 3人目以降:76,200円	**2024年度** 2人目まで:234,800円 ※夫妻(23)を死は(48)引き離す 3人目以降:78,300円 ※な(7)んとは(8)かない最(3)期
在職老齢年金の基準額	**2023年度** 基準額48万円	**2024年度** 基準額50万円
新・NISAの創設	**2023年12月末までの新規買付** 一般NISA: 年120万円(累計600万円)2023年までつみたてNISA: 年40万円(累計800万円)2042年まで ※新NISAとは別枠で上記制度の取扱いは継続	**2024年1月以降の新規買付** 成長投資枠: ⇒年240万円(累計1200万円)まで つみたて投資枠: ⇒年120万円(累計1800万円)まで ※両枠合計の上限額は1800万円まで
金融サービス提供法 (旧・金融商品販売法)	**2024年1月末までの正式名称** 「金融サービスの提供に関する法律」	**2024年2月からの正式名称** 「金融サービスの提供及び利用環境の整備等に関する法律」
空き家に係る譲渡所得の3,000万円特別控除の特例	**2023年12月末までの譲渡** 特別控除額3000万円 (相続人が複数いる場合、1人あたり控除額3000万円)	**2024年1月以降の譲渡** 相続人が2人以下の場合、特別控除額3000万円 (相続人が3人以上いる場合、1人あたり控除額2000万円)
相続財産に加算する生前贈与の期間	**2023年12月末までの贈与** 相続開始前3年間	**2024年1月以降の贈与** 相続開始前7年間(ただし、延長した4年間に受けた贈与については合計100万円まで相続財産に加算しない)
相続時精算課税制度における基礎控除 (年110万円)	**2023年12月末までの贈与** 相続時精算課税制度を選択後は、全ての贈与について(同制度の対象として)贈与税申告が必要	**2024年1月以降の贈与** 相続時精算課税制度を選択後も、毎年110万円(基礎控除)以下の贈与については(非課税となり)贈与税申告が不要
不動産に関する相続登記の義務化	**2024年3月末まで** 不動産に関する相続登記は任意	**2024年4月1日より** 不動産に関する相続登記が義務化 原則、不動産の相続を認知してから3年以内の相続登記が必要

はじめに

FP 試験は簡単なのに、試験勉強はどうしてこんなに大変なのか

FP 3 級試験は、6 割以上正答すれば合格となり、
合格率も 6・7 割と高く、一週間程度の学習期間で合格する受検生もたくさんいます。

しかし、書店店頭には細かな情報がぎっしりと掲載された分厚い参考書があふれています。テキストを 1 回読み通すだけでも相当な時間と労力を要するでしょう。

試験の難易度に比べ、なぜテキストで学ぶことがこんなに多いのでしょうか。FP は人生を通じて関わるお金の知識を学ぶため、保険・金融資産・税金・不動産・相続と学習範囲が非常に広く、多岐に渡ります。

そのため、**試験範囲の全てを網羅しようとすると、学習量は膨大なものとなってしまうのです。**

必要以上に手を広げず、確実に頻出論点を押さえることが合格につながる

過去問を数回分解けばわかるように、頻出問題はパターン化されています。
さらに 6 割の正答で合格できるため、
めったに問われない論点にまで手を広げる必要は全くありません。

大量にある金融商品の細かい知識や、税金の計算過程における微細なルールなど、全て理解しようとすれば膨大な時間が必要になり、理解しきれずに挫折してしまうこともあるでしょう。学習時間や暗記できる量には限りがあります。**必要以上に手を広げて学習すると、その分、頻出論点の理解や暗記がおろそかになるので、合格が遠のくこともあるのです。**

そのため本書は、
合格ラインを確実に超えるために
必要な情報を厳選して掲載しています。

実際に読者の方から、「最初に他の分厚い参考書を購入したものの、大量の情報をインプットできずに挫折し、本書を買いなおして合格した」という声を多数いただいております。

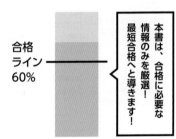

合格
ライン
60%

本書は、合格に必要な情報のみを厳選！最短合格へと導きます！

3級試験は、
"〇×問題"や"常識"で解ける問題も多い

　国家資格であるFP技能検定は、難しい問題ばかりだと思われているかもしれません。しかし、**3級試験では〇×問題や常識で解ける問題がたくさんあります。**

📝 実際の試験問題を見てみましょう。

【第1問】次の各文章（(1)〜(30)）を読んで、正しいものまたは適切なものには①を、誤っているものまたは不適切なものには②を、解答用紙にマークしなさい。〔30問〕

(1) 税理士資格を有しないファイナンシャル・プランナーのAさんは、顧客から土地の譲渡についての相談を受け、提示された売買契約書等に基づき、譲渡所得に係る所得税額および住民税額を計算したうえで確定申告書の作成を代行した。

このように、学科試験は60問中30問が〇×式の試験です。
自信のない問題があっても、半分の確率で正答できるのです。

　ちなみに、この問題に関する知識はP005に掲載されています。問題文は一見難しく見えるかもしれませんが、「税理士資格を持っていなければ、**具体的な**税務相談にのってはいけない。税金の**一般的な**説明をするだけならセーフ」ということだけ理解していれば簡単に解ける問題です。この設問では、明らかに一般的な説明の範囲を超えているため、正解は「×」になります。

本書では、試験独特の難しい言い回しにまどわされて挫折しないよう、
できるだけ日常的な表現を用いて説明しています。

📝 続いて、他の問題も見てみましょう。

(1) ファイナンシャル・プランナーは、「個人情報の保護に関する法律」に定められる個人情報取扱事業者に該当しない場合であっても、職業倫理上、顧客情報に関する守秘義務を遵守しなければならない。

　FPは顧客の相談に乗る際に、収入や借入金の状況など、多くの個人情報を取得することになります。当然、このような情報は口外してはならず、答えは「〇」になります。
このように、暗記していなくても、落ち着いて考えればなんとなく答えがわかる問題や、常識の範囲で解ける問題もたくさんあります。
　FP3級試験は、頻出問題が決まっていて、選択式なので勘で解ける問題もあり、6割正答すれば合格できるのです。
頻出論点に的をしぼった本書で、無理なく無駄なく、最短合格を目指しましょう！

ＦＰ資格の魅力

FP の資格・知識は、独立・開業したり、会社内で知識を活かしたり、
家庭での資産設計に役立てたり…といったように、あらゆる方面に活用できます。
FP 資格の魅力は、「学習する全ての人に役立つ」ことです。

独立・開業

FP事務所を設立

1 級ファイナンシャル・プランニング技能士や CFP® 認定者となれば、独立して FP 事務所を設立することも視野に入ります。

企業内FP

会社内で知識を活かす

金融機関や不動産会社等に勤めている方は、FP を取得することで社内や顧客からの信頼感がアップします。また、資格取得を奨励している企業も多くあります。

Wライセンス

FPと相性がよい資格
宅地建物取引士、社会保険労務士、税理士、証券外務員、日商簿記など

FP の学習内容は多分野にまたがるため、他の資格と重なる部分が多くあります。他の資格と合わせて取得することで、より専門的な顧客相談に対応できるようになります。

どんな人にも

家庭での資産設計に

年金や社会保険料など、人生に関わるお金について学ぶことで将来に見通しが立ち、合理的な判断ができるようになります。

FPの試験制度

FPの試験は「一般社団法人 金融財政事情研究会（金財）」と
「NPO法人 日本ファイナンシャル・プランナーズ協会（日本FP協会）」の
2団体が主催しています。

■ 試験の種類は2種類

FP技能士 （3級〜1級）	国家資格。一度取得すると有効期限はないので、更新の必要はありません。本書はこのFP技能士の試験に対応しています。
AFP・CFP®	日本FP協会認定資格。資格には有効期限があり、定期的に更新する必要があります。

■ 受検の流れ

基本的には**FP技能士の3級から受検**します。原則として一つ前の級の取得が受検資格となっているため、**3級⇒2級⇒1級の順に受検**します。

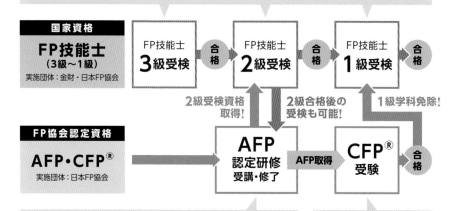

AFPの認定研修を修了した場合も2級FP技能士の受検資格が得られます。**AFP認定研修⇒2級FP技能士の流れをたどると、一気に2級とAFPの2つの資格取得が可能**となります。

2級取得者は1級を、**AFP取得者はCFP®を受験**することができます。

3級試験について

試験は「学科試験」と「実技試験」の2種類あり、
両方に合格することでFP技能士として認定されます。

学科試験	「学科試験」は金財・日本 FP 協会の両団体ともに共通です。

実　技	「実技試験」は各団体で内容が異なります。「実技」といっても、試験形式は学科試験と同様です。

学科・実技のどちらか片方だけ合格した場合は、
残りの試験は、片方の合格から翌々年度の末日までに合格する必要があります。

▌3級　試験概要

受検資格		特になし
試験実施団体		金財・日本 FP 協会
試験月		いつでも可（休止期間除く）
試験方式		CBT 方式
出題形式	学科	○×式・三答択一式　各 30 問（計 60 問）
	実技	**金　財**▶ 事例形式　三答択一式　5 題（15 問） **日本FP協会**▶ 三答択一式　20 問
実技の試験科目		**金　財**▶ 個人資産相談業務・保険顧客資産相談業務 （どちらか 1 つを選択） **日本FP協会**▶ 資産設計提案業務
試験期間	学科	90 分
	実技	60 分
受検料		学科・実技各 4,000 円
合格基準		学科・実技ともに 6 割以上の得点

▌CBT試験概要

CBT 形式とは、テストセンターのコンピュータを使って受検を行う試験形式です。事前に日時・試験会場（全国約 300 箇所）を予約する必要がありますが、自分の好きなタイミングで受検が可能というメリットがあります。

受検方法

①試験団体 HP より、受験希望日時・会場・個人情報等を入力し、試験の予約をします。
②予約日時に指定した会場で受験します。試験ごとにランダムな問題がコンピュータ上に表示され、受検者はそれに解答します。
③試験終了後、即座に採点され、自身の得点は試験後に会場の受付で交付される用紙から知ることができます。ただし、正式な合格発表は試験約 1 カ月後に行われます。

▌法令基準日

問題文にとくに断りのない限り、以下の基準日現在の法令等に基づいて出題されます。
（ただし、試験範囲に含まれる時事的問題など、FP として当然知っておくべき事項については、基準日にかかわらず出題される可能性もあります）

試験日	2024 年 6 月〜 2025 年 5 月
法令基準日	2024 年 4 月 1 日

試験情報は変更される可能性があります。最新の試験情報の確認や受検手続は、以下の試験団体の HP 等を参照しましょう。

一般社団法人　金融財政事情研究会（金財）
URL https://www.kinzai.or.jp/fp　TEL 03-3358-0771

NPO 法人　日本ファイナンシャル・プランナーズ協会（日本 FP 協会）
URL https://www.jafp.or.jp/　TEL 03-5403-9890

学習方法

本書『スッキリわかる FP 技能士 3 級』は、

1冊でインプットとアウトプットが完了し、

合格圏内に入れる作りとなっていますが、

シリーズで使用することで本番得点力がさらに高まります。

学習に割ける時間等に応じて、
過去問題集や予想模試を活用しましょう。

STEP 1　スッキリわかる
▽
STEP 2　スッキリとける
▽
STEP 3　あてる（予想模試）
▽
最短合格

基本の1冊！

'24-'25年版
24年6月～25年5月
試験対応

スッキリわかる

FP技能士3級
テキスト+問題集

(株)住まいと保険と資産管理　白鳥光良　編著

試験にでるところだけに絞った
究極の書
赤シートで暗記も楽々
これ1冊でスッキリわかる！

CBT模擬試験つき！
本番そっくり！

スッキリわかる講義動画つき
袋とじ「秘伝の書」があと5点UPを伝授

TAC出版

本書の特長と利用方法（P12）

STEP 1　スッキリわかる を使い倒す

　本書『スッキリわかる FP 技能士 3 級』は、短いテキスト部分の後にすぐ問題演習があり、1冊でインプットとアウトプットが完了する作りとなっています。

1周目

1周目は、わからない部分があってもそのまま読み進め、問題部分も「読む」程度にとどめます。このようにして、まず学習する内容の大枠をざっくりと頭に入れましょう。

2周目以降

そして、2周目、3周目と繰り返し読みながら、少しずつ知識を頭にしみこませていきましょう。赤シートを活用して、覚えているかどうか確認するのも効果的です。

さらに過去問をたくさん解く！

STEP 2 **スッキリとける** で過去問演習

　本書にも頻出の過去問題を掲載していますが、『スッキリとける過去＋予想問題　FP技能士3級』でより多くの過去問題を解き、さらに本試験タイプの予想問題を1回分解くことで、本試験に対応する力が養われます。

スッキリわかる ↻ **スッキリとける**

『スッキリわかる』を1章読むごとに『スッキリとける』の同じ章の問題を解くことで理解が深まります。

直前対策で総仕上げ！

STEP 3 **あてる** の予想模試で本試験に備える

　『'24-'25年本試験をあてるTAC直前予想模試FP技能士3級』では、本試験形式の予想模試3回分を収載しています。さらに、直前期に暗記すべき項目をコンパクトにまとめた「直前つめこみノート」や、苦手な人が多い計算問題を一気に演習できる「計算ドリル」など、直前対策に役立つコンテンツが盛りだくさんです。

　この1冊で試験に向けた最終仕上げをしましょう。

STEP 1 各章ごとに、全体像と頻出論点を把握しよう!

全体像をチェック

最初に章の全体像に目を通すことで、これから学習する内容が頭に入りやすくなります。

頻出論点ベスト5

試験までの残り時間が少ない場合は、ベスト5の項目だけでも頭に入れましょう。

STEP 2 インプット ⟲ アウトプットで知識を定着!

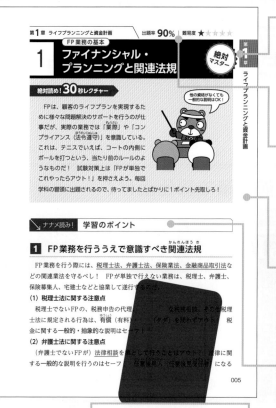

アイコンに注目

出題率ごとに、絶対マスター!(70%以上)、ここで差がつく(50%以上70%未満)、最後のひと押し(50%未満)のアイコンがついています。メリハリをつけて学習しましょう。

出題率と難易度

各項目の出題率と難易度が一目でわかります。出題率高め、難易度低めの「おいしい論点」は落とさないようにしましょう。

絶対読め!30秒レクチャー

熱血クマ講師Shuzoのイラストと熱いレクチャーで、各項目の要点がすぐにつかめます。

ナナメ読み!学習のポイント

試験対策に必要な知識だけ、極限までしぼりこんでいます。やさしく簡潔な文章だから、どんどん読み進められます。

重要な語句や問題演習の解答は**赤シート**で隠せます。

さらっと一読！　■貸金業法の総量規制　　　　出題率 **30**%未満

個人が貸金業者による個人向け貸付けを利用する場合、原則として、年収の3分の1を超える借入はできない。

さらっと一読！

出題率低めの論点は、軽く目をとおしましょう。

実務上ではどうなの？

税金・法律・保険などについてお客様から聞かれた場合、FP単独で一般的（抽象的）な説明をするのは有償でもOKですが、個別・具体的なアドバイスや個別商品の提案を（必要な資格なく）するのは無償でもNGです。ここは試験でも実務でも重要なポイントです。

	一般的な説明	具体的な説明
無料で行う	OK	NG
有料で行う	OK	NG

実務上ではどうなの？

独立系FPとして20年以上活躍している著者が語るFPの実務情報。実務の世界の変動がわかれば、本試験の傾向が見えてきます。

問題演習

厳選した頻出の過去問題を掲載しています。学んだ内容をすぐにアウトプットすることで知識を定着させます。
「学習のポイント」でふれていない発展的な知識が問われることもあるので、ここでさらに知識をたくわえましょう。

繰り返し学習

間違えた問題には
チェックを入れて、
復習しましょう。

本番得点力が高まる！ 問題演習

問1 □□□　Aさん（40歳）が、老後資金として2,000万円を準備するために、20年間、毎年均等に積み立て、利率（年率）1％で複利運用する場合、必要となる毎年の積立金額は（　　）である。なお、計算にあたっては下記の〈資料〉の係数を使用して算出するものとする。

〈資料〉利率（年率）1％・期間20年の各種係数

現価係数	減債基金係数	年金現価係数
0.8195	0.0454	18.0455

1）819,500円
2）908,000円
3）1,000,000円

〈2020年1月学科第2問 (31)〉

問2 □□□　利率（年率）2％で複利運用しながら10年間にわたって毎年500,000円ずつ積み立てた場合の10年後の元利合計額は、下記の〈資料〉を利用して計算すると、（　　）となる。

〈資料〉利率（年率）2%・期間10年の各種係数

終価係数	年金現価係数	年金終価係数
1.2190	8.9826	10.9497

1）4,491,300円
2）5,474,850円
3）6,095,000円

〈2013年1月学科第2問 (31)〉

STEP 3 実技の対策もバッチリ！

充実の実技対策　第7章～第9章

本書だけで学科も実技も攻略できます。金財の個人資産相談業務、保険顧客資産相談業務、日本FP協会の資産設計提案業務に対応しています。

STEP 4 試験直前は、秘伝の書で大逆転！

秘伝の書　袋とじ

試験直前の秘伝が載っています。試験まで数日しか勉強時間がない人は、まずここを開けてみましょう。

CONTENTS

第1章 ライフプランニングと資金計画

第2章 リスク管理

第3章 金融資産運用

第7章　実技試験　金財　個人資産相談業務

第8章　実技試験　金財　保険顧客資産相談業務

第9章　実技試験　日本FP協会　資産設計提案業務

第1章

ライフプランニングと資金計画

毎月の生活費だけでなく、住宅ローン、教育費、老後の生活…などと、あなたが望むライフプランを実現するためには必ず「お金」がかかる。

ここでは、ライフプランと関係するお金について学習する。

まず最初に、Shuzoのように右手をナナメ上にあげてみよう。

あら不思議、合格しようと思う気持ちが高まってくるはずだ！

合格するぞー！

ライフプランニングと資金計画

FP は顧客の人生設計（ライフプラン）を実現させるために資金計画を立てる。このことをファイナンシャル・プランニングという。この章では、資金計画を立てる際に考慮する社会保険や公的年金、住宅・教育資金の準備方法について学ぼう。

FP業務の基本	FP 業務のキホンを学ぼう。

① ファイナンシャル・プランニングと関連法規

FP は顧客のライフプラン実現のために様々なサポートを行うが、関連業務の中には税理士や弁護士や保険募集人等の資格がなければ単独ではできない業務もある。FP の業務上のルールを覚えよう。

② ライフプランニングの手法・プロセス

顧客の相談に乗る時には、将来の希望や年間の収支状況等の予測をライフイベント表、キャッシュフロー表にまとめる。いろいろな数値を計算できるようにしよう。

人生の三大資金 （住宅・教育・老後）	人生の三大資金、住宅資金・教育資金・老後資金を 自助努力で準備する方法を学ぼう。

③ 住宅ローン

マイホームを購入するには数千万円のお金が必要だから、預貯金だけでは足りない。ここでは資金調達の方法の１つ、住宅ローンについて学ぼう。固定金利型の代表的な住宅ローン、フラット 35 は頻出。

④ 教育資金

教育資金が足りない場合に役立つ、日本政策金融公庫の教育一般貸付、日本学生支援機構の奨学金等について学ぼう。第一種奨学金は無利息で、第二種奨学金は利息付き。

⑤ 企業年金・個人年金

企業年金には、あらかじめもらえる額が決まっている確定給付年金と、もらえる年金額は自分の運用次第で変動する確定拠出年金がある。加入者が増えている確定拠出年金を重点的に学ぼう。

| 社会保険のしくみ | 社会保険は、病気・ケガ・失業等によって生活に困った人を
社会政策的に救う強制保険制度。 |

⑥ 公的医療保険（健康保険）

公的医療保険がみんなのお金を集めて病院に払ってくれているから、医療費の自己負担は3割ですんでいる。会社員は健康保険（被用者保険）、それ以外の人は国民健康保険（地域保険）に加入している。

⑦ 雇用保険

「失業保険」と呼ばれる雇用保険。失業者が求職中に生活していくのを支える基本手当（失業給付）や、労働者の能力開発のための学習資金を援助する教育訓練給付などがある。

⑧ 労災保険

労働者が仕事中や通勤中にケガや病気をしたときは、健康保険ではなく労災保険の対象になる。パートを含むすべての労働者が対象になり、保険料は100％事業主が負担する。

⑨ 公的介護保険

歳をとって身の回りのことを自分でするのが難しくなったときに、介護サービスを自己負担1割などで利用できる制度が公的介護保険。

⑩ 公的年金

公的年金は、収入を支えていた人が働けない状態になったときに、家族の最低限の生活を守る国営の保険。働けなくなる理由によって、老齢給付・障害給付・遺族給付がある。

頻出論点 Best5

 1位 公的年金　　　　　　　　　　　　▶第1章 10

出題率 200%

毎回2問出ることが多い公的年金。働けなくなる3つの理由（ロウレイ・ショウガイ・イゾク）、2つの支給（キソ・コウセイ）を理解したら、細かい知識をつめこむ前に「過去問演習を繰り返す」のが得点力アップの近道だ！最低1問、できれば2問ゲットしよう。

 2位 ライフプランニングの手法・プロセス　　▶第1章 2

出題率 100%

ここも毎回出るが、公的年金ほど難しくない。「6つの係数」「可処分所得」「キャッシュフロー表」を理解したら、過去問をマスターすれば大丈夫。念のため「個人バランスシート」（第9章 2 参照）という概念も理解しておこう。

 3位 住宅ローン　　　　　　　　　　　　▶第1章 3

出題率 95%

FPの相談業務においても頻出知識の「住宅ローン」は、出題率が上昇、ほぼ毎回出るようになった。「住宅ローンを深く理解しよう！」と気合いを入れて勉強したうえで、「フラット35」の周辺知識は直前にも再度つめこんでおこう。

 4位 ファイナンシャル・プランニングと関連法規　▶第1章 1

出題率 90%

ここは、第1問目に出ると思っておこう！　税金・法律・保険募集などの業法が存在する業務についてFPは「一般的な説明はOKだが、個別具体的なアドバイスはNG」という原則を理解しておくのがキモだ。

 5位 公的医療保険（健康保険）　　　　　　▶第1章 6

出題率 85%

年2〜3回出ており、2択と3択で1問ずつ出る回もある。公的な医療保険（健康保険）に関して、自己負担（原則3割）、様々な給付の内容や金額や期間などを頭に入れたら、過去問の理解に努めよう！

FP業務の基本

1 ファイナンシャル・プランニングと関連法規

絶対マスター

他の資格がなくても一般的な説明はOK！

絶対読め！**30**秒レクチャー

　FPは、顧客のライフプランを実現するために様々な問題解決のサポートを行うのが仕事だが、実際の業務では「業際」や「コンプライアンス（法令遵守）」を意識している。これは、テニスでいえば、コートの内側にボールを打つという、当たり前のルールのようなものだ！　試験対策上は「FPが単独でこれやったらアウト！」を押さえよう。毎回学科の冒頭に出題されるので、待ってましたとばかりに1ポイント先取しろ！

ナナメ読み！ **学習のポイント**

1 FP業務を行ううえで意識すべき関連法規

　FP業務を行う際には、税理士法、弁護士法、保険業法、金融商品取引法などの関連業法を守るべし！　FPが単独で行えない業務は、税理士、弁護士、保険募集人、宅建士などと協業して遂行するのだ。

（1）税理士法に関する注意点

　税理士でないFPの、税務申告の代理、個別具体的な税務相談、その他税理士法に規定される行為は、有償（有料）・無償（タダ）を問わずアウト！　税金に関する一般的・抽象的な説明はセーフ！

（2）弁護士法に関する注意点

　（弁護士でないFPが）法律相談を業として行うことはアウト！　法律に関する一般的な説明を行うのはセーフ！　任意後見人（任意後見受任者）になる

のは資格不要なので誰でもOK！　また、公正証書遺言の作成時の証人も資格不要！

(3) 保険業法に関する注意点

保険募集人でないFPの、具体的な保険商品の募集や勧誘はアウト！

(4) 金融商品取引法に関する注意点

金融商品取引業者（投資・助言代理業）として登録を受けていないFPが、顧客と投資顧問契約を結んで助言を行ってはダメ！　また、金融商品取引業者（投資運用業）ではないFPが、投資一任契約に関する業務を行ったらアウト！

(5) 金融サービス提供法に関する注意点

金融商品を販売する際には、元本欠損が生じるリスクなどの重要事項を必ず説明しなければならない。

(6) その他（守秘義務）

FPは職業倫理上（個人情報保護法に抵触しない範囲であっても）顧客情報を第三者に漏らしてはならない。

実務上ではどうなの？

税金・法律・保険などについてお客様から聞かれた場合、FP単独で一般的（抽象的）な説明をするのは有償でもOKですが、個別・具体的なアドバイスや個別商品の提案を（必要な資格なく）するのは無償でもNGです。ここは試験でも実務でも重要なポイントです。

	一般的な説明	具体的な説明
無料で行う	OK	NG
有料で行う	OK	NG

本番得点力が高まる！ 問題演習

問 1
□□□
税理士資格を有しないファイナンシャル・プランナーが、顧客のために反復継続して確定申告書を作成しても、その行為が無償であれば

税理士法に抵触しない。 《2020年9月学科第1問 (1)》

問2 ☐☐☐ 　弁護士資格を有しないファイナンシャル・プランナーが、顧客に対して、法定相続分や遺留分について民法の条文を基に一般的な説明を行う行為は、弁護士法に抵触する。 《2022年1月学科第1問 (1)》

問3 ☐☐☐ 　生命保険募集人の登録を受けていないファイナンシャル・プランナーが、ライフプランの相談に来た顧客に対し、生命保険商品の一般的な商品性について説明することは、保険業法において禁止されている。 《2023年1月学科第1問 (1)》

問4 ☐☐☐ 　ファイナンシャル・プランナーが顧客と投資顧問契約を締結し、その契約に基づき投資助言・代理業を行うには、金融商品取引業の登録を受けなければならない。 《2018年5月学科第1問 (1)》

問5 ☐☐☐ 　ファイナンシャル・プランナーが顧客と投資顧問契約を締結し、当該契約に基づき金融商品取引法で定める投資助言・代理業を行うためには、内閣総理大臣の登録を受けなければならない。

《2022年5月学科第1問 (1)》

問6 ☐☐☐ 　ファイナンシャル・プランナーは、職業倫理上、顧客情報に関する守秘義務を厳守しなければならない。 《2019年9月学科第1問 (1)》

問1 ✕── 税理士でないFPが税理士業務を行ったら、営利目的の有無や有償無償を問わずアウト！

問2 ✕── 弁護士資格のないFPでも、一般的な説明であればOK

問3 ✕── 保険募集人ではないFPの保険募集行為はアウトだが、一般的な（商品提案を含まない）保険のしくみや商品性の説明はOK

問4 〇── 学習のポイント **1** **(4)** を参照

問5 〇── FPが投資助言・代理業を行うには、金融商品取引業者として内閣総理大臣の登録を受けなければならない

問6 〇── FPは職業倫理上、顧客情報に関する守秘義務がある

---

2 ライフプランニングの手法・プロセス

絶対
マスター

絶対読め！30秒レクチャー

「キャッシュフロー表」は、ファイナンシャル・プランニングを行ううえで、最重要のツール。テニスプレーヤーにとってのラケットのようなものだ！　本気のFPは、お客様の10年後、20年後の収支や貯蓄を取りくずす時期をイメージしながらすべてのアドバイスを行うのだ！　試験対策としては「6つの係数」「可処分所得」の理解が必須だ！

ナナメ読み！　学習のポイント

1　ライフイベント表

　ライフイベント表は、本人および家族の将来の予定・目標・希望などを、表形式で時系列にまとめたもの。

2　キャッシュフロー表

（1）キャッシュフロー表とは

　現在の収支や今後のライフイベントをもとに、家族の将来の年間の収支状況や貯蓄残高の推移（現金の流れ）を予想し、表形式にまとめたもの。

●キャッシュフロー表の例

（単位：万円）

	年	2024	2025	2026	2027	2028
家族	夫	35（歳）	36	37	38	39
	妻	32（歳）	33	34	35	36
	長男	7（歳）	8	9	10	11
	イベント	入学		車		
収入	給与収入（2%）	550	561	572	583	595
	その他の収入	70	70	70	70	70
	一時的な収入			50		
	合計	620	631	692	653	665
支出	基本生活費（2%）	240	245	250	255	260
	住居費	180	180	180	180	180
	教育費	60	50	50	60	80
	保険料	36	36	36	36	36
	その他の支出	40	40	40	40	40
	一時的な支出			250		
	合計	556	551	806	571	596
年間収支		64	80	－ 114	82	69
貯蓄残高（2%）		450	539	436	527	607

（2）可処分所得の計算方法（サラリーマンの場合）

　個人が自分の意思で使い方を決められるキャッシュの年額。額面の年収から税金と社会保険料（通称：シャホ。第2の税金とも呼ばれる）を引いて求める。

> 可処分所得＝年収－（所得税・住民税＋社会保険料）

（3）年間収支の計算方法

$$年間収支＝年間収入の合計額－年間支出の合計額$$

収支がプラス（マイナス）の場合は貯蓄残高を増やす（減らす）。

（4）貯蓄残高の計算方法

$$貯蓄残高＝前年の貯蓄残高×（1＋運用利率）＋その年の年間収支$$

前記の表（2025年）では、$450×(1＋0.02)＋80＝539$ となる。

（5）物価変動（上昇）率

記入する数値（基本生活費など）には物価上昇率を考慮する。

$$n年後の数値＝現在の数値×（1＋年間物価上昇率）^n$$

→例：5年後の数値＝現在の数値×（1＋年間物価上昇率）^{5}

さらっと一読！

■貸金業法の総量規制　　　出題率▶**30**%未満

個人が貸金業者による個人向け貸付けを利用する場合、原則として、年収の3分の1を超える借入はできない。

さらっと一読！

■クレカ紛失時のルール　　　出題率▶**10**%未満

クレジットカードを紛失した個人のカード会員は、速やかにカード会社等へ届出を行った場合、原則、当該カード会社が届出を受けた日の60日前以降のカードの利用代金（第三者による不正利用があった部分）の支払債務が免除される。

さらっと一読！

■個人バランスシートへの資産の計上　　　出題率▶**20**%未満

個人顧客のバランスシートを作成する場合、バランスシートに計上する有価証券の価額については時価、生命保険については作成時点の解約返戻金相当額を使用する。

3 将来のお金と現在のお金をつなぐ6つの係数

運用や積立てや年金受取りなどの試算をする場合に便利な係数が6つある。さらに理解を深めたくなったら、第9章③も参照してみよう。

(1) 終価係数：現在の額を一定の利率で運用した場合の**将来の額を求める**

将来の額＝現在の額×終価係数

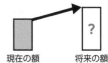

(2) 現価係数：将来の必要金額を得るために、一定の利率で運用する場合の**現在の必要金額を求める**

現在の必要金額＝将来の必要金額×現価係数

(3) 年金終価係数：毎年の積立額から**将来の積立合計額を求める**

将来の積立合計額＝毎年の積立額×年金終価係数

(4) 減債基金係数：目標額を貯めるために**必要な毎年の積立額を求める**

毎年の必要積立額＝将来の目標金額×減債基金係数

(5) 年金現価係数：目標とする年金額を受け取るために**必要な年金原資を求める**

必要な年金原資＝毎年の受取年金額×年金現価係数

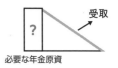

(6) 資本回収係数：保有資産額から毎年の**年金として受け取れる額を求める**

毎年の受取年金額＝保有資産額×資本回収係数

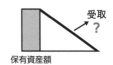

実務上ではどうなの？

「退職する10年後までに毎年積立して1,000万円貯蓄を増やしたい」という場合、実務上ではまず利率0％なら1,000万円×$\frac{1}{10}$＝100万円が必要と計算したうえで、利率1％や2％なら係数部分の1÷10＝0.1より小さい倍率（係数）を掛けた金額の積立でOKと考えます。このプロセスは、試験においては「6つの係数を忘れても解ける裏ワザ」として通用しますので、詳しくは問題演習の解説を見てください。

✎ 本番得点力が高まる！ 問題演習

問1 □□□　Aさんの2024年分の可処分所得の金額は、下記の〈資料〉によれば、（　　　）である。

〈資料〉2024年分のAさんの収入等

給与収入 ：700万円（給与所得：520万円）
所得税・住民税：　60万円
社会保険料 ：100万円
生命保険料 ：　10万円

1）360万円

2）530万円

3）540万円　　　　　　　　　　　　　　《2021年9月学科第2問（31）改題》

問2 □□□　利率（年率）2％で複利運用しながら10年間にわたって毎年500,000円ずつ積み立てた場合の10年後の元利合計額は、下記の〈資料〉を利用して計算すると、（　　　）となる。

〈資料〉利率（年率）2％・期間10年の各種係数

終価係数	年金現価係数	年金終価係数
1.2190	8.9826	10.9497

1）4,491,300円

2）5,474,850円

3）6,095,000円　　　　　　　　　　　　　《2013年1月学科第2問（31）》

問3 Aさん（40歳）が、老後資金として2,000万円を準備するために、20年間、毎年均等に積み立て、利率（年率）1％で複利運用する場合、必要となる毎年の積立金額は（　　）である。なお、計算にあたっては下記の〈資料〉の係数を使用して算出するものとする。

〈資料〉利率（年率）1％・期間20年の各種係数

現価係数	減債基金係数	年金現価係数
0.8195	0.0454	18.0455

1)　819,500円

2)　908,000円

3) 1,000,000円　　　　　　　　　　　　　　《2020年1月学科第2問（31）》

問4 利率（年率）3％の複利で6年間にわたって毎年40万円を返済する計画により、自動車ローンを組む場合、借入可能額は、（　　）となる。なお、計算にあたっては下記の〈資料〉を利用するものとする。

〈資料〉利率（年率）3％・期間6年の各種係数

年金現価係数	年金終価係数	終価係数
5.4172	6.4684	1.1941

1) 2,166,880円

2) 2,587,360円

3) 2,865,840円　　　　　　　　　　　　　《2016年1月学科第2問（31）》

問5 元金3,000万円を利率（年率）1％で複利運用しながら、15年間にわたって毎年均等に取り崩して受け取る場合、毎年の受取金額は（　　）である。なお、計算にあたっては下記〈資料〉の係数を使用して算出するものとする。

〈資料〉利率（年率）1％・期間15年の各種係数

終価係数	減債基金係数	資本回収係数
1.1610	0.0621	0.0721

1) 1,863,000円

2) 2,163,000円

3) 2,322,000円　　　　　　　　　　　　　《2019年9月学科第2問（31）》

問1 3)── 可処分所得は、年収から所得税・住民税、社会保険料を除く

700万円－60万円－100万円＝540万円

問2 2)── 利率0％なら、50万円×10倍の金額になる。実際は利率2％なので、10より少し大きい係数を使う

年金終価係数で、積立運用した場合の最終金額を出す

50万円×10.9497（年金終価係数）＝5,474,850円

問3 2)── 利率0％なら、2,000万円×$\frac{1}{20}$の毎年積立が必要。実際は利率1％なので、上記は1÷20＝0.05より少ない係数でOK

減債基金係数で、必要な毎年の積立額を出す

20,000,000円×0.0454（減債基金係数）＝908,000円

問4 1)── 利率0％なら、40万円×6倍が借りられる。実際は利率3％なので、6倍よりやや少ない金額しか借りられない

年金現価係数で、運用しながら取り崩すための原資を出す計算と同じ

40万円×5.4172（年金現価係数）＝2,166,880円

問5 2)── 利率0％なら、3,000万円×$\frac{1}{15}$の毎年受取りとなる。実際は利率1％なので、$\frac{1}{15}$＝1÷15＝0.0666…より少し大きい係数を使う

資料の3つの係数のうち、減債基金係数は0.0666…より小さいのでハズレ

資本回収係数で、運用しながら取り崩せる毎年の額を出す

3,000万円×0.0721（資本回収係数）＝2,163,000円

3 住宅ローン

人生の三大資金（住宅・教育・老後）

絶対マスター

絶対読め！**30**秒レクチャー

最長35年の固定金利なのでフラッと3,000万円借りちゃった！

フラッと

　毎回1～2問出ることが多い住宅ローンは、「フラット35」「返済方法」「繰上げ返済」がポイントだ。

　通常返済には「元利均等返済（がんりきんとう）」と「元金均等返済（がんきんきんとう）」の2通りの方法があるぞ。ローンの一部を返済する繰上げ返済も「期間短縮型（きかんたんしゅく）」と「返済額軽減型（へんさいがくけいげん）」の違いを説明できるようにしておこう！

ナナメ読み！　学習のポイント

1 住宅ローンの金利

(1) 固定金利型（こていきんりがた）（全期間固定（ぜんきかん））

　返済終了まで借入金利（かりいれ）は変わらない。

　フラット35（買取型）は、①全期間固定金利型の代表的な住宅ローン、②買取型の融資金額は8,000万円が上限、③総返済負担率（そうへんさいふたんりつ）（年収に占める年返済額の割合）の条件は年収400万円未満で30％以下、年収400万円以上で35％以下、④一部繰上げ返済を行う場合は、100万円以上から可能（インターネットでの返済は10万円以上から可能）で、手数料不要。⑤保証人は不要。

さらっと
一読！

■フラット35（買取型）の特徴　　　出題率　**30%未満**

① 融資率（フラット35の借入額÷住宅の建設費または購入価額）が90%を超える場合、借入額全体の金利が高くなる。
② 利用するには、新築・中古にかかわらず、原則として、住宅金融支援機構の技術基準に適合していることを示す適合証明書を取得する必要がある。
③ 借入金利は、一律ではなく取扱金融機関がそれぞれ独自に決定する。また、申込時点ではなく実行時点の金利が適用される。

(2) 変動金利型

市場金利の変動に応じて借入金利が変わる。銀行の住宅ローンでは「半年ごとに金利を見直し、5年ごとに返済額を見直す」が一般的。

(3) 固定金利選択型

返済当初の一定期間は固定金利。その後は、固定金利または変動金利を選択できる。

2 返済方法

(1) 元利均等返済

元金と利息を合計した返済額（元＋利）が毎回一定。

【メリット】返済計画を立てやすい

【デメリット】返済開始当初は返済額に占める利息部分が多く、元金がなかなか減らない。元金均等返済に比べ、返済総額が大きくなる

(2) 元金均等返済

毎回の返済額のうち元金部分が一定。

【メリット】元利均等返済に比べ、返済総額は小さくなる

【デメリット】元利均等返済に比べ、借入当初の毎回の返済額は大きい

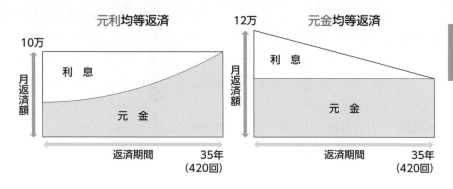

3 繰上げ返済

通常の返済とは別に、元金の一部や全部を返済すること。(1)、(2)のいずれの場合も、実行時期が早いほど総返済額を減少させる効果が大きい。

(1) 返済期間短縮型

毎月の返済額は変えず、返済期間を短くする方法。

(2) 返済額軽減型

返済期間は変えず、毎月の返済額を少なくする方法。他の条件が同じなら、総返済額は期間短縮型の方が少なく、利息の軽減効果が大きくなる。

✎ 本番得点力が高まる! 問題演習

問1
□□□

住宅を取得する際に長期固定金利住宅ローンのフラット35（買取型）を利用するためには、当該住宅の建設費または購入価額が消費税相当額を含めて1億円以下である必要がある。

《2020年9月学科第1問（5）》

問2
□□□

長期固定金利住宅ローンのフラット35を申込む際の条件として、年収に占めるすべての借入（フラット35を含む）の年間合計返済額の割合は、年収400万円未満の場合は30%以下、年収400万円以上の場合は（　　）以下でなければならない。

1）35%

2）40%

3) 45%　　　　　　　　　　　　　　　　　《2013年9月学科第2問（31）》

問3
□□□　長期固定金利住宅ローンのフラット35（買取型）を利用するためには、購入する住宅が中古マンションである場合に限り、住宅金融支援機構が定める技術基準に適合していることを示す適合証明書を取得する必要がある。　　　　　　　　　　　　　　　《2016年1月学科第1問（2）》

問4
□□□　住宅金融支援機構と民間金融機関が提携した住宅ローンであるフラット35の融資金利は固定金利であり、その利率は取扱金融機関がそれぞれ独自に決定している。　　　　　　　　《2022年9月学科第1問（5）》

問5
□□□　住宅金融支援機構と民間金融機関が提携した住宅ローンであるフラット35（買取型）の融資金利は（　①　）であり、（　②　）時点の金利が適用される。
1）①変動金利　②借入申込
2）①固定金利　②借入申込
3）①固定金利　②融資実行　　　　　　　《2023年5月学科第2問（34）》

問6
□□□　民間の金融機関が取り扱う変動金利型の住宅ローンでは、一般に、借入金利は半年ごとに、返済額は5年ごとに見直される。

　　　　　　　　　　　　　　　　　　　《2015年9月学科第1問（5）》

問7
□□□　住宅ローンの総返済額は、借入額、金利、借入期間等の条件が同一であれば、通常、元金均等返済よりも元利均等返済のほうが多くなる。　　　　　　　　　　　　　　　　　　《2021年9月学科第1問（4）》

問8
□□□　住宅ローン（全期間固定金利型）の一部繰上げ返済は、一般に、その実行時期が早いほど、元利金総返済額を減少させる効果が大きい。

　　　　　　　　　　　　　　　　　　　《2012年9月学科第1問（2）》

問9
□□□　住宅ローンの一部繰上げ返済を行う際に「期間短縮型」を選択した場合、一般に、繰上げ返済後の毎回の返済額は増額となるが、残りの返済期間は短くなる。　　　　　　　　　《2015年5月学科第1問（5）》

問1 ✕ ── フラット35（買取型）の融資金額には上限（8,000万円）があるが、「建設費」や「購入価額」に上限の制限はない。

問2 1) ── フラット35の年収に占めるすべての借入（含むフラット35）の年間合計返済額の割合は、年収400万円未満の場合30%以下。年収400万円以上の場合は35%以下

問3 ✕ ── フラット35（買取型）を利用するためには、新築・中古に関わらず、原則として「適合証明書」の取得が必要

問4 ◯ ── フラット35の借入金利は、取扱金融機関がそれぞれ独自に決定している

問5 3) ── フラット35は、融資実行時点での金利が適用される

問6 ◯ ── 銀行の変動金利型住宅ローンは、半年ごとの金利見直し、5年に1度の返済額見直しが一般的

問7 ◯ ── 元利均等返済方式は、当初の返済額を抑えることができるが、元金均等返済方式に比べて、総返済額が大きくなる

問8 ◯ ── 一部繰上げ返済は、返済期間の早い段階で行うほうが利息削減効果が大きく、総返済額を減らすうえでは効果的

問9 ✕ ── 期間短縮型の繰上返済は、毎回の返済額は変わらないが、返済期間が短くなる

4

人生の三大資金（住宅・教育・老後）
教育資金

ここで
差がつく

絶対読め！ 30 秒レクチャー

　教育資金では、国の教育ローンは、「父さん困る（350万）。いやー（18年）、公庫に借りに行こう」と数字を覚えたうえで、細かく理解しよう。また、学生支援機構の奨学金は、「無利息第一、利付きが第二」と覚えておけ！

ナナメ読み！　**学習のポイント**

以下 **1** の教育ローンと **2** の奨学金は重複して利用することも可能。

1　日本政策金融公庫（国の教育ローン）

きょういくいっぱんかしつけ
　教育一般貸付は原則として1人350万円以内だが、自宅外通学、修業年限5年以上の大学（昼間部）、大学院、修学年限3カ月以上の海外留学のいずれかの資金の場合は450万円までOK。最長18年、固定金利。親の年収制限あり。在学中は利息のみの返済とすることができる。

さらっと
一読！　■**教育一般貸付（国の教育ローン）の資金使途**　出題率 **20%未満**

受験にかかった費用（受験料、受験時の交通費・宿泊費等）および学校納付金（入学金、授業料、施設設備費等）に限らず、住居にかかる費用、教科書代・教材費・PC購入費、通学費用、修学旅行費用、学生の国民年金保険料などにも使うことができる。

2 日本学生支援機構（奨学金）

無利息の「第一種奨学金」と利息付の「第二種奨学金」（在学中は無利息）がある。親の年収制限あり。貸与方式（返済義務あり）となっている。

選考に関しては「成績基準」と「家計基準」があり、「第一種」のほうが（無利息なので）厳しい基準となっている。

第一種・第二種奨学金ともに返済義務がある。

●日本学生支援機構の奨学金

	第 一 種	第 二 種	参 考
利息	なし	あり	第二種も在学中は無利息
選考	厳しい	緩やか	第一種は特に優れた学生で経済的理由により著しく修学困難な人に貸与
返済義務	あり	あり	貸与方式という

3 教育資金の贈与の非課税特例

子・孫（30歳未満）に対する教育資金の贈与は、1人につき1,500万円（学校等以外は500万円）まで非課税となる特例。

✎ 本番得点力が高まる！ 問題演習

問1 □□□　日本政策金融公庫の教育一般貸付（国の教育ローン）の融資限度額は、一定の場合（自宅外通学、大学院、所定の海外留学資金ほか）を除き、進学・在学する（　①　）につき（　②　）である。

1）①学生・生徒1人　　　②300万円

2）①学生・生徒1人　　　②350万円

3）①学生・生徒が属する世帯　②400万円

《2018年5月学科第2問（35）改題》

問2 □□□　日本政策金融公庫の教育一般貸付（国の教育ローン）は、返済期間が最長18年であり、在学期間中は利息のみの返済とすることができる。
《2023年1月学科第1問（5）》

問3 □□□　日本政策金融公庫の教育一般貸付（国の教育ローン）の融資金利には、固定金利と変動金利があり、利用者はいずれかを選択することができる。
《2022年5月学科第1問（5）》

問4 □□□　日本学生支援機構が取り扱う奨学金には、（　①　）第一種奨学金と（　②　）第二種奨学金がある。

1）①利息付（在学中は無利息）の　②利息付（在学中も有利息）の

2）①無利息の　②利息付（在学中は無利息）の

3）①返済義務のない　②無利息の

《2020年1月学科第2問（35）》

問5 □□□　独立行政法人日本学生支援機構が取り扱う第二種奨学金では、貸与が開始される時点から利息が発生する。　《2016年9月学科第1問（5）》

問1　2)── 融資額は学生・生徒1人につき原則350万円。例外は 学習のポイント **1** を参照

問2　○── 返済期間は最長18年。 学習のポイント **1** を参照

問3　✕── 融資金利は固定金利。 学習のポイント **1** を参照

問4　2)── 第一種は無利息、第二種は利息付

問5　✕── 学習のポイント **2** の表を参照

---

5 人生の三大資金（住宅・教育・老後）
企業年金・個人年金

絶対マスター

絶対読め！30秒レクチャー

公的年金（キソ・コウセイ）の上乗せとして老後にもらうのが企業年金や個人年金。ここでは、いま加入者が増えている「確定拠出年金」の項目をマスターしよう！ 「個人型」に加入できるのはどんな人なのか？ 掛金はどんな控除の対象になるのか？ 何歳から年金を受け取ることができるのか？ などを押さえておこう！

加入できるの？何歳から受け取れるんだろう…。

難しい…。

ナナメ読み！ 学習のポイント

1 企業年金の種類

企業年金は、企業が主体となって退職金などを年金として支給する制度。確定給付型と確定拠出型がある。

2 確定給付型の企業年金

もらえる給付額があらかじめ確定している企業年金。

厚生年金基金、確定給付企業年金などがある。確定給付企業年金には、企業が年金規約を作成して制度を運営する規約型と、企業年金基金という別法人を設立して制度を運営する基金型がある。

3 確定拠出年金

拠出する（支払う）掛金額は確定（固定）しているが、原則60歳からもらえる年金額は自分の運用の成果によって変動する。企業型と個人型の2つがあるが、いずれも加入者自身が拠出した掛金はその全額が小規模企業共済等掛金控除の対象となる。

(1)「企業型」確定拠出年金

企業型確定拠出年金を導入した企業の従業員が対象。従業員（加入者）が拠出することも可能。

(2)「個人型」確定拠出年金（iDeCo）

「企業年金制度を持たない企業の従業員」と「自営業者」などが対象だったが、2017年から加入対象者が拡がり、企業年金加入者、公務員、第3号被保険者（専業主婦等）なども対象となり、ほぼ誰でも利用できる制度になった。iDeCoの掛金には上限（拠出限度額）があり、自営業者等は月**68,000**円（年81.6万円）、勤務先に企業年金がない会社員は月23,000円（年27.6万円）、公務員は月12,000円（年14.4万円）などと加入区分に応じて異なる。

●確定拠出年金のイメージ

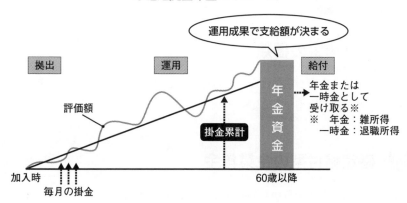

さらっと一読！ ■確定拠出年金の細かいポイント

出題率 **20**％未満

① 確定拠出年金制度の給付には、老齢給付金、障害給付金、死亡一時金があるが、所定の要件を満たした場合には、脱退一時金が支給される。
② 60歳から老齢給付金を受給するためには通算加入期間が10年以上なければならない。
③ 確定拠出年金の企業型年金において、マッチング拠出により加入者が拠出した掛金も、その全額が小規模企業共済等掛金控除として所得控除の対象となる。マッチング拠出は、会社が拠出する掛金に加えて、従業員個人（加入者）も上乗せして掛金を拠出すること。

さらっと一読！ ■全国国民年金基金（ぜんこくこくみんねんきんききん）

出題率 **20**％未満

個人事業主の公的年金（国民年金）に上乗せで加入できる年金制度。掛金の額は、給付の型、加入口数、加入時の年齢、性別により異なる。なお、全国国民年金基金に加入すると、国民年金の付加保険料は納付できない。
掛金の限度額：月**68,000**円
所得控除：全額が「社会保険料控除」の対象（年最大81.6万円）

さらっと一読！ ■小規模企業共済（しょうきぼきぎょうきょうさい）

出題率 **10**％未満

国がつくった「個人事業主や小さい会社の経営者の退職金制度」。独立行政法人の「中小機構」が運営。
掛金の限度額：月**70,000**円
所得控除：全額が「小規模企業共済等掛金控除」の対象（年最大84万円）

✍ 本番得点力が高まる！ **問題演習**

問1 □□□　確定拠出年金の個人型年金の掛金を支払った場合、その支払った金額は、（　　）として所得税における所得控除の対象となる。

1）生命保険料控除
2）社会保険料控除
3）小規模企業共済等掛金控除　　　　《2017年9月学科第2問（34）》

問2 □□□　確定拠出年金の企業型年金において、企業型年金加入者掛金（マッチング拠出による加入者が拠出する掛金）は、その（　　）が所得税における小規模企業共済等掛金控除の対象となる。

1) 2分の1相当額

2) 3分の2相当額

3) 全額 《2017年5月学科第2問 (34)》

問3 　国民年金の第3号被保険者は、確定拠出年金の個人型年金の加入者
□□□ となることはできない。 《2019年9月学科第1問 (4)》

問4 　確定拠出年金の個人型年金の加入者が国民年金の第1号被保険者で
□□□ ある場合、原則として、掛金の拠出限度額は年額（　　）である。

1) 276,000円

2) 816,000円

3) 840,000円 《2023年1月学科第2問 (34)》

問5 　確定拠出年金制度の給付には、老齢給付金、障害給付金、死亡一時
□□□ 金があるが、所定の要件を満たした場合には、脱退一時金が支給され
る。 《2016年5月学科第1問 (4)》

問1 3)──確定拠出年金の個人型で、加入者が拠出した掛金は、その全額が
小規模企業共済等掛金控除の対象

問2 3)──「企業型」確定拠出年金は、事業主のほか、従業員個人（加入者）
も掛金を拠出できる（マッチング拠出）。加入者が拠出した掛金は、
全額が小規模企業共済等掛金控除の対象となる

問3 ✕──2017年から、「個人型」確定拠出年金は第3号被保険者も対象
となった（ 学習のポイント **3**(2) 参照）

問4 2)──確定拠出年金の個人型では、第1号被保険者の場合、拠出限度額
は月68,000円（年816,000円）

問5 〇──脱退一時金は、「通算拠出5年以内または資産額25万円以下」な
どの所定の要件を満たした場合は支給される

---

6 社会保険のしくみ
公的医療保険（健康保険）

絶対マスター

絶対読め！ **30**秒レクチャー

自己負担
3割！

　公的医療保険がみんなのお金を集めて病院に払ってくれるおかげで、医療費の自己負担は3割ですんでいる。まず3つの運営者（協会／組合／市町村等）による各制度（協会けんぽ／組合けんぽ／コクホ）や微妙な違いを押さえよう！　また、退職後に使える健康保険の「ニンケイ」と、原則75歳以上の「コーキコーレイシャ」も要チェックだ！

ナナメ読み！　学習のポイント

　公的な医療保険の制度は、協会や組合による健康保険などの「被用者保険（従業員の保険）」と国民健康保険の「地域保険」に分かれている。また、75歳になると健康保険や国民健康保険から脱退し、後期高齢者医療制度に自動的に加入する。

●人の一生と公的医療のイメージ

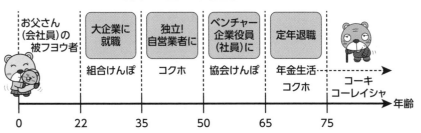

	大企業に就職	独立！自営業者に	ベンチャー企業役員（社員）に	定年退職	
お父さん（会社員）の被フヨウ者	組合けんぽ	コクホ	協会けんぽ	年金生活…コクホ	コーキコーレイシャ

年齢

0　　22　　35　　50　　65　　75

1 「健康保険」（被用者保険）のしくみ

① 会社に雇用された従業員本人（被保険者）とその被扶養者（家族）の業務外の事由による、病気・ケガなどについて保険給付を行う制度。業務上の病気やケガは給付の対象外（労災保険の対象）。

② 全国健康保険協会が運営する協会けんぽ（**協会管掌**健康保険）と、大企業などが自前で設立した組合が運営する組合健保（**組合管掌**健康保険）に分かれている。

③ 協会けんぽの場合、保険料の負担は事業主と被保険者が折半。組合健保の場合は、規約で定められる。

④ 医療費は、3割が自己負担となり、7割を運用主体が負担する（小学校入学後から70歳未満の場合）。

●健康保険における自己負担額の計算〈小学校入学後から70歳未満〉
（例：医療費が50万円だった場合）

健康保険（または国民健康保険）により支払われるので、病院の窓口で支払う必要がない部分	原則：窓口で支払う ただし、1カ月あたりの上限（例：8万円強）を超えた「高額療養費」にあたる部分は実質的な負担なし
7割（35万円）	3割（15万円）
医療費（50万円）	

⑤ 自己負担分が高額になる場合は、**高額療養費**という負担が軽減されるしくみがある。

⑥ 被保険者が療養のために、連続する3日間を含む4日以上仕事を休む場合には、一定の要件のもと傷病手当金の給付がある（最長1年6カ月）。手当金の額は、休業1日につき、標準報酬月額の平均を30日で割った額の3分の2に相当する額である。

⑦ 被保険者が出産した場合には、出産育児一時金が支給され、その被扶養者が出産した場合には、家族出産育児一時金が支給される。金額はいずれも1

児につき原則50万円。

⑧　健康保険には、退職後でも希望すれば継続できる**任意継続被保険者制度**（通称：ニンケイ）がある。ニンケイの保険料は全額自己負担、加入期間は最長2年間。退職の日までの被保険者期間が継続して2カ月以上必要で、退職日の翌日から20日以内に申請する必要がある。また、本人が希望すれば2年未満でも資格喪失できる。

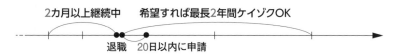

▌出産手当金　　　出題率 **10%未満**

出産の前後の休職した期間に支給される、健康保険（被用者保険）特有の手当。
支給期間：出産日以前42日（6週間）～出産日後56日（8週間）
支給金額：標準報酬日額の3分の2に相当する金額

▌埋葬料　　　出題率 **10%未満**

健康保険（被用者保険）の加入者や家族が亡くなったときにもらえるお金。
埋葬料：被保険者が業務外で亡くなったときに葬儀を行った人に支給される
家族埋葬料：被扶養者が亡くなったときに葬儀を行った人に支給される
支給金額：5万円
国民健康保険の場合：「埋葬費」という同様の給付があり、金額は自治体により1万～7万円と異なる

2 「国民健康保険」（地域保険）のしくみ

自営業者や年金受給者などが加入する。

①　国民健康保険の運営主体は、**市町村**と**都道府県**、または**国民健康保険組合**。

②　被保険者は市町村等に住所のある人（「健康保険」等の職域保険の被保険者と被扶養者等を除く）。

③　保険料は各市町村等によって異なる。

④ 医療費の自己負担割合などは「健康保険」の内容と同様だが、業務上の病気・ケガも対象となる一方で、傷病手当金や出産手当金などの給付がない、扶養の制度がないなど異なる点がある。

3 後期高齢者医療制度

① 被保険者は75歳以上、医療費の自己負担割合は1割（一定水準の所得者は2割、現役並み所得者は3割）、保険料は原則として年金から徴収が基本。
② 「65歳から75歳未満で、一定の障害状態にあることについて認定を受けた人」も後期高齢者医療制度の加入者。

✒ 本番得点力が高まる！ 問題演習

問1
□□□　健康保険の被保険者が業務外の事由による負傷または疾病の療養のため仕事を連続して4日以上休み、休業した期間について報酬を受けられなかった場合は、所定の手続により、傷病手当金が、その支給を始めた日から起算して（　　）を限度として支給される。

1) 6カ月
2) 1年
3) 1年6カ月　　　　　　　　　　　　　　《2019年1月学科第2問（32）》

問2
□□□　全国健康保険協会管掌健康保険の被保険者に支給される傷病手当金の額は、1日につき、原則として、支給開始日の属する月以前12カ月間の各月の標準報酬月額の平均額を30で除した金額に、4分の3を乗じた額である。　　　　　　　　　　　《2018年9月学科第1問（2）》

問3
□□□　全国健康保険協会管掌健康保険の被保険者が、産科医療補償制度に加入する医療機関で出産した場合の出産育児一時金の額は、1児につき（　　）である。

1) 30万円
2) 50万円
3) 56万円　　　　　　　　　　　《2022年1月学科第2問（32）改題》

問4 全国健康保険協会管掌健康保険の任意継続被保険者は、任意継続被保険者でなくなることを希望する旨を保険者に申し出ても、任意継続被保険者の資格を喪失することができない。《2023年1月学科第1問（3）》

問5 国民健康保険の被保険者（一定の障害の状態にない）は、原則として、（　　）になると国民健康保険の被保険者資格を喪失し、後期高齢者医療制度の被保険者となる。

1）65歳

2）70歳

3）75歳 《2021年1月学科第2問（33）》

問1 3) ── 傷病手当金の支給期間は、療養のため仕事を休んだ4日目以降から最長1年6カ月

問2 ✕ ── 傷病手当金の額は、標準報酬月額の平均を30日で割った額の3分の2に相当する額

問3 2) ── 出産後に一時金として50万円がもらえる

問4 ✕ ── 学習のポイント 1 ⑧を参照。2022年より、本人が希望した場合は2年未満でも資格喪失することができる制度になっている。

問5 3) ── 後期高齢者医療制度の被保険者は、原則75歳以上（または65～74歳で一定の障害状態にある人）

7 社会保険のしくみ 雇用保険

絶対読め！**30**秒レクチャー

一般に「失業保険」と呼ばれている、コヨウ保険。失業中でも、本気で求職活動していれば食べていけるギリギリのお金はもらえる、ありがたい制度だ！　さらに、失業給付以外にも労働者の雇用を助ける様々な給付があるので、数字を中心にざっと目を通しておこう！　過去に「教育訓練給付」や「高年齢雇用継続給付」などの出題例がある！

失業して求職中の
僕を助けて！！

解雇
雇用保険
食費
家賃

ナナメ読み！ 学習のポイント

1 雇用保険のしくみ

【保険者（お金を集めて、支払う運営者）】政府

【保険料負担】事業主負担分と被保険者負担分に分かれている。

【窓口】ハローワーク（公共職業安定所）

2 雇用保険の給付

(1) 求職者給付

求職活動中の失業者の生活を安定させるために給付するもので、いわゆる基本手当（失業給付）がある。

(2) 再就職促進給付

失業者の再就職を援助・促進するための給付。

(3) 教育訓練給付

労働者の主体的な能力開発を援助する給付。厚生労働大臣が指定する講座を受講し、修了した場合に、費用の一部が支給される。<u>一般教育訓練に係る支給額は、被保険者が実際に支払った費用の2割（10万円を上限）</u>。特定一般教育訓練の給付は、高度な教育訓練にあたる講座を受講修了した場合に対象となり、費用の4割（20万円を上限）が支給される。原則として、被保険者期間3年以上（はじめての利用では1年以上）の人が対象となる。

<u>専門実践教育訓練</u>についての教育訓練給付金は、一般教育訓練についての教育訓練給付金より要件が厳しくなっている。支給額は、教育訓練施設に支払った費用の50％相当額（上限年間40万円）。資格取得などの上で就職に結びついた場合にはさらに20％が追加で支給される（上限年間56万円）。

(4) 雇用継続給付

高齢者や女性、家族を介護する人などの職業生活継続を援助する給付。

<u>高年齢雇用継続給付</u>は、60歳以降も働き続ける人の賃金が、60歳到達時の賃金の75％未満に低下した場合に支給される。

(5) 育児休業給付

（2歳未満の子を養育するために）育児休業を取得する被保険者の生活を援助する給付。支給額は、休業開始から180日までは「<u>休業開始時賃金日額</u>×日数×67％（180日経過後は50％）」

なお、2022年10月より、妻の出産後8週間以内に4週間まで「産後パパ育休」（出生時育児休業給付金が出る）を取得できる制度ができた。

3 基本手当（失業給付）のポイント

原則的な受給資格要件は「<u>離職の日以前2年間</u>に、通算して12カ月以上の被保険者期間がある」こと。倒産・解雇等の場合は「離職の日以前1年間に被保険者期間が通算して6カ月以上ある」こと。

「離職理由」「年齢」「被保険者であった期間」などにより給付日数の上限は異なる。<u>定年を離職の事由とする者に対する基本手当の所定給付日数の上限は、被保険者であった期間が20年以上の場合は、150日。</u>

●通常の離職者の所定給付日数の上限

区分＼被保険者であった期間	1年未満	1年以上5年未満	5年以上10年未満	10年以上20年未満	20年以上
全年齢	—	90日		120日	150日

実務上ではどうなの？

　実際に失業給付を受けるためには、「労働の意思がある」「労働の能力がある」「就職できない状態である」などの要件を満たすことが必要です。病気やケガですぐに働けない状態だったり、求職せずに自営業を始める場合などは、給付を受けられないので注意しましょう。

本番得点力が高まる！ 問題演習

問1
□□□　雇用保険の教育訓練給付金のうち、一般教育訓練に係る教育訓練給付金の額は、教育訓練施設に支払った教育訓練経費の20％相当額であるが、その額が10万円を超える場合の支給額は10万円となる。

《2020年1月学科第1問（2）》

問2
□□□　雇用保険の高年齢雇用継続基本給付金は、原則として60歳到達時点に比べて、賃金額が（　　）未満に低下した状態で就労している60歳以上65歳未満の雇用保険の一般被保険者で、一定の要件を満たす者に対して支給される。

1）75％

2）80％

3）85％　　　　　　　　　　　　　　　　　《2014年1月学科第2問（35）》

問3
□□□　雇用保険の育児休業給付金の額は、当該育児休業給付金の支給に係る休業日数が通算して180日に達するまでは、1支給単位期間当たり、原則として休業開始時賃金日額に支給日数を乗じて得た額の（　　）相当額となる。

1）50％

2) 67%

3) 75% 　　　　　　　　　　　　　　　　《2021年9月学科第2問（33）》

問4
□□□　雇用保険の基本手当を受給するためには、倒産、解雇、雇止めなどの場合を除き、原則として、離職の日以前2年間に被保険者期間が通算して12カ月以上あることなどの要件を満たす必要がある。

《2023年5月学科第1問（2）》

問5
□□□　20年以上勤務した会社を60歳到達月の末日で定年退職し、雇用保険の基本手当の受給資格者となった者が受給することができる基本手当の日数は、最大（　　）である。

1) 100日

2) 150日

3) 200日 　　　　　　　　　　　　　　《2022年1月学科第2問（33）》

問1 ◯ ── 一般教育訓練に係る教育訓練給付金の支給額は、被保険者が実際に支払った費用の2割（10万円を上限とする）

問2 1) ── 高年齢雇用継続給付は、60歳到達時の賃金額の75%未満の賃金額で就労した場合に支給される

問3 2) ── 育児休業給付金の額は、休業開始から180日までは、支給日数30日あたり「休業開始時賃金日額×30日×67%」

問4 ◯ ── 基本手当の原則的な受給資格要件は「離職の日以前2年間に被保険者期間が通算して12カ月以上あること」

問5 2) ── 定年で、被保険者期間が20年以上ある場合の、基本手当所定給付日数の上限は150日

---

8 社会保険のしくみ
労災保険

最後の
ひと押し

絶対読め！**30**秒レクチャー

みんな、本気で働いてるかー？　勤め人の仕事に関するケガや病気は、ケンコウ保険ではなく、ロウサイ保険の対象だ。健康保険と違って、その職場で働いていればパートも対象になるし、保険料は100％事業主が負担してくれているぞ！

＼ナナメ読み！　学習のポイント

労働者災害補償保険（通称：ロウサイホケン）は、業務災害または通勤災害による病気やケガなどに対して給付が行われる。

傷病が治った後も、身体に一定の障害が残り、一定の条件に該当する場合は、障害補償給付が支給される。

対象労働者は「適用事業所で働くパート、アルバイトを含むすべての労働者」で、保険料は「全額事業主の負担」。

さらっと
一読！

■労働災害による負傷や疾病が治癒した後、身体に障害が残った場合 出題率 **10%**未満

① 症状固定後の治療費については、労災保険から支給されない。
② その障害が障害等級に該当するときは、障害（補償）給付が支給される。

本番得点力が高まる！ **問題演習**

問1
□□□
労働者災害補償保険の適用を受ける労働者には、1週間の所定労働時間が20時間未満のアルバイトやパートタイマーは含まれない。

《2022年9月学科第1問（2）》

問2
□□□
労働者災害補償保険の保険料は、その全額を事業主が負担する。

《2021年5月学科第1問（2）》

問1 ✕ ⸺ パートやアルバイトを含むすべての労働者が対象

問2 ○ ⸺ 労災保険の保険料は**全額**事業主が負担

第**1**章 ライフプランニングと資金計画

9 社会保険のしくみ 公的介護保険

最後の
ひと押し

絶対読め！30秒レクチャー

　年をとって単独で身の回りのことをするのが難しい状態になったときに、原則として介護サービスを90％オフ（自己負担1割）で利用できるありがたい制度が、市町村などが運営する公的介護保険だ。40歳から第2号、65歳から第1号、という区分がよく出るが、「年寄り1号、中年2号」と歌いながら覚えておこう！

ナナメ読み！　学習のポイント

被保険者

保険証の交付
要介護認定

介護サービスの提供

保険料の納付
要介護認定の申請

利用者負担
（原則1割）の支払い

保険者
（市町村または特別区）

介護報酬
（原則9割）の支払い

介護サービス事業者

1 保険者（＝運営主体）

市町村または特別区（＝東京23区）。

2 被保険者

(1) 第1号被保険者

① 「市町村または特別区」（以下、市区町村）に住所のある65歳以上の人が対象

② 保険料は原則「公的年金から天引き」で、年金額が一定の金額を下回る場合には「市区町村に直接納付」。保険料は、市区町村により異なる

③ 要介護・要支援になった原因にかかわらず、介護サービスを受けられる

(2) 第2号被保険者

① 市区町村に住所がある40歳以上65歳未満の健康保険加入者が対象

② 保険料は「健康保険料、国民健康保険料などに上乗せ」して納付

③ 加齢による特定の病気（特定疾病）になった場合のみ、介護サービスを受けられる

3 保険給付が受けられる場合

要介護または要支援の認定を市町村または特別区から受けた者が、給付を受けられる。いずれも、限度額までなら自己負担1割（第1号被保険者のうち、一定以上の所得の人は2割、現役並み所得者は3割）で介護サービスを利用できる。

(1) 要介護

介護が必要な状態。介護の度合に応じて支給限度額が決まる。

(2) 要支援

社会的な支援が必要な状態で、一部の支援または部分的な介護が必要となった状態。

さらっと一読！

居宅介護住宅改修費　　　出題率 **20%未満**

要介護または要支援の認定を受けた被保険者が対象となる住宅改修（手すりの取付など）を行った場合、20万円を上限に改修費用の7割〜9割が支給される。

本番得点力が高まる！ 問題演習

問1
☐☐☐　公的介護保険の第（ ① ）被保険者は、市町村または特別区の区域内に住所を有する（ ② ）以上65歳未満の医療保険加入者である。

1) ①1号　②40歳
2) ①2号　②40歳
3) ①2号　②60歳　　　　　　　　　　　　《2022年5月学科第2問（32）》

問2
☐☐☐　公的介護保険の第2号被保険者は、要介護状態または要支援状態となった原因を問わず、保険給付を受けることができる。

《2021年5月学科第1問（1）》

問3
☐☐☐　公的介護保険の第1号被保険者が、公的介護保険の保険給付の対象となる介護サービスを受けた場合の自己負担割合は、その者の合計所得金額の多寡にかかわらず、1割である。　　《2016年9月学科第1問（4）》

問4
☐☐☐　公的介護保険において要介護認定を受けた被保険者が、居宅で生活するために必要な住宅改修を行った場合は、所定の手続により、改修に要した費用の全額が居宅介護住宅改修費として支給される。

《2018年5月学科第1問（2）》

問1 2)──65歳以上が第1号被保険者、40歳以上65歳未満が第2号被保険者と区分されている

問2 ✕──第2号被保険者は、特定疾病になった場合のみ、保険給付を受けられる

問3 ✕──自己負担は介護サービスに要した費用の1割が原則だが、第1号被保険者のうち、一定以上の所得の人は2割または3割である

問4 ✕──「さらっと一読！」居宅介護住宅改修費を参照。改修費用の全額ではなく、7〜9割が支給される

10 社会保険のしくみ 公的年金

絶対マスター

絶対読め！**30**秒レクチャー

　ここは学科で毎回2問は出るから、200%本気で理解するんだ！　公的年金は「収入を支えていた人が働けない状態」になったときに、家族の最低限の生活を守る、国営の「保険」だ。まず、働けなくなる理由は「老齢」「障害」「死亡（遺族）」の3パターン、支給は「基礎（きそ）」「厚生（こうせい）」の2種類あるという基本を覚えよう！

　老齢キソ年金では「10年」が最重要ナンバー。老齢コウセイ年金では、60歳台前半に支給となる「特別支給の老齢コウセイ年金」と、65歳から支給されるフツーの「老齢コウセイ年金」の違いを押さえよう！

　遺族年金では「遺族キソ年金を受け取れるのは、高校卒業前の子供が遺族にいる場合」と「遺族コウセイ年金を受け取れるのは、どのような要件に該当している場合なのか」がポイントだ！

ナナメ読み！　学習のポイント

1 公的年金制度

(1) 公的年金制度のしくみ（こうてきねんきん）

　国民年金は基礎年金として、20歳以上60歳未満のすべての人が加入する。会社員・公務員等は、さらに厚生年金に加入する。

　会社員・公務員等を第2号被保険者、その配偶者で扶養されている人を第3号被保険者、それ以外の自営業・学生などを第1号被保険者という。いずれも加入要件に日本国籍の有無はない。

●職業ごとの年金制度のしくみ

国民年金基金	付加年金	厚生年金	
		基礎年金 (国民年金)	
第1号被保険者		第2号被保険者	第3号被保険者
自営業・学生など		会社員・公務員など	第2号被保険者が夫の専業主婦など

(2) 保険料の納付（支払う）

① 第1号被保険者：保険料は定額。免除制度や学生納付特例制度、納付猶予制度（20歳以上50歳未満が対象）などがあって、要件に該当する人は保険料の負担が軽くなっている

② 第2号被保険者：厚生年金保険料は労使折半（会社と社員が半分ずつ負担）

③ 第3号被保険者：保険料の負担はない

さらっと一読！

■保険料に関する細かいポイント　　出題率 ▶ 10%未満

① 2009年4月以後の国民年金の保険料全額免除期間（学生納付特例の扱いとなった場合を除く）は、その半分に相当する月数が老齢基礎年金の年金額に反映される。

② 国民年金の学生納付特例の扱いとなった保険料は、猶予を受けた月から10年以内なら追納可能。その期間に係る保険料の追納がない場合、老齢基礎年金の受給資格期間には算入されるが、老齢基礎年金の額には反映されない。

③ 2004年の年金制度改正により、厚生年金の保険料は2017年9月まで毎年引き上げられ、最終的には18.30%で固定された。

---

(3) 給付の種類とタイミング（もらう）

　基礎年金、厚生年金等のそれぞれに、「老齢給付」「障害給付」「遺族給付」がある（2×3＝6種類の給付がある）。このような公的年金の支給は、前2カ月分の年金が偶数月の15日に行われる。

	給付の理由		
	老齢	障害	遺族
基礎	老齢基礎年金	障害基礎年金	遺族基礎年金
厚生	老齢厚生年金	障害厚生年金	遺族厚生年金

2 公的年金の老齢給付

(1) 老齢基礎年金

これを受給するためには、保険料の納付済期間・免除期間および合算対象期間を合わせて10年以上の期間が原則必要となる。受給開始年齢は原則65歳。

60歳から65歳になるまでの間に前倒しで受給する繰上げ受給（1カ月あたり0.4%または0.5%の減額）、65歳から75歳になるまでの間に後ろ倒しで受給する繰下げ受給（1カ月あたり0.7%の増額）もできる。

	繰上げ受給	繰下げ受給
減額・増額	0.4%×月数の減額	0.7%×月数の増額
最大増減	**24%**（0.4×60月〈5年〉）の減額 ※ 1962年4月1日以前生まれの人の減額率は0.5%（最大30%）	**84%**（0.7×120月〈10年〉）の増額

なお、第1号被保険者のときに月額400円の付加保険料を納付すると、付加年金として「加入月数×200円」の上乗せ受給ができる。

(2) 老齢厚生年金

老齢基礎年金を受給できる人が、厚生年金保険に1カ月以上加入していると、原則、65歳から老齢厚生年金が併せて支給される（なお、上記（1）と同様に繰上げ・繰下げ受給ができるが、繰上げる場合には老齢基礎年金と同時に繰上げ受給しなければならない）。

さらに、一定以上の世代には、60歳代前半に支給される「特別支給の老齢厚生年金」もある（老齢基礎年金を受給できる人が厚生年金保険に1年以上加入していることが要件）。ここでいう「特別支給」は、特別に前倒しで支給されるという意味だ。次の図では、前倒しがなくなる生年月日だけチェックしておこう（覚えなくて良い）。

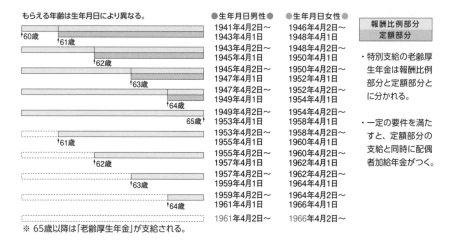

●特別支給の老齢厚生年金がもらえる年齢

もらえる年齢は生年月日により異なる。

	●生年月日男性●	●生年月日女性●	報酬比例部分 定額部分
60歳 61歳	1941年4月2日〜 1943年4月1日	1946年4月2日〜 1948年4月1日	・特別支給の老齢厚生年金は報酬比例部分と定額部分とに分かれる。
62歳	1943年4月2日〜 1945年4月1日	1948年4月2日〜 1950年4月1日	
63歳	1945年4月2日〜 1947年4月1日	1950年4月2日〜 1952年4月1日	
64歳	1947年4月2日〜 1949年4月1日	1952年4月2日〜 1954年4月1日	・一定の要件を満たすと、定額部分の支給と同時に配偶者加給年金がつく。
65歳	1949年4月2日〜 1953年4月1日	1954年4月2日〜 1958年4月1日	
61歳	1953年4月2日〜 1955年4月1日	1958年4月2日〜 1960年4月1日	
62歳	1955年4月2日〜 1957年4月1日	1960年4月2日〜 1962年4月1日	
63歳	1957年4月2日〜 1959年4月1日	1962年4月2日〜 1964年4月1日	
64歳	1959年4月2日〜 1961年4月1日	1964年4月2日〜 1966年4月1日	
	1961年4月2日〜	1966年4月2日〜	

※ 65歳以降は「老齢厚生年金」が支給される。

　かつては「60歳から」だった老齢年金が「原則65歳から」に変わったので、世代が若くなるにつれて段階的に受給が遅くなるようにして、ごまかした…いやショックをやわらげたのだ。

●「特別支給の老齢厚生年金」と「老齢厚生年金」

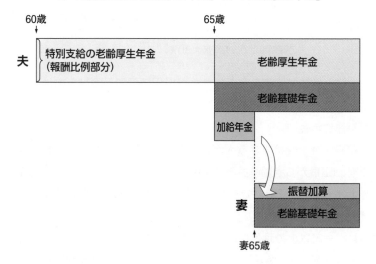

① 加給年金と振替加算

　自身の厚生年金の被保険者期間が20年以上で、65歳未満の配偶者がいる場合には、加給年金がつく。配偶者が65歳になり、配偶者自身に老齢基礎年金

が支給されるようになると、加給年金は終わり、その代わり、一定の基準により配偶者に振替加算（ふりかえ か さん）がつく。

② 在職老齢年金（ざいしょく）

60歳以降も企業でフルタイム等で働く場合「在職老齢年金」の制度により、受取る老齢厚生年金の額は給与等の金額に応じて減額される。なお、年金と給料（賞与含む）の合計を月額に換算して、**50万**円以内におさまっていれば、年金の減額はされない。

さらっと
一読！

▌離婚時の年金分割制度（ねんきんぶんかつせい ど）　　　出題率 **10**％未満

離婚後、婚姻期間中の厚生年金の報酬比例部分の受取額を配分する制度。
① 合意分割：双方の合意（または裁判での決定）により分割する。
② 3号分割：国民年金の第3号被保険者であった方からの請求により、相手方の厚生年金記録を2分の1ずつ、当事者間で分割する。

---

3 公的年金の遺族給付

被保険者が死亡した場合、遺族に対して遺族給付が支給される。

(1) 遺族基礎年金（い ぞく き そ）

対象となる遺族は、いわゆる母子家庭（または父子家庭）。受給できる遺族は「子のある配偶者」または「子」。

「子のある配偶者」とは、死亡した人の妻または夫であって、「子」（＝18歳に達する日以後、最初の3月31日までにある子）と生計を同じくしている者（高卒前の子供がいる人）。要するに、遺族基礎年金は高校卒業前の子供を養うための「育英年金」のようなものだ。

■寡婦年金（かふねんきん）　　　　　　　　　　出題率 ▶ **10**%未満

遺族年金の一種で、自営業者の夫に生計を維持されていた妻が60歳から
5年間受け取れるお金。
① 支給金額：夫が受け取れたであろう老齢基礎年金の4分の3の年金額
② 亡くなった人の要件：第1号被保険者の期間（免除期間を含む）が10
　年以上
※ 寡婦年金と死亡一時金の両方の受給要件を満たす場合、いずれかを選択
　して受給できる

■死亡一時金（しぼういちじきん）　　　　　　　出題率 ▶ **10**%未満

基礎年金（老齢・障害）を受けずに亡くなった人の（生計を同じくしていた）
遺族が受け取れるお金。
① 支給金額：12万～32万円程度の一時金
② 亡くなった人の要件：第1号被保険者としての期間が36月以上
※ 寡婦年金と死亡一時金の両方の受給要件を満たす場合、いずれかを選択
　して受給できる

（2）遺族厚生年金（いぞくこうせい）

　これを遺族が受給できるのは、以下の①～④のいずれかに該当したとき。
① 厚生年金の加入者が<u>在職中</u>に死亡したとき
② 退職後、厚生年金の加入中（在職中）に初診日のある傷病で、初診日から
　5年以内に死亡したとき
③ 1級または2級の障害厚生年金を受けられる人が死亡したとき
④ <u>老齢厚生年金の受給権者</u>（保険料納付期間と保険料免除期間を合算した期
　間が25年以上である人に限る）または受給資格期間が25年以上ある人が死
　亡したとき
※ 夫の死亡時に、**40歳以上で子のない妻**、子があってもその子が遺族基礎
　年金の加算対象外となったときに**40歳以上である妻**には、遺族厚生年金に
　中高齢寡婦加算（ちゅうこうれいかふかさん）が追加される（**65歳まで**）。

さらっと一読!

▌遺族厚生年金に関する細かいポイント　出題率 10%未満

① 遺族厚生年金を受けることができる遺族の範囲は、被保険者等の死亡当時、その者によって生計を維持されていた配偶者、子、父母、孫、祖父母である。
② 遺族厚生年金は、被保険者の老齢厚生年金の、報酬比例部分の額の4分の3相当額が支給される。

さらっと一読!

▌障害基礎年金　出題率 10%未満

① 国民年金の被保険者が障害者となった場合に支給される。
② 受給に必要な保険料納付要件は、納付済期間（免除期間を含む）が3分の2以上あること。
③ 障害等級1級に該当する者に支給される障害基礎年金の額は、障害等級2級に該当する者に支給される障害基礎年金の額の1.25倍に相当する額である。

✎ 本番得点力が高まる! 問題演習

問1
☐☐☐
国民年金の第1号被保険者とは、日本国内に住所を有する20歳以上65歳未満の者であって、国民年金の第2号被保険者および第3号被保険者のいずれにも該当しないものをいう。《2013年1月学科第1問 (5)》

問2
☐☐☐
国民年金の第1号被保険者は、日本国内に住所を有する20歳以上60歳未満の自営業者や学生などのうち、日本国籍を有する者のみが該当する。《2023年9月学科第1問 (3)》

問3
☐☐☐
国民年金の保険料免除期間に係る保険料のうち、追納することができる保険料は、追納に係る厚生労働大臣の承認を受けた日の属する月前10年以内の期間に係るものに限られる。《2021年1月学科第1問 (2)》

問4
☐☐☐
老齢基礎年金を繰下げ受給する場合、繰下げによる加算額を算出する際の増額率は最大30%である。《2020年9月学科第1問 (4)》

問5 国民年金の第1号被保険者が、国民年金の定額保険料に加えて月額（①）の付加保険料を納付し、65歳から老齢基礎年金を受け取る場合、（②）に付加保険料納付済期間の月数を乗じて得た額が付加年金として支給される。

1) ①400円　②200円
2) ①400円　②300円
3) ①200円　②400円　　　　　　　　　　　《2023年5月学科第2問（33）》

問6 老齢厚生年金に加給年金額が加算されるためには、原則として、老齢厚生年金の受給権者本人の厚生年金保険の被保険者期間が20年以上なければならない。　　　　　　　　　　　《2022年9月学科第1問（3）》

問7 70歳未満の厚生年金保険の被保険者に支給される老齢厚生年金は、その者の総報酬月額相当額と基本月額の合計額が50万円（2024年度の支給停止調整開始額）を超える場合、年金額の一部または全部が支給停止となる。　　　　　　　　　　《2019年5月学科第1問（4）改題》

問8 遺族基礎年金を受給することができる遺族は、国民年金の被保険者等の死亡の当時、その者によって生計を維持され、かつ、所定の要件を満たす「子のある配偶者」または「子」である。

　　　　　　　　　　　　　　　　　　　　《2019年1月学科第1問（4）》

問9 2009年4月以後の国民年金の保険料全額免除期間（学生納付特例制度等の適用を受けた期間を除く）は、その（　　　）に相当する月数が老齢基礎年金の年金額に反映される。

1) 2分の1
2) 3分の1
3) 4分の1　　　　　　　　　　　　　　　《2021年9月学科第2問（34）》

問1 ✕ ── 国民年金の第1号被保険者は、20歳以上60歳未満が対象

問2 ✕ ── 学習のポイント **1**(1) を参照。

問3 ◯ ── 国民年金の保険料免除期間を有する者は、10年間さかのぼって追納できる

問4 ✕ ── 老齢基礎年金の繰下げ受給は1カ月あたり0.7%の増額となる。65歳から75歳まで繰り下げると0.7%×10年×12月＝84%の増額率となる

問5 1) ── 学習のポイント **2**(1) を参照。月400円の上乗せで「加入した月数×200円」おまけの年金が増える制度

問6 ◯ ── 厚生年金の被保険者期間が20年以上で65歳未満の配偶者がいる場合に加給年金がつく

問7 ◯ ── 70歳未満の厚生年金保険の被保険者が、在職しながら老齢厚生年金と給料をもらっている場合には、基本月額（年金額）と総報酬月額相当額（給料等）の合計が50万円を超える場合には、老齢厚生年金の一部または全部が支給停止となる

問8 ◯ ── 遺族基礎年金を受給できる遺族は、「子のある配偶者」または「子」。「子のある配偶者」は所定の要件を満たす妻または夫である

問9 1) ── 国民年金の保険料免除期間が年金額に反映される月数は、以下の通り

全額免除：1／2　　3／4免除：5／8
半額免除：6／8　　1／4免除：7／8

学生納付特例の扱いとなった場合については、P42「さらっと一読！」②参照

熱血クマ講師Shuzoのちょっとウザい合格コラム

～ 広げるな、繰り返せ！～

　こんにちは！　世界一のFP講師のShuzoです。今日はキミに、今後の人生でどんなことを学ぶ際にも役立つコツを教えよう。それは「広げるな、繰り返せ！」という短い言葉に集約される！

　ウィンブルドンのセンターコートに到達した人も、みんな最初は「正しいフォームが定着するまでラケットの素振りを繰り返す」ことから始めなければいけなかったはずだ。そう、一定のレベル（初心者〜初級者）を突破するまでは、色々なことに手を出すよりも、重要なポイントを押さえたトレーニングを何度も繰り返すことが大事なんだ！

　FP技能士3級試験では、教材がたくさん出ているので、色々なものに手を出したくなるかもしれない。

　でも、繰り返し学習するのは「過去問の理解が深まる」1冊に絞った方がいい。繰り返す1冊としては「スッキリわかるFP技能士3級」が個人的におすすめだ。1周目はマンガを読む感覚で、理解できない点があっても流してスピーディーに進めていくことが超重要。1周目はよく分からなかった問題も、2周目は小説を読む感覚で、3周目は辞書を読む感覚で…と繰り返す段階においては、関連する知識が立体的につながって本番得点力が着実にアップする！　さらに4周目、5周目と繰り返したら、落ちるほうが難しい状態になる。

　いくつも教材を買った場合は、すべて完全に理解しようと思ってはいけない！　厚い教材は「辞書代わり」にして、巻末の「索引」を活用して関連する事項を調べるときに使えばいい。

「広げるな、繰り返せ！」

くりかえせ！

　本気で合格したいキミは、この言葉を心に留めて、日々の鍛錬に取り組んでほしい！

リスク管理

どのような異変が起ころうと「何とかなる！」といえるだけの備えを、貯蓄や保険で万全にしておきたいものだ。地震や津波の被害にあったら…、長期の入院をしてしまったら…などなど、生きていくには様々な「リスク」がある。そんなリスクへの備えに役立つ知識を集中的に学んでいこう。

勉強がんばれ！

リスク管理

保険は「不幸の宝くじ」。保険会社が多くの人からお金（保険料）を集めて運用し、ガン・死亡などの不幸があった人に決まったお金（保険金）を支払うものだ。この流れをまずイメージして学習にとりくもう。

生命保険 （第１分野）	第３分野の 保険	損害保険 （第２分野）
「人」の生死にかかわるリスクを保障。	生命保険と損害保険の中間。疾病・傷害・介護などに対して保険金が支払われる。	「物」にかかわるリスクを保障。
▎定期保険 ▎養老保険 ▎終身保険 ▎個人年金保険　など	▎医療保険 ▎特定疾病保障保険 ▎ガン保険　など	▎自動車保険 ▎火災保険 ▎地震保険　など

> **保険の契約者
保護のしくみ**　保険会社の健全な運営のためのルールがある。

① 契約者保護に関する制度

保険の契約者を保護する法律には、保険会社が健全に運営されるように禁止行為などを定める保険業法と、契約当事者間のルールを定める保険法がある。一定の場合に、消費者が一方的に契約を解除できるクーリング・オフ制度もある。

> **生命保険**　「人」にかかわるリスクを保障。病気やケガ、死亡等に備える保険。年金タイプの保険など、貯蓄の側面を持つものもある。

② 生命保険の基本

生命保険は、契約者が保険会社に「保険料」を支払い、被保険者（保険の対象となる人）が保険事故（ケガや死亡など）にあったときに、受取人が「保険金」を受け取るものである。

③ 生命保険商品の種類と内容

生命保険は「保障」重視のものと「貯蓄」重視のものがある。その観点から各保険商品を分類し、細かな特徴を覚えていこう。

④ 生命保険の契約手続き

「①保険の申し込み、②告知（被保険者の健康状態等を保険会社に知らせること）、③第１回の保険料の支払い」の３点セットが完了した日から保険契約が成立する。

⑤ 生命保険に関する税金

保険料を支払った時に税負担が軽くなる生命保険料控除と、保険金をもらった時などにかかる税金について学ぼう。

損害保険	偶然の事故や災害によるリスクを保障。 保障の対象は「物」「人」「賠償責任」。

⑥ 損害保険のしくみ

偶然の事故に対して保険金が支払われる損害保険。実損額を補てんするタイプが一般的。保険の対象物の実際の価額である保険価額と契約した金額である保険金額の関係も押さえよう。

⑦ 自動車保険・傷害保険

自動車保険には、強制加入の自賠責保険と任意加入の保険がある。傷害保険は急激かつ偶然な外来の事故による傷害を保障する。

⑧ 火災保険と地震保険

火災保険では、住宅火災保険と住宅総合保険のカバーする補償の範囲の違いを押さえよう。地震保険は単独での加入ができず、火災保険とセットで契約する。

第3分野の 保険	生命保険（第1分野）と 損害保険（第2分野）の中間に入る保険。

⑨ 第３分野の保険

生命保険と損害保険のどちらにも属さない（あるいは両方にまたがる）第３分野の保険。医療保険やガン保険等があり、生損保いずれの保険会社も販売できる。

1位 契約者保護に関する制度

→第2章 1

出題率 95%

ここは最近2問出ることが多い！「保険業法」「契約者保護機構」「保険法」など、覚えるべき知識も多いが、繰り返しの学習がむくわれる領域だ！ 試験直前にも必ず目を通そう！

1位 生命保険商品の種類と内容

→第2章 3

出題率 95%

実務に直結した重要な分野なので、ほぼ毎回出題されてきたし、今後もよく出るのが自然だ！ 過去問演習をした後は、大手保険会社のホームページで具体的な商品の案内を眺めてみよう！

3位 自動車保険・傷害保険

→第2章 7

出題率 85%

「自賠責保険」または「傷害保険」のいずれか1つが毎回出ると思っておこう。出題ポイントは決まっているので、過去問に出た知識は完全に覚えてしまおう。それ以外のマニアックな知識が出たら、フッと不敵な笑みを浮かべながら次に進めばよい。

4位 生命保険の契約手続き

→第2章 4

出題率 75%

ここも出ない回のほうがめずらしい。専門用語は多いが、覚えることが無限にある領域ではないので「保険料の払込みが困難になった場合の対応法」を中心に完全マスターしておこう！

5位 火災保険と地震保険

→第2章 8

出題率 70%

地震保険の出題率がアップして、ここは2問出ることもある。地震保険はマニアックな出題もありえるので、過去問の周辺知識は全部マスターしろ！

1

保険の契約者保護のしくみ
契約者保護に関する制度

絶対
マスター

絶対読め！**30**秒レクチャー

告 知

去年、食中毒で
入院しましたが、
今は健康です。

　ここでは、保険の契約者を保護する制度や規制について理解しよう！　ここでは「保険業法における禁止行為」や、「クーリング・オフの適用外条件」など、試験に出題しやすい項目も多い。一度さらっと読んで理解して、試験前に気合いを入れて覚えて1ポイントゲットしよう！

ナナメ読み！　**学習のポイント**

1 保険業法 （ほけんぎょうほう）

　契約者などの利益の保護や、保険会社の事業が健全に運営されることなどを定めている。保険の募集（販売）をする時の禁止行為（きんしこうい）として、以下の9項目を定めている。

① 重要事項の説明義務違反（説明しない／ウソの説明）

② ウソの告知（こくち）（＝自己の病気等の事実を告げること）を勧める行為

③ 告知を妨害したり、告知しないことを勧める行為

④ 不当な乗換募集（デメリットを告げずに既契約を解約させて新契約へ）

⑤ 特別利益（とくべつりえき）の提供（募集人が契約者にキャッシュバック等）

⑥ 契約内容の不当な比較表示

⑦ 将来の金額が不確実な事項について断定的判断を示す行為

⑧ 保険会社の特定関係者（グループ会社など）による特別利益の提供

⑨ その他、保険契約者保護に欠けるおそれのある行為

2 保険契約のクーリング・オフ制度

消費者を守るため、消費者の一方的な意思表示による契約の申込みの撤回、契約の解除を認める制度。この場合の意思表示は書面または電磁的記録（HPやメール）による。

クーリング・オフの内容を記載した書面の交付（電子交付を含む）を受けた後、「その書面を受け取った日」「申込日」のいずれか遅い日から起算して8日以内なら、契約者は申込みを撤回できる。ただし、以下のような一定の保険契約は同制度の対象外。

① 保険期間が1年以下の契約
② 保険会社、保険募集人、保険代理店などの営業所、事務所等において締結された契約（保険申込のために訪問した場合に限る）
③ 法律上、加入が義務づけられている場合（自賠責保険）

3 ソルベンシー・マージン比率

通常の予測を超えたリスクに対し、どのくらい保険金の支払余力があるかを表す指標。保険会社の財務状況を判断し、健全性の確保を図る基準になる。一般的に、200％以上が健全性の目安とされている。

4 保険契約者の保護機構

保険会社が破綻した場合に契約者を保護する目的で設立された機構。「生命保険契約者保護機構」と「損害保険契約者保護機構」の2種類があり、救済する保険会社に対して資金援助を行うほか、自ら破綻保険会社の保険契約の引受けなどを行う。なお、共済や少額短期保険の運営団体は、いずれの機構にも加入していない。

各機構の補償割合は、前者（生保）の場合は原則として責任準備金（将来の各種支払いに備えるために保険料の一定割合を積み立てている資金）等の90％（高予定利率契約を除く）で、後者（損保）の場合は保険の種類などによって異なる。

5 保険法

保険契約に関する一般的なルールを定めた法律。

（1）告知制度

保険法では、告知義務の内容を「保険会社が告知を求めた事項に応答する義務」として定めている。保険契約者等に告知義務違反があった場合、保険会社は原則として保険契約を解除できる（知ったときから1カ月間または契約締結から5年間）。なお、保険募集人が適切な告知を妨げていた場合、保険会社は告知義務違反による契約の解除ができない。

（2）被保険者の同意

保険法では、契約者（保険料を払う人）と被保険者（保険をかける対象となる人）が異なる死亡保険契約は、被保険者の同意が必要と定めている。

（3）保険金の支払時期

保険法では、約款で定めた支払期限が、支払いにあたって必要な事項の確認のための相当の期間を超えている場合には、保険会社は遅滞の責任を負う旨を定めている。

（4）片面的強行規定

保険法の規定よりも保険契約者等に不利な内容の約款の定め（過度に「保険会社＞お客様」となる契約内容）は無効となる。

実務上ではどうなの？

現在、生命保険（や損害保険）に加入する経由は保険会社の営業社員だけでなく代理店・銀行窓販・ネットなど様々ですが、どの経由で加入しても契約者保護機構の対象になるなど、適用されるルールは基本的には同じです。

問1 □□□　保険業法では、生命保険募集人は、保険契約の締結に際し、保険契約者または被保険者が保険会社等に対して重要な事実を告げるのを妨げ、または告げないことを勧めてはならないとしている。

《2015年5月学科第1問 (6)》

問2 □□□　生命保険契約を申し込んだ者がその撤回を希望する場合、保険業法上、原則として、契約の申込日または契約の申込みの撤回等に関する事項を記載した書面等の交付日のいずれか遅い日を含めて（　①　）以内であれば、（　②　）により申込みの撤回ができる。

1) ①8日　　　　②書面または電磁的記録
2) ①14日　　　②書面
3) ①14日　　　②書面または口頭　　　《2019年1月学科第2問 (36) 改題》

問3 □□□　国内で事業を行う生命保険会社が破綻した場合、生命保険契約者保護機構による補償の対象となる保険契約については、高予定利率契約を除き、（　①　）の（　②　）まで補償される。

1) ①既払込保険料相当額　　　②70%
2) ①死亡保険金額　　　　　　②80%
3) ①責任準備金等　　　　　　②90%　　　《2022年9月学科第2問 (36)》

問4 □□□　国内銀行の支店において加入した一時払終身保険は、生命保険契約者保護機構による補償の対象である。　　　《2020年9月学科第1問 (6)》

問1 ○ ── 重要な事実を「告知しないことを勧める」行為は、保険業法の禁止行為にあたる。 学習のポイント 1 ③を参照

問2 1) ── 学習のポイント 2 を参照。いずれか遅い日から8日以内に書面や電磁的記録（HPなど）による方法で、撤回可能

問3 3) ── 責任準備金等の90%まで補償される。 学習のポイント 4 を参照

問4 ○ ── 銀行の窓口で申込みをした生命保険契約も、生命保険契約者保護機構の補償対象（**「実務上ではどうなの？」**を参照）

---

2 生命保険の基本

生命保険

絶対読め！30秒レクチャー

　ズバリ、生命保険は「不幸の宝くじ」だ。多くの人からお金（保険料）を集めて、運営費を差し引いたお金を、ある程度は運用して原資を増やしつつ、一定の確率で必ず起きる不幸なこと（死亡など）に当たった人に決まったお金（保険金）を払うものだ！　この流れをイメージしながら、個々の知識を頭にたたきこもう！

ナナメ読み！　学習のポイント

1 生命保険のしくみ

　生命保険とは、死亡や生存、高度障害や入院などの保険事故が一定の確率で起こることを想定して、それに対してお金を備えるもの。①被保険者＝保険をかける対象となる人、②契約者＝保険料を払う人、③受取人＝保険金を受け取る人、の3者が保険契約にかかわる。

2 保険料のしくみ

(1) 保険料算出の原則

① 大数の法則：個々の事象（たとえば、30歳の男性が亡くなる）は偶然起きることであっても、事象を数多く集めるほど、その確率は一定の数字（例えば、0.1％など）に近づいていく、という法則

② 収支相等の原則：保険料は「保険料の総額とその予定運用益」の合計が、
「保険金額と予定経費」の合計に等しくなるように計算される

(2) 保険料計算のベースとなる３つの予定率

> 予定死亡率は、データをもとに予想した年齢・性別ごとの死亡確率
> 予定利率は、保険会社が預かった保険料を運用する予想運用率
> 予定事業費率は、保険料のうち事業運営の経費に回る割合

保険料の内訳は、保険金の支払い財源となる純保険料、保険会社の経費に充てる付加保険料の２つ。純保険料は予定死亡率と予定利率をベースに計算される。付加保険料は予定事業費率をベースに計算される。

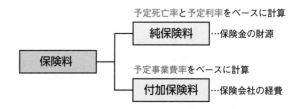

本番得点力が高まる！ 問題演習

問1
□□□ 生命保険の保険料は、大数の法則および（ ① ）に基づき、予定死亡率、予定利率、（ ② ）の３つの予定基礎率を用いて計算される。

1) ①適合性の原則　②予定事業費率

2) ①適合性の原則　②予定損害率

3) ①収支相等の原則　②予定事業費率　《2023年9月学科第2問（36）》

問2
□□□ 生命保険会社が（　　　）を引き下げた場合、通常、その後の終身保険の新規契約の保険料は高くなる。

1) 予定利率

2) 予定死亡率

3) 予定事業費率　《2022年5月学科第2問（36）》

問3
□□□ 生命保険の保険料は、純保険料および付加保険料で構成されているが、このうち付加保険料は、（　　　）に基づいて計算される。

1) 予定死亡率

2) 予定利率

3) 予定事業費率　　　　　　　　　　　　　《2021年9月学科第2問（36）》

問1　3)──── 学習のポイント 2 を参照。保険料算出の原則は「**大数の法則**」と「**収支相等の原則**」

問2　1)──── 保険料は3つの予定率（死亡率・利率・事業費率）をもとにして計算。予定利率が低いほど、（保険料を効率的に運用できない見込みなので）純保険料が高くなり、保険料も高くなる。実際の運用利率が、予定利率よりも高いと利差益となる

問3　3)──── 付加保険料は**予定事業費率**をベースに計算される

生命保険

3 生命保険商品の 種類と内容

絶対読め！30秒レクチャー

生命保険の種類は数多くあり、一見すると複雑だが、実はカンタンだ。支払った保険料は、必ず「保障」または「貯蓄（運用）」のどちらかに回る。そして、そのブレンド割合や、保障や貯蓄（運用）を行う期間によって様々な商品ができるのだ。そういう観点から保険商品を理解していけば、よく出題されているこの分野はスマッシュを1本決められるはずだ！

保険料支払います。

保　障

貯蓄（運用）

ナナメ読み！　学習のポイント

1 保障機能を重視した保険

（1）定期保険

　保険期間を10年や60歳までなどと定めて、その期間内に死亡もしくは高度障害状態になったら保険金を受け取れる保険。保険料（支払う額）は一定で、保険金額（もらう額）が減少していく遞減型や、逆に増加していく遞増型もある。

（2）定期保険特約付終身保険（通称：テイキ・ツキ・シュウシン）

　終身保険に、定期保険を特約として付けたもの。特約の期間中は、より高額な死亡保障が得られ、その期間が終わった後も、一生涯の死亡保障を受けられる。定期保険特約には全期型（定期保険の期間が終身保険の保険料支払い期間と同じ）と更新型（一定期間ごとに定期保険部分を更新する）があるが、更新

型を同額で自動更新すると、保険料は（更新時の年齢や保険料率で再計算されるので）更新前より高くなる。更新時の告知は不要。

さらっと
一読！

■ 収入保障保険　　　　　　　　　　　　　　出題率 **30%未満**

「本人に万一のことがあっても、60歳相当まで月15万円が家族に支払われる」というような形式の定期保険。
(1) 死亡保険金を受け取る際は、年金形式・一時金のどちらかを選択できる（併用で受け取れる商品もある）。
(2) 一時金で受け取る場合は、将来発生する利子分を割り引いた額になるため、年金形式より受け取り額の総額が少なくなる。

さらっと
一読！

■ 必要保障額の推移　　　　　　　　　　　　出題率 **30%未満**

遺族のための必要保障額（遺族に必要な生活資金等の総額から遺族の収入見込金額を差し引いた金額）は、通常、子どもの成長とともに段々と減少（逓減）する。

2　保障と貯蓄の両方の機能がある保険

(1) 養老保険

満期前に死亡すれば死亡保険金、満期まで生存していれば死亡保険金と同額の満期保険金を受け取ることができる保険。

さらっと
一読！

■ ハーフタックス・プラン　　　　　　　　　出題率 **30%未満**

養老保険の福利厚生プランでは、契約者および満期保険金受取人を法人、被保険者を役員および従業員全員、死亡保険金受取人を被保険者の遺族とすることにより、支払保険料の2分の1相当額を福利厚生費として損金に算入できる。

(2) 終身保険

保険期間が終身で一生涯の死亡保障が確保できる保険。長期的には貯蓄性の高い保険だが、短期で解約すると「解約返戻金（保険を途中で解約した時に

戻ってくるお金）＜払込保険料」となるのが一般的。

（3）利率変動型積立終身保険

　アカウント型保険ともいわれ、契約者は毎回一定額の保険料を支払い、そのうちいくらかを定期保険や医療保険などで構成される保障部分に充て、残りを積立金として貯蓄する保険。

3　貯蓄機能のある保険

（1）こども保険（学資保険）

　子供の教育資金などを準備するための保険。契約者である親が死亡した場合、それ以降の保険料は免除される。被保険者である子が死亡した場合、死亡保険金が支払われて契約が終了する。また、満期保険金と生存給付金（祝い金）を受け取れるタイプがある。出生前加入特則により産まれる前から加入できる商品もある。

（2）個人年金保険

　保険料で積立貯蓄をしていき、たまったお金を一定期間（10年、終身など）にわたって年金形式で受け取れる保険。生存を条件に一定期間支払われる有期年金、生死にかかわらず一定期間支払われる確定年金、生きている限り支払われる終身年金の3つがある。

　終身年金には、生死にかかわらず年金が支払われる保証期間が付いている保証期間付終身年金がある。

4　投資機能のある保険

（1）変額保険

　特別勘定によって保険料を運用し、その運用次第で保険金額や解約返戻金額が変動する保険。死亡保険金は、基本保険金額という最低保証が付いている。有期型と終身型の2タイプある。

5 民間生保以外の保険商品

(1) 簡易保険（旧）

郵政民営化以前に契約した「簡易保険」の契約は、郵便貯金・簡易生命保険管理機構に引き継がれ、政府保証も継続している。

(2) かんぽ生命

特徴は、無診査（告知のみ）で加入できることと、加入限度額があること（16歳以上は原則として1,000万円までなど）の2つ。

(3) 共済

協同組合（農協、生協など）が組合員に対して、生命保険に似たような商品を扱うもの。特徴は、民間の生命保険より掛金と保険金の額が小さいこと。JA共済、こくみん共済coopなどが有名。

さらっと
一読！

■ **少額短期保険**　　　出題率 **20**%未満

少額・短期の保険の引受けのみを行う事業を指す。少額短期保険業者が1人の被保険者から引き受ける保険金額の総額は、原則として1,000万円を超えてはならない。

実務上ではどうなの？

　生命保険商品は実に様々なものがありますが、FPとして「保険見直し」の相談を受ける場合には、現在加入中の保険のなかで良い契約（良い部分）を見極めることも必要になります。

　例えば、予定利率が高かった時代（1990年代など）に加入した保険契約であれば、貯蓄性の高い部分（終身保険）だけ残して掛け捨ての部分（定期保険や医療特約等）は最新の保険に加入することができれば、効果的な見直しになることが多いです。

災害割増特約（通称：サイワリ）
_{さいがいわりまし}

出題率 **20**%未満

不慮の事故で180日以内に死亡した場合に、主契約の死亡保険金等に上乗せして支払われる特約。

本番得点力が高まる！ 問題演習

問1
□□□
定期保険は、被保険者が保険期間中に死亡または高度障害状態になった場合に保険金が支払われ、保険期間満了時に被保険者が生存していても満期保険金は支払われない。 《2015年9月学科第1問 (8)》

問2
□□□
逓減定期保険は、保険期間の経過に伴い保険料が所定の割合で減少するが、死亡保険金額は保険期間を通じて一定である。

《2023年1月学科第1問 (6)》

問3
□□□
定期保険特約付終身保険では、定期保険特約の保険金額を同額で自動更新すると、更新後の保険料は、通常、更新前（　　）。

1) よりも安くなる

2) と変わらない

3) よりも高くなる 《2018年9月学科第2問 (37)》

問4
□□□
こども保険（学資保険）において、保険期間中に契約者（＝保険料負担者）である親が死亡した場合、一般に、既払込保険料相当額の死亡保険金が支払われて契約は消滅する。 《2021年5月学科第1問 (8)》

問5
□□□
学資（こども）保険には、出生前加入特則を付加することにより、被保険者となる子が出生する前であっても加入することができるものがある。 《2019年1月学科第1問 (7)》

問6
□□□
変額個人年金保険は、（ ① ）の運用実績に基づいて将来受け取る年金額等が変動するが、一般に、（ ② ）については最低保証がある。

1) ①特別勘定 ②死亡給付金額

2) ①特別勘定 ②解約返戻金額

3) ①一般勘定 ②解約返戻金額 《2022年1月学科第2問 (37)》

問1 ○ ── 定期保険は保障機能を重視した保険であり、満期保険金は支払われない。満期保険金があるのは養老保険である

問2 × ── 逓減定期保険は（文字通り）保険金の額が次第に減少していく。なお、保険料は一定である

問3 3) ── 学習のポイント **1** **(2)** を参照。そのまま更新すると年齢が上がった分、保険料も上がる

問4 × ── 学資保険において親が死亡した場合、一般にそれ以降の保険料が免除され、満期祝金などは受け取れる。なお、子が死亡した場合、一般に死亡給付金が支払われて契約が終了する

問5 ○ ── 学資保険には、出生前加入特則を付加することで子供が生まれる前からでも加入できるものがある

問6 1) ── 変額保険の積立金は、特別勘定の運用により変動する。死亡給付金は基本保険金額という最低保証がついている

4 　[生命保険]　生命保険の契約手続き

絶対マスター

絶対読め！**30**秒レクチャー ▶

　保険契約が成立する3点セットは、実務でも非常に大切だ！　前納と一時払いの違いをイメージで覚えよう！　払済保険は「保険をグシャッとつぶす」（保険金額を減らす）イメージなのに対して、延長保険は「延長といいながら、なぜか期間が短縮する保険」なんだ！

保険の申込み ＋ 告知（診査） ＋ 第1回保険料の支払い

保険の3点セット

フムフム

ナナメ読み！　**学習のポイント**

1　契約の承諾と責任開始日

　保険会社の承諾を前提として、①保険の申込み、②告知（診査）、③第1回保険料の支払い、の3点セットがすべて完了した日から保険会社の責任がスタートする。これを**責任開始日**という。

2　保険料の払込方法

　保険料の払い方には、月払いや年払いなどのほかにも、**前納**（保険会社が将来の保険料を預かるイメージ）や**一時払い**（保険料を一括でまとめて支払う）もある。

3 保険料の払込猶予期間

　もし、契約者の保険料の払込みが遅れてしまった場合、その保険契約はすぐに保険の効力を失わず、一定期間は保険料の払込みが猶予される。その期間のことを保険料の払込猶予期間という。月払いの場合には保険料払込期月の翌月初日から翌月末までが猶予期間。

4 保険料の払込みが困難になった場合の対応法

(1) 自動振替貸付（通称：ジフリ）

　払込猶予期間が満了するまでに保険料が払込まれなかった場合、その保険料相当の金額を、その保険契約の解約返戻金の範囲内で保険会社が自動的に立て替え、契約を有効に継続させる制度。

(2) 払済保険への移行

　払済保険とは、保険料の払込みを中止して、その時点での解約返戻金をもとに、前の契約と同一の保険期間のまま主契約と同じ種類の保険に変更する方法。保険金額は下がる。変更すると、元の保険契約に付帯している各種特約は消滅する。

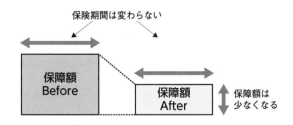

(3) 延長保険への変更

　延長保険とは、保険料の払込みを中止して、その時点での解約返戻金をもとに、元の保険金額を変えず、定期保険に変更する方法。保険期間は短くなる。変更すると、元の保険契約に付帯している各種特約は消滅する。

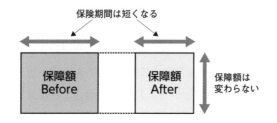

5 契約の失効と復活

払込猶予期間が満了した場合、（自動振替貸付制度が適用されない限り）その保険契約は失効となり効力を失う。ただし、契約によっては失効した場合でも、一定条件のもとに契約を元の状態に戻すこと（復活）ができる。その際の保険料は、元（失効前）の保険料率である。復活する場合、失効期間中の保険料については、まとめて支払わなければならない。

6 契約者貸付（通称：ケイガシ）

貯蓄性のある保険契約では、保険会社から解約返戻金の一定の範囲内で貸付けを受けることができる。このことを契約者貸付という。

7 契約転換（通称：コンバージョン）

現在の保険を下取りに出して、その時点の新しい保険料率の新しい保険として契約することを契約転換という。転換の際は原則として告知（または診査）が必要。

8 保険契約の解約

保険の契約者はいつでも保険契約を解約することができる。その際に、保険の種類や加入年数に応じて解約返戻金などが支払われる。

本番得点力が高まる！ 問題演習

問1 　生命保険会社に生命保険契約上の履行義務（保険金・給付金の支払
☐☐☐ 等）が発生する時期を（ ① ）というが、（ ① ）は、保険会社の承
諾を前提として、申込み、告知（診査）、（ ② ）の3つがすべて完了
したときとされている。

1) ①責任開始期（日）　②第1回保険料（充当金）払込み
2) ①契約期（日）　　　②ご契約のしおりの交付
3) ①義務発生期（日）　②契約確認　　　《2011年1月学科第2問（36）》

問2 　払済保険とは、一般に、保険料の払込みを中止して、その時点での
☐☐☐ 解約返戻金を基に、元契約の保険金額を変えずに一時払いの定期保険
に変更する制度である。　　　　　　　　　《2021年5月学科第1問（7）》

問3 　契約転換制度により、現在加入している生命保険契約を新たな契約
☐☐☐ に転換する場合、転換後契約の保険料は、（ ① ）の年齢に応じた保
険料率により算出され、転換時において告知等をする必要が（ ② ）。

1) ①転換前契約の加入時　②ない
2) ①転換時　　　　　　　②ない
3) ①転換時　　　　　　　②ある　　　《2022年5月学科第2問（37）》

問1 1)── 保険契約の申込み、告知（診査）、第1回保険料の払込みの3点セッ
　　　　　トが完了した時に、契約上の責任開始日となる
問2 ✕── 払済保険は保険料の払込みを中止して保険金額を下げ、保険期間
　　　　　を前の契約と同一にする。なお、延長保険は保険料の払込みを中
　　　　　止して保険期間を短くし、保険金額を前の契約と同一にする。い
　　　　　ずれも各種特約は消滅する
問3 3)── 契約転換を行うと、元の契約は消滅して（当初の予定利率などは
　　　　　引き継がれない）新しい保険料率の保険となる

---

5 生命保険 生命保険に関する税金

ここで差がつく

絶対読め！30秒レクチャー

　保険料を支払うときに税負担が少し軽くなる制度がある。一方、お金を受け取るときは3パターンの税金がかかる。お父さんが自分に保険を掛けた場合、遺族がもらう保険金は<u>相続税</u>の対象。お父さんがお母さんに保険を掛けて、自分で保険金を受け取る場合は、<u>所得税</u>の対象。お父さんが自分以外に保険を掛けて、子供が保険金を受け取ったら<u>贈与税</u>の対象。これらを理解できれば、保険の税金は大丈夫だ！

保険金にかかる税
（契約者・被保険者・受取人）

父・父・母 → 相続税
父・母・父 → 所得税
父・母・子 → 贈与税

ナナメ読み！ 学習のポイント

1 保険料に関する税の優遇

（1）生命保険料控除の制度

　生命保険料を支払った場合に、一定の金額を所得から差し引くことで所得税などの税負担が少し軽くなる制度。2012年より「介護医療保険料控除」が新設されて次の①〜③の3種類になり、傷害特約など「身体の傷害のみに基因して保険金が支払われる保障」にかかる保険料は当制度の対象外となった。

① 一般の生命保険料控除

　死亡保障などにかかる保険料は、一般の生命保険料控除の対象となる。

② 介護医療保険料控除

　介護保障または医療保障にかかる保険料は、介護医療保険料控除の対象。

③ 個人年金保険料控除

この控除を受けるためには、一定の要件（年金受取人が契約者本人かその配偶者のいずれか等）を満たし、個人年金保険料税制適格特約を付帯する必要がある。一時払いの個人年金保険料は、一般の生命保険料控除の対象。

(2) 控除限度額はいくら？（第4章⑩**1**も参照すること！）

2012年1月以降の契約については、控除限度額は以下のとおり。

① 一般生命保険料控除　所得税：40,000円、住民税：28,000円

② 介護医療保険料控除　所得税：40,000円、住民税：28,000円

③ 個人年金保険料控除　所得税：40,000円、住民税：28,000円

※ 生命保険料全体（①～③の合計）の控除限度額は、所得税で120,000円、住民税で最高70,000円。

	一般生命保険料控除	介護医療保険料控除		個人年金保険料控除
保険金受取人	契約者本人 またはその配偶者その他の親族			契約者本人 またはその配偶者
保険金などの支払い事由	・生存または死亡 ・2011年まで疾病、傷害 ・疾病、災害入院特約等の一部 ・一部の年金	・疾病 ・傷害 ・障害等		・年齢 ・被保険者の重度の障害
		2011年以前の契約＝一般生命保険料控除の対象	2012年以後の契約＝介護医療保険料控除の対象	
保険期間の条件	保険期間5年以上			保険料払込期間10年以上
受取方法の条件	特になし			受取人の年齢が原則満60歳以降に10年以上にわたって受け取る定期または終身年金
控除限度額	所得税：40,000円、住民税：28,000円 （生命保険料全体の控除限度額 所得税：120,000円、住民税：70,000円）			

2　保険金にかかる税金

（1）死亡保険金にかかる税金

　個人が死亡保険金を受け取った場合、3種類の税金（相続税・所得税・贈与税）のいずれかの対象となる。

（2）相続税の課税を受ける場合とは？

　自分で自分に保険を掛けている（契約者＝被保険者）場合、遺族が受け取る死亡保険金は相続税の対象。相続人が受け取った保険金には「500万円×法定相続人の数」の非課税枠がある（第6章7 2を参照）。

（3）所得税の課税を受ける場合とは？

　保険料を払った本人がお金を受け取る（契約者＝受取人）場合、受け取る死亡保険金は一時所得として所得税（および住民税）の対象となる。

$$
\begin{array}{l} 総所得に含める \\ 一時所得の金額 \end{array} = \left\{ \left(\begin{array}{l} 死\ 亡 \\ 保険金 \end{array} - \begin{array}{l} 正味払込 \\ 保険料総額 \end{array} \right) - \begin{array}{c} 特\ 別 \\ 控除額 \\ (50万円) \end{array} \right\} \times \frac{1}{2}
$$

（4）贈与税の課税を受ける場合

　3者（契約者、被保険者、受取人）がそれぞれ異なる場合、贈与税の対象。その場合、その1年間に贈与された他の財産と合算され、その合計額から110万円の基礎控除額を差し引いた部分に課税される（第6章3 2を参照）。

3　満期保険金・解約返戻金・給付金にかかる税金

（1）満期保険金・解約返戻金を受け取った場合

　満期保険金や解約返戻金を受け取った場合、契約者と受取人が同じ場合は一時所得として総合課税（ただし、一時払養老保険を加入後5年以内の満期や解約した際の差益は金融類似商品として20.315％の源泉分離課税）、異なる場合は贈与税の対象となる。

（2）非課税財産の給付金・保険金

　入院給付金、手術給付金、高度障害給付金など、ケガや病気等の出費を補てんする意味合いの給付金は（受取人が家族など被保険者自身でない場合でも）非課税。リビング・ニーズ特約の生前給付金（第2章9 2を参照）も非課税。

問1
□□□　所得税において、個人が2024年中に締結した生命保険契約に基づく支払保険料のうち、（　　）に係る保険料は、介護医療保険料控除の対象となる。

1）先進医療特約

2）傷害特約

3）定期保険特約　　　　　　　　　　　　　《2021年5月学科第2問（37）改題》

問2
□□□　生命保険契約において、契約者（＝保険料負担者）および被保険者が夫、死亡保険金受取人が妻である場合、夫の死亡により妻が受け取る死亡保険金は、（　　）の課税対象となる。

1）贈与税

2）相続税

3）所得税　　　　　　　　　　　　　　　　《2023年5月学科第2問（37）》

問3
□□□　生命保険契約において、契約者（＝保険料負担者）および死亡保険金受取人がAさん、被保険者がAさんの父親である場合、被保険者の死亡によりAさんが受け取る死亡保険金は、（　　）の課税対象となる。

1）贈与税

2）相続税

3）所得税　　　　　　　　　　　　　　　　《2022年1月学科第2問（38）》

問4
□□□　生命保険契約において、契約者（＝保険料負担者）が夫、被保険者が妻、死亡保険金受取人が子である場合、子が受け取る死亡保険金は、（　　）の課税対象となる。

1）相続税

2）贈与税

3）所得税　　　　　　　　　　　　　　　　《2019年5月学科第2問（38）》

問5
□□□　個人が一時払養老保険（10年満期）の満期保険金を受け取った場合、金融類似商品として、満期保険金と正味払込保険料との差益が源泉分離課税の対象となる。　　　　　　　　　　《2013年1月学科第1問（20）》

問6
□□□　　生命保険の入院特約に基づき、被保険者が病気で入院したことにより被保険者が受け取った入院給付金は、非課税である。

《2020年9月学科第1問（8）》

問1　1)── 医療保障を対象とする保険料について、2012年以後の契約では介護医療保険料控除の対象となる

問2　2)── 学習のポイント 2 **(2)** を参照

問3　3)── お金を払った本人がお金を受け取る死亡保険金は、一時所得として所得税（および住民税）の対象となる

問4　2)── 契約者、被保険者、受取人がそれぞれ異なる場合は、贈与税の対象

問5　×── 5年以内に満期金や解約返戻金を受け取ると金融類似商品として20.315％の源泉分離課税の扱い。5年超の場合、一時所得として総合課税の対象となる

問6　○── 学習のポイント 3 **(2)** を参照

---

6 損害保険のしくみ

損害保険

ここで 差がつく

絶対読め！**30**秒レクチャー

損害保険は、生命保険とは違い、偶然のアクシデントに関して保険金が支払われるものだ！　保険金の支払われ方も、生命保険は「定額払い」だったのに対して、損害保険は「実損払い」ということも頭にガツンとたたき込んでおこう！

ナナメ読み！　学習のポイント

1 損害保険のしくみ

　損害保険は、偶然の事故や災害に備えて、多くの人が保険料を出し合うことで万一のときの負担を軽減させるしくみ。損害保険の保険金は、実損額を補てんする実損てん補が一般的であり、時価または再調達価額（保険の対象と同等のものを新たに建築・購入するのに必要な金額）のどちらかをベースとして、実際に生じた損害に応じた保険金が支払われる。

2 損害保険料のしくみ

（1）損保の原則

　損害保険料は生命保険と同じく、大数の法則、収支相等の原則（第2章 2 2 （1）を参照）の2つの原則をもとに算出されている。また、損害保険特有の考えに、保険金の受取りで利益を得ることを禁じる「利得禁止の原則」や、契約者が負担する保険料と事故発生の際に支払われる保険金はそれぞれの事故

発生リスクの大きさや発生確率に見合ったものでなければならないとする「給付・反対給付均等の原則（公平の原則）」というものがある。

(2) 保険価額と保険金額

① 保険価額：保険の対象物の実際の価額（＝損害額の最高見積額）

② 保険金額：契約金額のことであり、支払う保険金の限度額。これが多すぎると「超過保険」

(3) 全部保険・超過保険・一部保険

① 全部保険：保険価額＝保険金額

② 超過保険：保険価額＜保険金額

③ 一部保険：保険価額＞保険金額

　一部保険の場合は、<u>保険金額の保険価額に対する割合で保険金が支払われる</u>（比例てん補）。

全部保険　　　　超過保険　　　　一部保険

(4) 純保険料と付加保険料

① 純保険料：保険会社が支払う保険金の原資となる

② 付加保険料：保険会社の必要経費となる

✎ 本番得点力が高まる！ **問題演習**

問1 損害保険において、契約者が負担する保険料と事故発生の際に支払われる保険金は、それぞれの事故発生リスクの大きさや発生確率に見合ったものでなければならないとする考え方を、（　　）という。

1）大数の法則

2）適合性の原則

3）給付・反対給付均等の原則（公平の原則）

《2023年1月学科第2問（38）》

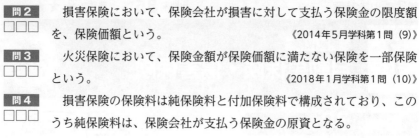

問2　損害保険において、保険会社が損害に対して支払う保険金の限度額を、保険価額という。

《2014年5月学科第1問（9）》

問3　火災保険において、保険金額が保険価額に満たない保険を一部保険という。

《2018年1月学科第1問（10）》

問4　損害保険の保険料は純保険料と付加保険料で構成されており、このうち純保険料は、保険会社が支払う保険金の原資となる。

《2018年5月学科第1問（9）》

問1　3) ⋯⋯ 学習のポイント **2**(1) を参照

問2　✕ ⋯⋯ 保険会社が支払う保険金の限度額は（保険価額ではなく）保険金額。 学習のポイント **2**(2) を参照

問3　○ ⋯⋯ 保険価額＞保険金額となる場合は一部保険となり、比例てん補（保険金額の保険価額に対する割合）で支払われる

問4　○ ⋯⋯ 学習のポイント **2**(4) を参照

---

7 （損害保険）自動車保険・傷害保険

絶対マスター

> ジバイセキはモノの補償にはお金が出ないのか…

絶対読め！30秒レクチャー

　自動車保険には強制と任意の2つがあるが、強制のジバイセキは対人賠償事故（他人を死傷させた場合）に限定されることを頭にたたき込んでおこう！　傷害保険は「急激かつ偶然な外来の事故」という言葉を飛んできたテニスボールが後頭部にぶつかるイメージで理解しよう！　そして、傷害保険でいう「家族」は、生計を共にする同居の親族や、仕送りが必要な大学生まで含むことを覚えておくといい！

ナナメ読み！　学習のポイント

1 自動車保険

(1) 自賠責保険

　自動車損害賠償責任保険は強制加入の保険。すべての自動車と原動機付自転車は、自賠責保険を掛けないと運行できない。自動車事故の「被害者救済」と「加害者の賠償能力確保」を目的としており、補償の対象は対人賠償事故に限定される。支払限度額は、被害者1人あたり「死亡：3,000万円、後遺障害：4,000万～75万円、傷害：120万円」だが、1事故あたりの限度額はない。

(2) 任意加入の自動車保険

　強制加入ではない自動車保険には次のようなものがある。また、現在は契約者の属性に応じてリスクを細分化して保険料に差をつけた「リスク細分型」自動車保険（リスクが低いほうが割安）が一般的になった。

① <u>対人賠償保険</u>…自賠責保険の支払額を<u>超える</u>部分の対人賠償を補償

② <u>対物賠償保険</u>…自動車事故で他人の物を壊した場合の賠償責任を補償

③ <u>車両保険</u>…偶然の事故によって自動車が損害を受けた場合の補償

④ <u>自損事故保険</u>…自損事故で運転者・搭乗者などが死傷したときの補償

⑤ <u>無保険車傷害保険</u>…無保険車との事故による死亡・後遺障害の補償

⑥ <u>搭乗者傷害保険</u>…乗車中の人が事故で死傷した場合の補償

⑦ <u>人身傷害補償保険</u>…自動車事故で死傷した場合などに、<u>過失割合</u>にかかわらず補償される保険

> さらっと
> 一読！
>
> ■**車両保険に関する細かいポイント**　　出題率 **10%未満**
>
> ① 被保険自動車（非業務用のマイカー）に生じた損害に対して個人が受け取る車両保険金は、所得税において非課税となる。
> ② 地震・噴火・津波による損害は原則として補償の対象外。

2 傷害保険

(1) 傷害保険が支払われる場合

「急激かつ<u>偶然</u>な<u>外来の事故</u>」によって、身体に傷害を負った場合に保険金が支払われるのが傷害保険。

① <u>急激</u>：事故発生の直後に傷害を受けること（靴ずれは対象外）

② <u>偶然</u>：原因または結果の発生が予測できないこと

③ <u>外来</u>：身体の外部からの作用によること

※ ウイルス性の食中毒や細菌性の食中毒は補償の対象外となる。

※ 一般に補償の対象となる事故によるケガが原因で、事故の発生日からその日を含めて180日以内に所定の後遺障害が生じた場合、後遺障害保険金が支払われる。

※ 身体傷害には、有毒ガス中毒や微傷による創傷伝染病は対象となる。

(2) 傷害保険の種類

① <u>普通傷害保険</u>：国内外を問わず急激かつ偶然な外来の事故による傷害を補償（地震・噴火・津波は補償対象外）

② <u>家族傷害保険</u>：内容は普通傷害保険と同じ。本人と家族（(i)本人の配偶

081

者、(ii)本人またはその配偶者と生計を共にする同居の親族、(iii)本人またはその配偶者と生計を共にする別居の未婚の子）が対象。保険料は本人の職種級別を基準に算出される。

■傷害保険からの給付金は原則非課税　出題率 **30**%未満

さらっと一読！

家族傷害保険契約に基づき、契約者（＝保険料負担者）と同居している子がケガで入院したことにより契約者が受け取る入院保険金は、非課税とされる。

③　海外旅行傷害保険：海外旅行のために、住居を出発してから帰宅するまでの間に被ったケガなど（地震・噴火・津波、細菌性食中毒による傷害も含む）を補償。同様に、国内旅行を対象とした国内旅行傷害保険（地震・噴火・津波は対象外）もある。

3 個人賠償責任保険

（1）支払いの対象となる場合

　個人の日常生活や、住宅の使用・管理などを原因として、第三者の身体や財物に損害を与えて、法律上の損害賠償責任を負った場合。

（2）支払いの対象外となる場合

・他人から預った物や借りた物に対する賠償責任
・自動車やバイクの運転に関する賠償責任
・業務に関連して発生した賠償責任

■生産物賠償責任保険（PL保険）　出題率 **30**%未満

さらっと一読！

企業等が製造・販売した商品などによる事故で、他者への損害賠償責任が発生した場合に、被害者の治療費や慰謝料といった企業側の損害額を補償する保険。

問1
□□□
自動車損害賠償責任保険（自賠責保険）において、被害者1人当たりの保険金の支払限度額は、加害車両が1台の場合、死亡による損害については（　①　）、傷害による損害については（　②　）である。

1) ①3,000万円　　②120万円

2) ①3,000万円　　②150万円

3) ①4,000万円　　②150万円 《2023年9月学科第2問（37）》

問2
□□□
リスク細分型自動車保険は、性別、年齢、運転歴、地域、使用目的、年間走行距離その他の属性によって保険料を算定するもので、一般に、保険料を比較すると、通勤使用よりもレジャー使用のほうが割高になる。 《2016年9月学科第1問（9）》

問3
□□□
普通傷害保険（特約付帯なし）において、一般に、（　　）は補償の対象となる。

1) 国内旅行中の飲食による細菌性食中毒

2) 海外旅行中に階段を踏み外して転倒したことによる骨折

3) 脳梗塞により意識を失って転倒したことによる骨折

《2022年9月学科第2問（39）》

問4
□□□
家族傷害保険に付帯された個人賠償責任補償特約では、（　　）により損害賠償責任を負った場合は補償の対象とならない。

1) 別居の未婚の子が自転車で走行中に起こした事故

2) 友人から借りたビデオカメラを誤って破損した事故

3) 飼い犬が他人を嚙んでけがを負わせた事故

《2018年5月学科第2問（39）》

問5
□□□
家族傷害保険の被保険者の範囲には、被保険者本人と生計を共にする別居の未婚の子も含まれる。 《2021年5月学科第1問（10）》

　　海外旅行保険では、海外旅行中に発生した地震によるケガは
（　①　）、海外旅行から帰宅途中の日本国内で起きた事故によるケガ
（　②　）。

1) ①補償の対象となり　　　　②も補償の対象となる

2) ①補償の対象となるが　　　②は補償の対象とならない

3) ①補償の対象とならないが　②は補償の対象となる

《2019年5月学科第2問（39）》

問1　1)── 支払限度額は死亡3,000万円、傷害120万円、後遺障害4,000
万円～75万円

問2　✕── 使用頻度の多い通勤使用のほうが、使用頻度の少ないレジャー使
用よりも（リスクが高いと想定されるので）保険料は高くなる

問3　2)── 普通傷害保険は、「急激かつ偶然な外来の事故」であれば、日本
国外で発生した事故による傷害でも補償

問4　2)── 学習のポイント **3**(2) を参照。借りた物は対象外

問5　○── 生計を共にする別居の未婚の子（親から仕送りを受ける大学生な
ど）も「家族」として扱われる

問6　1)── 住居を出発してから帰宅するまでの間に被ったケガ（地震による
ものも含む）などについて補償される

出題率 **70%** ｜ 難易度 ★★★☆☆

8 損害保険
火災保険と地震保険

絶対読め！**30**秒レクチャー

火災保険は「住宅火災」（火災に限らずいろいろOK）と「住宅総合」（さらに水災・盗難もセットで）の違いを押さえよう！ 地震保険は「建物5,000万円、家財1,000万円」を上限に、主契約の保険金額の30〜50%の範囲で設定すると覚えておくといい！

毎回1問は出る可能性が高いから、炎のスマッシュで1ポイントを決めろ！

ナナメ読み！ 学習のポイント

1 火災保険の種類と特徴

(1) 住宅火災保険

「住居のみに使われる建物」と「建物内の家財」に掛ける保険。火災に限らず、落雷や破裂・爆発、風災・ひょう災・雪災による損害のほかに、臨時費用・残存物片付け費用・失火見舞い費用・傷害費用・損害防止費用などの諸費用まで補償される。ただし、水災（水害）・盗難は対象外。

(2) 住宅総合保険

保険の対象は住宅火災保険と同じだが、カバーする補償の範囲が広く、水災・盗難などもOK。

▌火災保険金は原則非課税　　　出題率 **20**%未満

所得税において、個人事業主が自己の所有する店舗の火災によって建物に損害を受け、火災保険から受け取った保険金は、非課税となる。

▌企業費用・利益総合保険　　　出題率 **20**%未満
<ruby>企業費用<rt>ひ よう</rt></ruby>・<ruby>利益<rt>り えき</rt></ruby>

小売業を営む会社が、火災・爆発等の災害によって営業が休止したことによる利益の減少等に備える保険は（火災保険ではなく）企業費用・利益総合保険である。

▌失火責任法（失火の責任に関する法律）　　　出題率 **30**%未満
<ruby>失火責任法<rt>しっ か せきにん</rt></ruby>

うっかり失火で他人（隣家など）に損害を与えた場合でも、失火者に重大な過失がなければ、損害賠償責任を負わない。ただし、賃貸住宅の賃借人が失火して家が燃えた場合、（故意・過失の有無にかかわらず）家主に対しては損害賠償責任を負う。

2　地震保険

カバーする対象	地震・噴火・津波によって起きた火災、損壊、埋没、流出を補償 居住用の建物および収容されている家財が対象 1個または1組の価格が30万円を超える宝石や美術品等は対象外	
損害の程度	損害の程度	保険金
	全損	地震保険金額の100%（時価が限度）
	大半損	地震保険金額の 60%（時価の60%が限度）
	小半損	地震保険金額の 30%（時価の30%が限度）
	一部損害	地震保険金額の 5%（時価の5%が限度）
地震保険の付け方	単独で加入することはできない。火災保険に付帯する	
保険金額	火災保険の保険金額の30～50%の範囲で定める 上限：建物5,000万円、家財1,000万円	

4つの割引制度	建築年、耐震等級、免震建築物、耐震診断（重複適用はできない）。10～50％の割引が適用される

✎ 本番得点力が高まる！ 問題演習

問1 □□□ 火災保険では、突風によって住宅の窓ガラスや屋根が破損し、一定の損害が生じた場合、補償の対象となる。 《2014年1月学科第1問（10）》

問2 □□□ 民法および失火の責任に関する法律（失火責任法）において、借家人が軽過失によって火事を起こし、借家と隣家を焼失させた場合、借家の家主に対して損害賠償責任を（ ① ）。また、隣家の所有者に対して損害賠償責任を（ ② ）。

1) ①負わない　②負う

2) ①負う　　②負う

3) ①負う　　②負わない 《2023年5月学科第2問（39）》

問3 □□□ 地震保険では、保険の対象である居住用建物または家財の損害の程度が「全損」「大半損」「小半損」「一部損」のいずれかに該当した場合に、保険金が支払われる。 《2021年9月学科第1問（7）》

問4 □□□ 地震保険は、単独での加入はできず、火災保険とセットで加入する必要があり、地震保険の保険金額は、主契約である火災保険の保険金額の30％から（　　）の範囲内で設定する。

1) 50％

2) 70％

3) 90％ 《2018年1月学科第2問（39）》

問5 □□□ 地震保険の保険金額は、火災保険の保険金額の30％から50％の範囲内で設定されるが、居住用建物については（ ① ）、生活用動産（家財）については（ ② ）が上限となる。

1) ①1,500万円　② 300万円

2) ①3,000万円　② 500万円

3) ①5,000万円　②1,000万円 《2022年1月学科第2問（40）》

問1 ◯ ── 火災に限らず、落雷や破裂、爆発、風災、ひょう災、雪災による損害も対象

問2 3) ── うっかりした失火で「他人」に損害を与えても、失火者に重大な過失が認められない場合や軽過失などの場合は、「失火の責任に関する法律」により、損害賠償責任を負わない（②）。ただし、賃貸住宅の場合、家主（「他人」ではない）に対する損害賠償責任は免除されない（①）。「**さらっと一読！**」失火責任法を参照

問3 ◯ ── 学習のポイント 2 を参照。損害の程度は「全損」「大半損」「小半損」「一部損」の4段階

問4 1) ── 地震保険の保険金額は主契約の火災保険金額の30～50％の範囲

問5 3) ── 建物は5,000万円、家財は1,000万円を上限に火災保険の保険金額の30～50％の範囲と定められている

9 第3分野の保険
第3分野の保険

最後の
ひと押し

絶対読め！30秒レクチャー

　第1分野の「生命保険」と第2分野の「損害保険」の中間に入る、医療や傷害や介護に対して保険金が支払われるのがこの「第3分野の保険」だ！ 特約として付加されるものもあるが、単品が主流になってきた。万一のためではなく、生きるための保険の内容をしっかり押さえて、みんなで長生きしよう！

第1分野
生命保険

第2分野
損害保険

第3分野

ナナメ読み！　**学習のポイント**

1 医療保険

　まとまった貯蓄を取り崩すレベルの（入院や手術を必要とする）病気やケガに備える方法として、医療保険や入院特約などがある。医療保険は独立した保険。様々な入院特約は、ほかの保険に特約として付加される。

さらっと
一読！　**▌医療保険の180日ルール**　　出題率 **20%未満**

退院日の翌日から180日以内に同一の疾病により再入院した場合、入院給付金支払日数は最初の入院日数と合算されて、1入院あたりの給付日数制限の適用を受ける。

2 リビング・ニーズ特約

① 原因にかかわらず、余命6カ月以内と診断されたときに、死亡保険金の一部または全額（上限は3,000万円程度の場合が多い）が生前給付される特約。特約保険料を別途負担する必要はない。

② 実際に支払われる場合は一定の死亡保険金を6カ月前払いした扱いになるため、生前給付金から6カ月分の利息が差し引かれるだけでなく、保険料払込期間中であれば6カ月分の保険料相当額も差し引いて払われる。

3 特定疾病保障保険（特約）

3大疾病（ガン、急性心筋梗塞、脳卒中）によって所定の状態と診断された場合に、特定疾病保険金が支払われる。特定疾病保険金を受け取ると契約は消滅する。保険金を受け取らずに死亡した場合（死亡原因問わず）は死亡保険金が支払われる。

4 ガン保険・ガン入院特約

ガンと診断されたり、入院したり、手術を受けたりしたときに給付金が受け取れる保険。ガン保険の入院給付金は、医療保険と異なり一般に支払日数に制限はない。また、ガン保険は、医療保険にはない当初90日間の免責期間（その期間中は支払われない）を設けているのが一般的だ。

5 先進医療特約

厚生労働大臣が定めた高度な医療技術を用いた治療（先進医療）を受けた場合、主に技術料相当額が給付金として支払われる特約。治療を受けた時点で厚生労働大臣が承認している先進医療が対象となる。

実務上ではどうなの？

　医療保険とガン保険は、FP相談の中でもよく出てきます。お客様が自ら加入を望むことが多い保険ですが、「医療保険＞ガン保険」を理解していない方が多いです。

　医療保険は、ガンでもほかの病気やケガでも入院・手術をすればお金が出ますが、ガン保険はガンに限りまとまったお金が出るものです。これをわかりやすく教えるだけでも、お客様の信頼が得られます。

本番得点力が高まる！ **問題演習**

問1　リビング・ニーズ特約は、被保険者の余命が6カ月以内と判断された場合に、所定の範囲内で死亡保険金の一部または全部を生前に受け取ることができる特約である。　　　　《2021年9月学科第1問（10）》

問2　リビング・ニーズ特約による保険金は、指定した保険金額から対応する（　　）の利息および保険料相当額を控除した額になる。

1）3カ月分

2）6カ月分

3）12カ月分　　　　　　　　　　　　　《2018年1月学科第2問（38）》

問3　特定疾病保障定期保険では、被保険者が、がん・（　　）・脳卒中により所定の状態に該当したとき、特定疾病保険金が支払われる。

1）急性心筋梗塞

2）動脈硬化症

3）糖尿病　　　　　　　　　　　　　　《2016年9月学科第2問（38）》

問4 □□□　がん保険では、一般に、責任開始日前に90日程度の免責期間が設けられており、その期間中にがんと診断されたとしても、がん診断給付金は支払われない。　　　　　　　　　　《2022年5月学科第1問（10）》

問5 □□□　医療保険等に付加される先進医療特約では、（　　）時点において厚生労働大臣により定められている先進医療が給付の対象となる。

1）申込日

2）責任開始日

3）療養を受けた日　　　　　　　　　　《2023年9月学科第2問（40）》

問1 ○ ── 余命6カ月以内と診断されたときに保険金が支払われる特約

問2 2）── リビング・ニーズ特約により支払われる保険金額は、「6カ月分の利息と保険料相当額」が指定した保険金額から控除される

問3 1）── ガン、急性心筋梗塞、脳卒中によって所定の状態と診断されたときに特定疾病保険金が支払われる

問4 ○ ── 学習のポイント 4 を参照

問5 3）── 学習のポイント 5 を参照

金融資産運用

汗水たらして本気で働いて貯まったお金は、賢く増やしたいもの。そんなときに、まず必要なのが預金・株式・債券・投信など金融資産の運用に関する知識だろう。この科目では各種金融商品の基本的なしくみや、ニュースでも耳にする経済のキーワードを学んでいく。

取りこぼさない！

金融資産運用

一生懸命働いて稼いだお金。使わない分は全額を貯金する？　比較的安全な債券を買う？　もうけが不確定な株式に投資して増やしてみる？プロに運用を任せられる投資信託を利用する？　もうけはどうやって計算する？　自分で投資するつもりになって、それぞれの金融商品について学ぼう。

| 金融資産をとりまく環境 | まず、マーケット全体を見てみよう。 |

① マーケット環境の理解

まず、景気や経済の状況を表す指標（GDP など）、景気や物価の変動と金融商品の利率や価格の変動の関係性、日本銀行が物価の安定を図るために行う金融政策について学ぼう。

| 様々な金融商品 | 各金融商品の特徴を学ぼう。 |

② 預金等の金融商品

銀行で取り扱う様々なタイプの預金と、外国の通貨で行う外貨建て金融商品について学ぼう。

③ 債券投資

国や公共団体、銀行、会社等が、必要な資金を借りるために発行する借金の証書が債券。債券を購入するのは「お金を貸す」のと同じことなので、定期的に利子がもらえて、満期がくればお金を返してもらえる。

④ 株式投資

株式会社は株式を発行して、それを購入する投資家から資金調達をして事業を行う。投資家（株主）は、会社の収益の分配である配当金を受け取ったり、企業経営に参加したりする権利を持つ。③の債券との違いは、期限がなく、将来得られる収益が不確定であること。

投資
（株式の購入）

投資家

配当金
（利益の還元）

株式会社

調達した資金をもとに
事業を行う

⑤ 投資信託

投資信託(とうししんたく)は、投資家から集めたお金をひとつのファンド（基金）にまとめ、専門家が株式や債券などに投資・運用し、その運用成果を投資家に分配するタイプの金融商品。

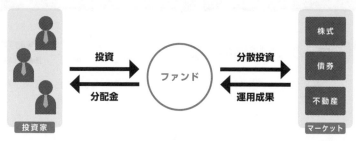

⑥ ポートフォリオ運用と金融派生商品

ポートフォリオ運用とは、いろいろな値動きをする資産に分散して投資することで、すべての資産が同時に下落するリスクを減らしつつ、期待できるリターンは維持する手法のこと。

金融派生商品(はせい)は、ある商品を決められた時期に決められた価格で売り買いする「権利」を売買するなど、もともとの株式、債券等の取引から派生して生まれた金融商品のこと。

金融商品の税金と顧客保護　　金融商品にかかる税金、取引に関わる法律や、銀行等が破綻した時に預けていた資産が保護されるセーフティネットについて学ぼう。

⑦ 金融商品の税金

金融商品の税金はもうけの20%が原則。また、売却益や配当が非課税になるNISA(ニーサ)（少額投資非課税制度）という制度が2024年より新しくなった。

⑧ 金融取引に関する法律

シロウトの投資家が金融商品の取引でだまされたりしないように様々な法律が制定されている。金融サービス提供法・金融商品取引法・消費者契約法等がある。

⑨ セーフティネット

セーフティネットは銀行・証券会社・保険会社などが破綻した場合に顧客の資産が保護されるしくみのこと。預金を保護する預金保険制度(よきんほけん)、保険契約者を保護する保険契約者保護機構(ほごきこう)、投資家を保護する日本投資者保護基金(ほごききん)等がある。

1位 マーケット環境の理解　→ 第3章 1

| 出題率 100% | 毎回安定して出る傾向は変わらない。最頻出の「日銀の金融政策」を中心として、過去問に出てきた用語や概念はパーフェクトに理解しよう。知識定着のために、試験2週間前、さらに試験直前にも目を通すことをオススメする！ |

 1位 株式投資　→ 第3章 4

| 出題率 100% | 3級学科の有史以来、ほぼ毎回1〜2問出ている超定番の1つ。「投資指標」「相場指標」「取引の方法」を中心に、専門用語をひと通り覚えれば1問はゲットできる。さらに、過去問を繰り返しながら深く理解すれば大丈夫だ。 |

 1位 債券投資　→ 第3章 3

| 出題率 100% | ここも出題されないほうがめずらしい。早めに手をつけて深く理解しておくべき項目は「債券の利回り計算」。一度読めばわかるのが「債券のリスク」。3回以上繰り返し読んでおいて、さらに直前は暗記しておきたいのが「個人向け国債」だ！ |

 4位 投資信託　→ 第3章 5

| 出題率 90% | この数年で毎回出る領域になった投資信託。FPの相談実務においても質問を受けることが多い領域なので、一度に6問出題されたこともあったくらいだ。過去問を中心に、ねばり強く理解しておこう！ |

 5位 金融商品の税金　→ 第3章 7

| 出題率 80% | 最近はほぼ毎回出ている。新NISAの周辺知識は出やすいのでカンペキにしておこう！ |

出題率 **100%** ┃ 難易度 ★★★★☆

絶対マスター

1 金融資産をとりまく環境 マーケット環境の理解

絶対読め！**30**秒レクチャー

FP相談では、住宅ローンの金利水準や保険の予定利率など、マーケットと連動して変化する数字も多く登場する。だから「マーケット環境の理解」は、実は資産運用に限らずとても重要だ！ 試験対策上は「金融政策」と「景気・経済指標」を押さえよう。しっかり理解すれば、1〜2問ゲットできるのでおいしいぞ！

ナナメ読み！ **学習のポイント**

1 代表的な景気・経済指標

(1) GDP（Gross Domestic Product：国内総生産）

一定期間内に国内の経済活動によって生み出された付加価値の総額。物価変動の影響を考慮しない名目値と、考慮する実質値がある。内閣府が作成し公表している。

(2) 景気動向指数

① 総合的な景気状況の判断を行う指数。内閣府が毎月発表を行う。

② 景気変動の大きさやテンポを測るCI（コンポジット・インデックス）と、景気の波及度を測るDI（ディフュージョン・インデックス）がある。以前はDIが公表の中心だったが、現在はCIが公表の中心になった。

③ CIとDIのそれぞれについて、景気に先行して動く先行指数、景気と一致して動く一致指数（有効求人倍率など）、景気に遅れて動く遅行指数の3つ

がある。

(3) 日銀短観

主要企業を対象に、景気動向に関する調査を行って集計したもので、日本銀行が年4回発表する。代表的な指標としては、業況判断 DI がある。業況判断DI は、調査対象の企業が、業況について「良い」「さほど良くない」「悪い」の選択肢から回答し、「良い」と回答した企業の割合から「悪い」と回答した企業の割合を差し引いた数値で表される。

(4) マネーストック

個人、法人（金融機関は除く）、地方公共団体（中央政府は除く）が保有する通貨量の残高をマネーストックといい、これを集計して日本銀行はマネーストック統計を毎月公表している。

(5) 物価指数

① 企業物価指数：企業間の取引および貿易取引における商品の価格変動を時系列で捉えたもの。日本銀行が発表を行う。原油価格や外国為替の変動の影響を受けやすいため、消費者物価指数より変動が大きい。

② 消費者物価指数：全国の家計が購入する商品とサービスの価格変動を、時系列で捉えたもの。総務省が発表を行う。

2 金融商品、為替、金利などの一般的な相互関係

(1) 景気と金利

① 景気が拡大した場合：生産活動が活発→資金需要増加→金利上昇

② 景気が後退した場合：生産活動が停滞→資金需要減少→金利下落

(2) 物価と金利

① 物価が上昇した場合：インフレの懸念→資金需要増加→金利上昇

・インフレーション；物価が持続的に上昇していく状態のこと

② 物価が下落した場合：デフレの懸念→資金需要減少→金利下落

・デフレーション；物価が持続的に下落していく状態のこと

(3) 為替と金利

例えば、1 $ ＝ 100円だった場合に、1 $ ＝ 110円になると同じ 1 $ のものを買う場合に多くの円が必要になり、円の価値が下がったので円安となる。

逆に1＄＝90円になったら円高となる。

① 円安の場合：輸入価格が上昇→国内物価上昇→金利上昇

② 円高の場合：輸入価格が下落→国内物価下落→金利低下

③ Ａ国＞Ｂ国の金利差拡大：Ｂ国からＡ国に資金流入→Ａ国通貨高

(4) 景気と株価

① 景気が拡大している場合：企業の収益増加期待→株価上昇

② 景気が後退している場合：企業の収益悪化懸念→株価下落

	景気	生産活動	資金需要	金利
景気と金利	好景気	活発	増加	金利上昇
	不景気	停滞	減少	金利下落
	国内物価	インフレ/デフレ	資金需要	金利
物価と金利	上昇	インフレ懸念	増加	金利上昇
	下落	デフレ懸念	減少	金利下落
	為替	輸入価格	国内物価	金利
為替と金利	円安	上昇	上昇	金利上昇
	円高	下落	下落	金利下落
	景気	企業収益		株価
景気と株価	好景気	増加期待		上昇
	不景気	悪化懸念		下落

さらっと一読！

▌名目金利と実質金利

出題率 **10**%未満

① 名目金利とは通常の金利（預金等の金利）のこと。

② 実質金利とは、名目金利からインフレ率（物価上昇率）を引いた数値。
実質金利＝名目金利－インフレ率

③ 通常は実質金利＜名目金利だが、デフレ期は（物価が下落してインフレ率がマイナスになるため）実質金利＞名目金利となる。

3 金融政策

日本銀行（日銀）は、物価の安定と、金融システムの安定を図って健全な経済発展に役立つために金融政策を行う。具体的には、以下の **(1)～(3)** の手段を使う。

(1) 基準割引率および基準貸付利率の変更

日本銀行が、民間金融機関に貸し出す金利（基準貸付利率など）を操作すること。

(2) 預金準備率操作

民間金融機関は預金等の一定比率以上を日本銀行に預け入れるように義務付けられているが、この比率（支払準備率）を操作すること。

(3) 公開市場操作

日本銀行が金融機関へ債券などを売却して市中の資金量を減少させることを売りオペレーション、金融機関から債券などを購入して市中の資金量を増加させることを買いオペレーションという（日銀側から見た表現）。

(4) 景気と金融政策の関係（暗記せず、理解しよう！）

金融政策	景気の現状	政策行為	効　果	金　利
基準貸付利率 などの変更	好景気	基準貸付利率などを上げる	金融引締め	金利上昇
	不景気	基準貸付利率などを下げる	金融緩和	金利下落
預金準備率 操作	好景気	支払準備率を上げる	金融引締め	金利上昇
	不景気	支払準備率を下げる	金融緩和	金利下落
公開市場操作	好景気	売りオペレーション	金融引締め	金利上昇
	不景気	買いオペレーション	金融緩和	金利下落

（5）マネタリーベース

「日本銀行が世の中に直接的に供給するお金」のこと。現在、金融市場調節の操作目標となっており、これを増加させると金融緩和の効果がある。

さらっと一読！

■短期金融市場　［たんききんゆう］

出題率 **20%未満**

1年以内の短期資金を調達・運用する市場の総称。
① インターバンク市場：金融機関だけが参加。コール市場（1カ月未満の短期資金）や手形市場などがある。
② オープン市場：金融機関以外の一般事業法人も参加できる。社債や国債等を取引する市場。

実務上ではどうなの？

お客様は現在のマーケットの環境や今後の見通しについて信頼できるFPの個人的な見解を聞きたいものです。その場合、株価や為替の長い期間のチャート（10年以上）をお客様に見せて大きなトレンドに関する話をすることが多いです。なぜなら、FPはお客様の10年後、20年後……のライフプランを実現するための資産管理をサポートする存在だからです。

 本番得点力が高まる！ **問題演習**

問1
☐☐☐
国内総生産（GDP）は、一定期間内に生産された付加価値の総額を示すものであり、日本企業が外国で生産した付加価値も含まれる。

《2019年1月学科第1問（11）》

問2
☐☐☐
景気動向指数において、コンポジット・インデックス（CI）は、景気拡張の動きの各経済部門への波及度合いを測定することを主な目的とした指標である。　《2023年9月学科第1問（11）》

問3
□□□　一般法人、個人、地方公共団体などの通貨保有主体が保有する通貨量の残高を集計したものを（　①　）といい、（　②　）が作成・公表している。

1）①マネーストック　②財務省
2）①マネーストック　②日本銀行
3）①ＧＤＰ　　　　　②日本銀行　　　　　《2023年5月学科第2問（41）》

問4
□□□　消費者物価指数は、全国の世帯が購入する家計に係る（　①　）の価格等を総合した物価の変動を時系列的に測定するものであり、（　②　）が毎月公表している。

1）①財　　　　　　　　②日本銀行
2）①財およびサービス　②総務省
3）①財およびサービス　②日本銀行　　　　《2022年1月学科第1問（41）》

問5
□□□　物価が継続的な下落傾向（デフレーション）にある場合、名目金利のほうが実質金利よりも高くなる。　　　　《2016年9月学科第1問（11）》

問6
□□□　米国の市場金利が上昇し、同時に日本の市場金利が低下することは、米ドルと円の為替相場においては、一般に、米ドル安、円高の要因となる。　　　　　　　　　　　　　　　　　《2020年9月学科第1問（11）》

問7
□□□　日本銀行の金融市場調節の主な手段の1つである公開市場操作において、日本銀行が国債の買入れを行えば、市中に出回る資金量は増加する。　　　　　　　　　　　　　　　　　《2018年9月学科第1問（11）》

問8
□□□　日本銀行によるマネタリーベースを増加させる金融調節には、市場金利の低下を通じて金融を引き締める効果がある。

《2014年9月学科第1問（11）》

問1 ✕ ── 学習のポイント 1 **(1)** を参照。GDP（国内総生産）は国内の経済活動により生産された付加価値の総額。海外で生産した財・サービスの付加価値は日本企業であっても含まない

問2 ✕ ── 学習のポイント 1 **(2)** を参照。景気の波及度を測る指標はＤＩ

問3 2) ── 学習のポイント 1 **(4)** を参照。マネーストックは個人・法人・地方公共団体が保有する通貨量の残高

問4 2) ── 消費者物価指数は財（商品）およびサービスの価格変動を時系列的に測定したもので、総務省が毎月公表している

問5 ✕ ── 実質金利＝名目金利－インフレ率
デフレは物価が持続的に下落していく状態なので、インフレ率はマイナスとなり、実質金利のほうが名目金利よりも高くなる

問6 ✕ ── 金利上昇は通貨高、金利低下は通貨安の要因となる。金利が高いほうがお金が増えやすく、その通貨の魅力が上がって買われやすくなる

問7 ◯ ── 日本銀行が民間金融機関との間で有価証券の売買をすることを公開市場操作という。市場金利の低下を目的に国債を買い入れて資金量を増加させるのが買いオペレーション

問8 ✕ ── マネタリーベースを増加させる金融調節は、量的な金融緩和を推進する観点で行われる

2 様々な金融商品 預金等の金融商品

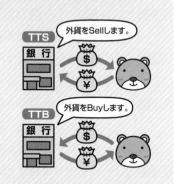

絶対読め！30秒レクチャー

　預金の親戚のような安定型の金融商品の詳細は、よく出題されている。決済用預金の特徴、外貨預金と外貨建てMMF、単利と複利の違いは説明できるようにしよう！「TTSとTTBは銀行サイドに立った表現」と覚えておくと間違えない。これだけパーフェクトにしておけ！

ナナメ読み！ 学習のポイント

1 預金等の金融商品の特徴

（1）銀行で取り扱う代表的な預金の種類と特徴

種　類	金　利	特　徴
普通預金	変　動	いつでも出し入れできる預金
決済用預金 （無利息普通預金）	無利息	「無利息・要求払い・決済サービスを提供できる」の3要件を満たす預金で、預入れ先の金融機関が破綻しても全額が保護される
総合口座	変　動	普通預金に定期預金や公社債がセットされた口座
スーパー定期	固　定	代表的な定期預金。固定金利
大口定期預金	固　定	預入額が1,000万円以上の定期預金。金利は相対で決定
期日指定定期預金	固　定	据置期間1年。1カ月前に満期日を指定すればペナルティなしで解約可能
変動金利定期預金	変　動	一般に6カ月ごとに金利が見直される定期預金

(2) 外貨建て金融商品

為替手数料は取扱金融機関により異なる。

① 外貨預金：米ドル、豪ドル、ユーロなど外国の通貨で行う預金のこと。満期時の為替レートが預入時の為替レートに比べ円安になれば、円換算の投資利回りは向上する。

② 為替レート：外貨建て金融商品を取引する際に適用されるレートには、TTSとTTBの2つがある。

・TTS：円を外貨に換えるレート（Sは銀行が外貨をSellする意味）

・TTB：外貨を円に換えるレート（Bは銀行が外貨をBuyする意味）

③ 外貨建てMMF：外貨建ての短期債券などで運用されるMMF。追加型公社債投資信託のため、株式は組み入れない。毎日決算が行われ、毎月末に分配金がまとめて再投資される（第3章⑤を参照）。表示されている利回りはあくまでも過去の実績。購入・換金はいつでも可能で、信託財産留保額はないが、為替手数料がかかる。米ドル建てのほかユーロ建てや豪ドル建てのものもある。

2 金融商品の単利と複利の計算方法

金利には「単利」と「複利」があり、計算方法が異なる。元本100万円、利率5％（0.05）、年数2年で違いを見てみよう。

(1) 単利

常に当初預けた元本を基準として、利息が計算される。

> **元利合計額の計算式（単利）＝元本×（1＋利率×年数）**

【例】100万×（1＋0.05×2）＝110万（円）

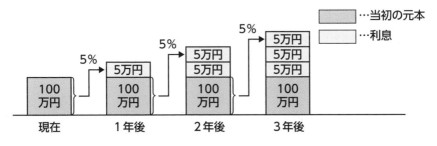

(2) 複利

　常に利息を加えた新しい元本を基準として、利息が計算される。複利では、利息が元本に加えられるサイクルは様々である。ほかの条件が同じであれば手取額は1カ月複利（1カ月ごとに利息を元本に組み入れて計算）＞半年複利＞1年複利となる。

> 元利合計額の計算式（1年複利）＝元本×（1＋利率）^{年数}

【例】100万×（1＋0.05）^{2}＝110万2,500（円）

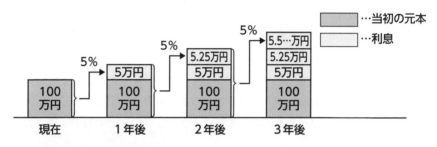

実務上ではどうなの？

　ここ数年に相談されたお客様が実際に保有していたのは、この項目では、普通預金、定期預金、決済用預金、外貨預金、外貨建てMMFなどでした。試験問題も実務に近いところが出やすいですよ。

問1

□□□ 外貨預金の預入時に、預金者が円貨を外貨に換える際に適用される為替レートは、預入金融機関が提示するTTBである。

《2021年1月学科第1問（14）》

問2

□□□ 期間1年、年利0.1％の米ドル建て外貨定期預金に、預入時のTTSレートが1米ドル＝100円のときに10,000米ドル分を預け入れた。1年後に、TTBレートが1米ドル＝110円であった場合、円ベースでの年利回りは（　　）である。

（注）なお、利回りに端数が生じる場合には、表示単位（％）の小数点以下第3位を四捨五入することとし、税金は考慮しないこととする。

1) －10.11％

2) 　9.18％

3) 　10.11％

《2010年5月学科第2問（45）》

問3

□□□ 期間2年の金利を年率2％（1年複利）と仮定すると、2年後に受け取る1万円の現在価値は（　　）となる。なお、答は円未満を四捨五入している。

1) 9,600円

2) 9,612円

3) 10,404円

《2017年9月学科第2問（42）》

問4

□□□ 外貨建てMMFは、毎月決算が行われ、毎年末に分配金がまとめて再投資される。

《2015年1月学科第1問（14）》

問5

□□□ ゆうちょ銀行においては、従来、通常貯金と定期性貯金を合わせて1,300万円が預入限度額となっていたが、2019年4月1日から、それぞれ2,000万円に変更された。

《2019年9月学科第1問（12）》

問1 ✕ ── 円を外貨に換えるレートは「銀行が外貨を売る」のでTTSを使う

問2 3) ── 年利回りは、1年あたりのリターンを投資額（元本）で割って求める。この問題で求める「円ベースでの年利回り」は、期間1年なので「円ベースの増加額」を「円ベースの元本」で割ると出る。

当初：10,000米ドル×100円＝1,000,000円

（これが「円ベースの元本」）

1年後：10,000米ドル×(1＋0.001)×110円＝1,101,100円

円ベースの増加額：1,101,100円−1,000,000円＝101,100円

よって、年回りは

$$\frac{101{,}100円}{1{,}000{,}000円}\times100\%=\underline{10.11\%}$$

問3 2) ── 学習のポイント **2(2)** を参照

$$x円\times(1＋0.02)^2＝10{,}000円$$

$$x円＝\frac{10{,}000円}{(1＋0.02)^2}$$

$$＝9{,}611.68\cdots$$

$$≒\underline{9{,}612円}$$

問4 ✕ ── 学習のポイント **1(2)** ③を参照。**毎日**決算が行われ、**毎月**末に分配金が再投資される

問5 ✕ ── ゆうちょ銀行の預入限度額は通常貯金と定期性貯金それぞれ**1,300万円**、合計**2,600万円**までとなった（2019年4月より）

出題率 **100%** 難易度 ★★★★☆

3 様々な金融商品 債券投資

絶対読め！**30**秒レクチャー

　まずは「100円を出すと、1年後に1円、2年後に1円がもらえて、3年後には1円と最初の100円が返ってくる」という債券の基本イメージを持とう。また利回り計算の式は「1年あたりのもうけ÷投資額」であることを理解できれば暗記しなくてよい。過去の出題頻度が100％に近いので、ねらいすまして確実にスマッシュを決めよう！「債券の利回り計算」「個人向け国債」「債券のリスク」などが頻出だ。

ナナメ読み！　学習のポイント

1 債券（さいけん）

　設備投資（せつびとうし）や運転資金などの資金調達（ちょうたつ）のために国や会社などが発行する「借金の証書」が債券。国が発行した債券を国債、地方自治体が発行した債券を地方債（ちほうさい）、企業が発行した債券を社債（しゃさい）と呼ぶ。

　満期（まんき）（償還期限（しょうかんきげん））になれば額面金額（がくめん）（債券購入の単位となる金額）が、投資家（購入した人）に償還（しょうかん）（払戻し）される。

（1）債券の分類

① 利払い方法による分類：利付債（りつきさい）と割引債（わりびきさい）に分けられる。

・利付債：毎年決まった時期に利息を受け取ることができる債券

・割引債：利息は支払われない代わりに、額面金額から利息相当分を差し引いた金額で発行され、満期になれば額面金額を受け取ることができる債券

② 通貨による分類
・円建て債券：「払込み・利払い・償還」が円で行われる
・外貨建て債券：「払込み・利払い・償還」が外貨で行われる

(2) 債券のリスク

① 信用リスク：債券の発行体が元利金を払えなくなるなどのリスク。一般に信用リスクは格付を参考に判断される。一般にBBB（トリプルB）格相当以上の債券を「投資適格債」といい、BB（ダブルB）格相当以下の債券は「投機的格付」とされる。格付の高い債券は、一般にリスクが低く（低い利率でも買いたい投資家がいるので）利回りが低くなる

② 価格変動リスク：市場金利に応じて債券の価格が変動するリスク。過去に発行された固定金利の債券は（市場）金利が上昇すると価格が下落し、（市場）金利が低下すると価格が上昇する

③ 途中償還リスク：償還期限前に買入消却や繰上償還することにより、予定どおりの期間や、利回りでの運用ができなくなるリスク

④ カントリーリスク：債券を発行する国で政情不安や財政悪化、戦争などが起こると、その影響で損失をこうむるリスク

⑤ 流動性リスク：当該銘柄の取引高が少ないことにより、妥当な価格で取引ができないリスク

(3) 債券の発行時に定められること

債券を発行する場合、表面利率、発行価格、償還期限が定められる。

① 表面利率：額面金額に対する1年間の利息の割合のこと

② 発行価格：額面が100円の場合、発行価格が100円超の発行をオーバーパー発行、発行価格が100円の発行をパー発行、発行価格が100円未満の発行をアンダーパー発行という（債券価格100円のことを「パー」という。ゴルフのパーと同じイメージ）

③ 償還期限：債券の額面金額（元本相当額）が投資家に戻る日

(4) 債券の流通市場

債券において、大部分の取引が行われているのは、店頭取引。

① 取引所取引：証券取引所に上場された債券を、取引所で売買する

② 店頭取引：金融機関や投資家などが、取引所を通さずに直接売買する

2 国債
<ruby>国債<rt>こくさい</rt></ruby>

国が保証して利子や元本の支払いをする債券。試験では国債の中でも「個人向け国債」の問題が多く出題される。

(1) 個人向け国債

●3種類の個人向け国債の比較表

	変動10年	固定5年	固定3年
購入対象者	個人限定、募集価格額面100円につき100円、<u>最低購入額面金額は1万円</u>		
満期（償還期限）	10年	5年	3年
償還金額	額面100円につき100円（中途換金も同じ）		
利率（年率）	基準金利×0.66	基準金利−0.05%	基準金利−0.03%
利率の下限	0.05%（最低保証金利）		
中途換金	第2期利子支払日（発行から1年経過）以降であればいつでも可能		
中途換金の特例	保有者が死亡した場合または大規模な自然災害により被害を受けた場合は、上記各利子支払期前であっても中途換金可能		
中途換金時の換金金額	<ruby>額面<rt>がくめん</rt></ruby>金額＋<ruby>経過利子<rt>けいかりし</rt></ruby>相当額−直近2回分の各利子(税引後)相当額		
発行頻度	毎月発行		

3 債券の利回り（第7章 3 も参照すること！）

債券の利回りは、所有期間別に、「応募者利回り」「所有期間利回り」「最終利回り」に分けることができる。

●所有期間別の債券の利回り

(1) 応募者利回り

新発債（新しく発行された債券）を満期償還まで保有した場合の利回り

$$応募者利回り(\%)＝\cfrac{④利息＋\cfrac{①額面(100円)－②発行価格}{③償還期間}}{⑤発行価格}×⑥100$$

なお、計算する順番は

①－②÷③＋④÷⑤×⑥となる。

(2) 所有期間利回り

新発債（新しく発行された債券）または既発債（すでに発行された債券）を購入し、償還前に（途中で）売却した場合の利回り

$$所有期間利回り(\%)＝\cfrac{利息＋\cfrac{売却価格－購入価格}{所有期間}}{購入価格}×100$$

(3) 最終利回り

既発債を購入して、満期償還まで保有した場合の利回り

$$最終利回り(\%)＝\cfrac{利息＋\cfrac{額面(100円)－購入価格}{残存期間}}{購入価格}×100$$

●債券の利回りを出す万能式

債券のリターンには、インカムゲイン（利払額）とキャピタルゲイン（売値と買値の差）があるが、債券の利回りを求める式は「1年あたりのインカムゲ

112

イン」と「1年あたりのキャピタルゲイン」の合計（1年あたりのもうけ）を投資額で割って求める、と理解しておくと、いろいろな式を暗記しなくてすむのでラクチンだ！　これが万能式だ！

$$債券の利回り(\%) = \frac{毎年のインカムゲイン + \dfrac{キャピタルゲイン}{保有年数}}{投資額} \times 100$$

✎ 本番得点力が高まる！ 問題演習

問1
□□□　割引債とは、信用力の低い発行体が、クーポンレート（表面利率）を高めに設定して、額面より低い価格で発行する債券のことをいう。

《2012年9月学科第1問（12）》

問2
□□□　債券の信用格付とは、債券やその発行体の信用評価を記号等で示したものであり、一般に、（　　）格相当以上の格付が付された債券を、投資適格債という。

1) A（シングルA）
2) BBB（トリプルB）
3) BB（ダブルB）　　　　　《2021年5月学科第2問（43）》

問3
□□□　一般に、残存期間や表面利率（クーポンレート）が同一であれば、格付の高い債券ほど利回りが低く、格付の低い債券ほど利回りが高くなる。

《2023年5月学科第1問（13）》

問4
□□□　個人向け国債の金利の下限は、年（　　）％である。

1) 0.02
2) 0.03
3) 0.05　　　　　《2019年5月学科第2問（43）》

問5 　表面利率（クーポンレート）2％、残存期間4年の固定利付債券を額面100円当たり105円で購入した場合の最終利回り（年率・単利）は、（　　）である。なお、税金等は考慮しないものとし、計算結果は表示単位の小数点以下第3位を四捨五入している。

1) 0.71％

2) 0.75％

3) 0.79％

《2022年9月学科第2問（42）》

問1 ✕ ── 割引債とは（利息は支払われない代わりに）額面から利息相当分を差し引いた金額で発行され、額面で償還される債券のこと

問2 2) ── 一般に、トリプルB格相当以上の債券は投資適格債という

問3 ◯ ── 債券の利子や元本の支払いが遅延したり、利子、元本の全部ないし一部が支払われないリスクを信用リスク（デフォルトリスク）という。信用リスクが高まると債券価格は下落（利回りは上昇）する。また信用リスクは格付を参考に判断することが多い。高い信用格付の債券は、低い信用格付の債券より債券価格が高く、利回りは低い

問4 3) ── 個人向け国債には、変動10年、固定5年、固定3年の3種類があり、利率の下限はすべて0.05％。 学習のポイント **2** **(1)** 参照

問5 1) ── 投資額＝105円

　毎年のインカムゲイン＝100円×2.00％＝2.00円

　キャピタルゲイン＝100円−105円＝−5.00円

　保有年数＝4年

　以上を 学習のポイント **3** の最後の万能式にあてはめて、

$$最終利回り（\%）＝\frac{2.00+\dfrac{100-105}{4}}{105}×100≒0.7142 ⇒ 0.71\%$$

出題率 **100%** | 難易度 ★★★ ☆ ☆

4 様々な金融商品 株式投資

絶対マスター

絶対読め！**30**秒レクチャー

株式をカンタンにいうと「会社のオーナーとしての権利」。会社の所有者としての権利をバラバラにし世界中で売買しているのだ。

まずは「PER、PBR、日経平均株価、TOPIX」などの基本用語をパーフェクトに理解するところから始めよう。ほぼ毎回出題されている項目なので、本気で勉強したキミには得点力アップを保証するぞ！

株式

ナナメ読み！ **学習のポイント**

1 株式の特徴

資金調達を目的として発行される「会社の所有権の一部」が株式。株式会社は、投資家（株主）が出資した資金を利用して事業を行い、その利益を配当金などを通じて出資者である株主に還元する。

（1）株主の権利

① 経営参加権：株主総会に出席し、利益処分案や、役員の選任などの重要事項の承認などを通じて、間接的に企業経営に参加できる権利

② 剰余金配当請求権：株主総会の決議に基づいて配当が決まった場合には、利益の分配である配当を受け取れる権利

③ 残余財産分配請求権：企業が解散した場合、負債を返済した後に財産があまるなら、持ち株数に応じて残った財産を受け取れる権利

(2) 株式の種類

① 普通株：権利・制約や優先権などのない株式

② 優先株：他の株式に比べて優先的に利益配当・残余財産分配などを受ける権利がある株式

③ 劣後株：他の株式に比べて、利益配当・残余財産分配などを受ける権利が劣る株式

2 株式投資の投資指標

(1) PER（株価収益率：Price Earnings Ratio）

$$PER（倍）= \frac{株\quad価}{1株あたり純利益}$$

現在の株価を1株あたり純利益（EPS）で割った指標で、利益に対する株価の割安感（割高感）がわかる。PERが低いほど割安。約15～20倍が平均的な水準。

(2) PBR（株価純資産倍率：Price Book-value Ratio）

$$PBR（倍）= \frac{株\quad価}{1株あたり純資産}$$

現在の株価を1株あたり純資産で割った指標で、純資産に対する株価の割安感（割高感）がわかる。PBRが低いほど割安。1倍を切ると割安感がある。

(3) ROE（自己資本利益率：Return On Equity）

$$ROE（\%）= \frac{純利益}{自己資本} \times 100$$

純利益（税引後利益）を自己資本で割った指標で、自己資本（借入金を含まない純粋な投資）でどれだけ利益を上げたのかがわかる。ROEが高いほどのぞましい。

(4) 配当利回り

$$配当利回り(\%)=\frac{1株あたり配当金}{株\ \ 価}\times100$$

　1株あたり配当金を株価で割った指標で、投資額（株価）に対し、1年間で受けられる配当の割合がわかる。配当利回りが高いほどのぞましい。なお、株式の配当金は、発行会社の業績等の要因により支払われないことや、その額が増減することがある。

(5) 配当性向

$$配当性向(\%)=\frac{配当金}{純利益}\times100$$

　配当金を純利益（税引後利益）で割った指標で、利益のうち（内部留保せず）株主に還元した割合を知ることができる。

3 株式投資の基礎知識

(1) 売買のルール

① 指値注文：上限（下限）の値段を指定して行う注文

　　例：「○○円で○○株を買いたい（売りたい）」

② 成行注文：値段を指定しないで行う注文

　　例：「いくらでもいいので○○株を買いたい（売りたい）」

　指値注文より**成行注文**のほうが優先して成立する。

さらっと
一読！

■指値注文の成立　　　　　　　　　出題率　**20**％未満

指値注文によって株式を買う際には、希望する価格の上限を指定する。同一銘柄について、市場に価格の異なる複数の買い指値注文がある場合には、価格の高い注文から優先して成立する。

---

(2) 相場指標

指標	内容	特徴
日経平均株価	東証プライム市場に上場している銘柄のうち、主要な225銘柄を選択した修正平均株価株式分割や銘柄入替えなど市況変動以外の要因を調整して指数値の連続性を保っている	一部の値がさ株（株価の高い銘柄）の影響を受けやすい
東証株価指数（TOPIX）	主に東証プライム市場に上場している対象銘柄（旧・東証一部の全銘柄）を対象として加重平均した指数	時価総額の大きい株式の影響を受けやすい

(3) 株式累積投資と株式ミニ投資

① 株式累積投資（通称：ルイトウ）：毎月一定金額の株式を継続して購入していくもので、ドル・コスト平均法（一定金額ずつ購入する投資手法）の効果を得ることができる。

② 株式ミニ投資：単元株の10分の1の単位で取引ができる制度

(4) 株式売買の代金決済日（受渡日）

通常、株式の売買代金は、売買成立の当日を1日目として3営業日目に決済を行う。営業日とは、証券取引所が営業している日を指すので、土曜、日曜、祝日などは含まれない。

実務上ではどうなの？

実務上で、リスクの見極めが難しい個別株の提案は原則としてしません。しかし、お客様が保有している株式へのコメントを求められることはあります。その場合、PERやPBRなどの客観的な指標をわかりやすく説明したうえで、「割安感がある」「割高感がある」などのコメントをすると説得力が増すでしょう。

問1
□□□　上場企業Ｘ社の下記の〈資料〉に基づいて計算したＸ社株式の株価収益率（PER）は（ ① ）、株価純資産倍率（PBR）は（ ② ）である。

〈資料〉

株　価	1,200円
1株当たり純利益	80円
1株当たり純資産	800円

1）①1.5倍　②15倍
2）①10倍　②1.5倍
3）①15倍　②1.5倍　　　　　　　　　　　《2021年1月学科第2問（45）》

問2
□□□　株式の投資指標のうち、ROEは、当期純利益を（　　）で除して求められる。

1）売上高
2）総資産
3）自己資本　　　　　　　　　　　　　　《2022年9月学科第2問（43）》

問3
□□□　配当性向とは、当期純利益に占める配当金総額の割合を示す指標である。　　　　　　　　　　　　　　　　　　《2022年5月学科第1問（13）》

問4
□□□　指値注文によって株式を買う際には、希望する価格の（ ① ）を指定する。同一銘柄について、市場に価格の異なる複数の買い指値注文がある場合には、価格の（ ② ）注文から優先して成立する。

1）①上限　②低い
2）①下限　②低い
3）①上限　②高い　　　　　　　　　　　《2017年1月学科第2問（44）》

問5
□□□　日経平均株価は、東京証券取引所スタンダード市場に上場している代表的な225銘柄を対象として算出される。

《2023年9月学科第1問（14）》

第**3**章
金融資産運用

問1 3) ── 株価収益率(PER)＝$\dfrac{株価}{1株あたり純利益}$

よって、PER＝$\dfrac{1200円}{80円}$＝15倍

株価純資産倍率(PBR)＝$\dfrac{株価}{1株あたり純資産}$

よって、PBR＝$\dfrac{1200円}{800円}$＝1.5倍

問2 3) ── 学習のポイント 2 **(3)** を参照。EはEquity（自己資本）の略

問3 ○ ── 学習のポイント 2 **(5)** を参照。純利益のうち配当金にまわした割合

問4 3) ── 指値注文は、希望する価格の上限を指定する。買い注文の場合は、価格の高い注文から優先して成立する

問5 ✕ ── 日経平均株価は東証プライム市場に上場している銘柄のうち、代表的な225銘柄の修正平均株価

5 様々な金融商品 投資信託

絶対読め！30秒レクチャー

投資信託は、投資家から集めた資金を1つのファンド（基金）にまとめ、それを様々な株や債券などに分散投資する金融商品だ。投資家を取り巻く3つの機関、3つの手数料、ETFとREITなどを重点学習しよう。気合いを入れて理解して覚えて、ここで1ポイント取ろう！

ナナメ読み！ 学習のポイント

1 投資信託の運営を担う3つの機関

販売会社	投資信託の募集・販売や収益金・償還金の支払い、目論見書、運用報告書の交付などを行う会社（証券会社など）
投資信託委託会社（委託者）	信託財産の運用の指図や、目論見書・運用報告書の作成を行う会社 （最近は「○○アセットマネジメント」という社名の会社が多い）
信託銀行（受託者）	信託財産の保管・管理や委託者からの指図にしたがって実際に運用を行う銀行

2 投資信託の分類

(1) 株式投資信託と公社債投資信託

① 株式投資信託：運用対象として株式を<u>組み入れることが可能</u>な投資信託。実際に株式を組み入れるかは関係ない

② 公社債投資信託：<u>株式</u>で運用することが<u>一切できない</u>投資信託。国債などの安全性の高い公社債だけで運用している

(2) 単位型と追加型

① 単位型投資信託：一定の募集期間しか購入ができない投資信託

② 追加型投資信託：いつでも自由に時価で購入・換金ができる投資信託

(3) 契約型と会社型

① 契約型投資信託：投資信託委託会社と信託銀行が信託契約を結んでいる投資信託。一般的な投信はこれ

② 会社型投資信託：投資法人を設立し、投資家はこの投資主となるので、実態は株式といえるような投資信託。J-REIT（不動産投信）はこれ

(4) アクティブ運用とパッシブ運用

① アクティブ運用：積極的に運用を行い、<u>ベンチマーク（目標となる指標）を上回る</u>運用成績を目指す手法

・トップダウンアプローチ：経済全体のさまざまな環境要因を分析し、業種別組入比率を決め、それに組み入れる個別銘柄の選定を行う

・ボトムアップアプローチ：アナリスト等が得た個別企業の情報をもとに、個別銘柄の選定を行う

② パッシブ運用：<u>ベンチマークに連動した</u>運用を目指す手法。インデックス型運用ともいう

(5) バリュー型運用とグロース型運用

① バリュー型：株価が<u>過小評価</u>されている企業に投資をする手法

② グロース型：高い<u>成長性</u>が見込める企業に投資をする手法

■ブル型ファンド・ベア型ファンド 　　出題率 **20%未満**

一般に、先物取引などを利用して、基準となる指数の収益率の２倍、３倍、４倍等の投資成果を得ることを目指して運用され、上昇相場で利益が得られるように設計された商品をブル型ファンドという。逆に、下落相場で利益が得られるように設計された投資信託はベア型ファンドという。

3 投資信託を購入・保有する場合の注意事項

（1）投資信託の３つのコスト

①～③のコストは全て投資家（受益者）が負担する。

① 〈入口では〉**購入時手数料**

投資信託を購入する時にかかる手数料。購入時手数料がかからない投資信託もある。

② 〈途中では〉**信託報酬**（運用管理費用）

投資信託の保有中にかかる手数料。基準価額から日々差し引かれる。

③ 〈出口では〉**信託財産留保額**

投資信託の換金時に差し引かれる費用。徴収されない投資信託もある。

（2）情報公開資料（ディスクロージャー）

① **目論見書**：投資信託を募集・販売するときに必ず交付される資料で、投資対象や運用方針、リスク、購入手数料、信託報酬（運用管理費用）など投資判断の材料となるものが記載されている。

② 運用報告書：決算期ごと（決算が年１回のファンドの場合は１年ごと）に発行されるもので、ファンドの運用成績が記載されている。

4 公社債投資信託と上場投資信託の主な商品

(1) 公社債投信の主な商品

	MMF (マネー・マネジメント・ファンド)	中期国債 ファンド	MRF (マネー・リザーブ・ファンド)
運用対象	短期金融商品など	中期国債など	短期金融商品など
購入単位	1円以上1円単位		
利払い	毎日決算し、収益分配金は毎月最終営業日に再投資される (1カ月複利)		
特 徴	30日経過すればいつでも解約可能		ペナルティなしで いつでも解約可能

(2) 上場投信の主な商品

証券取引所に上場している投資信託。上場株式と同じように売買ができ、成行や指値による注文や信用取引も可能。税金に関しても上場株式と同じ。

① ETF（指数連動型上場投資信託）

日経平均株価（日経 225）やTOPIXといった一般的な株価指数に連動するように運用されているインデックスファンドの一種。海外の株価指数などに連動するものや、金や原油等の商品指数に連動するものがある。

② J-REIT（不動産投資信託）

会社型の投資信託の一種で、主に不動産で運用するファンド。日本の不動産投資信託を、日本版REIT＝J-REITという。

✎ 本番得点力が高まる! 問題演習

問1 公社債投資信託は、投資対象に株式をいっさい組み入れることができない。 《2021年5月学科第1問 (11)》

問2 株式投資信託の運用において、日経平均株価や東証株価指数（TOPIX）などの特定の指標をベンチマークとし、これを上回る運用成果を目指す手法を（　）という。

1）パッシブ運用

2）アクティブ運用

3）インデックス運用 《2022年5月学科第2問（42）》

問3 投資信託の運用管理費用（信託報酬）は、信託財産から差し引かれる費用であり、（　　）が間接的に負担する。

□□□

1）販売会社

2）受益者（投資家）

3）投資信託委託会社 《2018年9月学科第2問（41）》

問4 投資信託の換金時にかかる費用のうち、投資家から徴収する信託財産留保額は、すべての投資信託において設けられている。

□□□

《2016年5月学科第1問（12）》

問5 上場不動産投資信託（J-REIT）は、上場株式と同様に、成行注文や指値注文によって取引することができる。

□□□

《2017年9月学科第1問（12）》

問1 ○ ── 学習のポイント**2**（1）②を参照。株式ゼロの投信である

問2 2）── アクティブ運用は、特定の指標を上回る運用を目指すもの

問3 2）── 運用管理費用（信託報酬）は、受益者（投資家）が負担する費用

問4 ✕ ── 信託財産留保額は、投資信託を換金（解約）する場合に控除される費用。すべての投信に設定されているわけではない

問5 ○ ── J-REITの売買は、株式の売買と同様、指値・成行などによる注文ができる（ETFの売買も同様）

出題率 **65%** | 難易度 ★★★☆☆

6 ポートフォリオ運用と金融派生商品

ここで**差**がつく

絶対読め！**30**秒レクチャー

Portfolio

　ポートフォリオ運用というのは、いろいろな値動きをする資産に分散しておくことで「すべての資産が同時に下落する」リスクを減らしつつ、期待できるリターンは維持する手法だ。金融派生商品は「先物＝将来の一時点で《定価》で売買する約束」と「オプション＝将来の一時点で《定価》で売買する権利」の2つを大まかに理解しておけばOK！2回に1回は出題されると覚悟しておけ。

ナナメ読み！　**学習のポイント**

1　ポートフォリオ運用の基礎知識

(1) 分散投資

　株式、債券、外貨建て資産、預貯金など、様々な種類の資産クラス（カテゴリー）に資産を分配する方法をアセットアロケーションという。

(2) 期待収益率と標準偏差

① 期待収益率：一般的にリターンと呼ばれる、将来期待される利回り

> ポートフォリオの期待収益率＝(各資産の構成比×各資産の収益率)の合計

② 標準偏差：一般的にリスクと呼ばれる、リターンのばらつきの度合いの大きさ

(3) 相関係数

　複数の証券（投資対象）の値動きの関係を示す係数で、＋1から－1までの

範囲の数字をとる。特徴は以下のとおり。

相関係数	値動きの関係	リスク低減効果
＋1	証券の値動きが完全に同じになる	最小になる
0	証券間の値動きにまったく相関関係がない	
−1	証券の値動きが完全に反対の動きとなる	最大になる

2 金融派生商品（デリバティブ）

(1) 先物取引

特定の資産（原資産）について「将来のある時期に、特定の数量と価格で売買する」ことを約束する取引。資産の価格変動リスクを回避（ヘッジ）できるヘッジ取引には、値下がりリスクを回避する売りヘッジと値上がりリスクを回避する買いヘッジがある。

(2) オプション取引

特定の商品を、あらかじめ定められた期日や期間内にあらかじめ定められた価格で買う権利（コールオプション）、または売る権利（プットオプション）を売買すること。「コール」「プット」にかかわらず、オプションの買い手は、権利を行使するか放棄するか、選択可。オプションの売り手は、買い手の権利行使に応じる義務を放棄できない。いずれのオプションも、他の条件が同一であれば、満期までの期間が長いほどプレミアム（オプション料）は高くなる。

(3) スワップ取引

異なる形態の「お金を受け取る権利」を交換したり、異なる形態の「お金を支払う義務」を交換したりする取引。代表的なものは次の2つ。

【金利スワップ】同じ通貨の、異なる金利（例：変動金利と固定金利）の受取りや支払いの交換のことで、金利部分のみの交換がされる。

【通貨スワップ】異なる通貨（例：米ドルとユーロ）の、元本や金利の受取りや支払いの交換のことで、元本と金利の両方が交換される。

問 1
□□□　A資産の期待収益率が2.0％、B資産の期待収益率が4.0％の場合に、A資産を40％、B資産を60％の割合で組み入れたポートフォリオの期待収益率は、（　　　）となる。

1）1.6％

2）3.0％

3）3.2％　　　　　　　　　　　　　　　《2019年1月学科第2問（43）》

問 2
□□□　異なる2資産からなるポートフォリオにおいて、2資産間の相関係数が（　　　）である場合、分散投資によるリスクの低減効果は最大となる。

1）－1

2）　0

3）＋1　　　　　　　　　　　　　　　《2021年9月学科第2問（45）》

問 3
□□□　東証株価指数（TOPIX）にほぼ連動するポートフォリオを保有する投資家は、TOPIXの先物を買うことで、このポートフォリオの将来の値下がりリスクをヘッジすることができる。

《2007年1月学科第1問（14）》

問 4
□□□　オプション取引において、特定の商品を将来の一定期日に、あらかじめ決められた価格（権利行使価格）で売る権利のことを、コール・オプションという。　　　　　　　　　　《2023年5月学科第1問（15）》

問 5
□□□　オプション取引において、他の条件が同じであれば、満期までの残存期間が短いほど、プレミアム（オプション料）は高くなる。

《2022年9月学科第1問（14）》

問1 3) ⎯⎯ 学習のポイント **1** **(2)** を参照して

資産Ａ：構成比×期待収益率＝40％×2.0％＝0.8％

資産Ｂ：構成比×期待収益率＝60％×4.0％＝2.4％

ポートフォリオの期待収益率＝0.8％＋2.4％＝3.2％

問2 1) ⎯⎯ 相関係数が－1に近づくほど、（片方の資産が下がるときにもう一方の資産が上がりやすくなることによる）ポートフォリオ効果は高くなってポートフォリオ全体のリスクが低くなる。なお、＋1に近づくと両資産が同じ動きに近くなるのでリスクの低減効果が低くなる

問3 ✕ ⎯⎯ TOPIXの先物を売ることで、このポートフォリオの将来の値下がりリスクをヘッジすることができる。買うことではない

問4 ✕ ⎯⎯ 学習のポイント **2** **(2)** を参照。買う権利がコール、売る権利がプット

問5 ✕ ⎯⎯ 学習のポイント **2** **(2)** を参照。オプションのプレミアムは満期までの期間が長いほど高くなる

7

金融商品の税金と顧客保護
金融商品の税金

絶対マスター

金融商品の税金はもうけの20％が原則だ。また、2013年1月から所得税のみ1.021倍（2.1％増し）になる復興増税がスタートした。また、金融商品の利息や配当はもらう時点で税金が引かれる（源泉徴収）という原則や、投信の分配金のうち税金がかかるのはもうけの分配（普通分配金）だけ、といったことも理解しろ！

税金は儲けの20％が原則だけど、例外もあるんだ。

税務署

税金

ナナメ読み！　**学習のポイント**

1　各金融商品の税金

（1）預貯金

預貯金の利子は、もらう時に20.315％（所得税・復興特別所得税15.315％、住民税5％）の税金が差し引かれる。この課税方式を源泉分離課税という。

（2）債券

① 利子所得：20.315％（所得税・復興特別所得税15.315％、住民税5％）

源泉徴収されたうえで、「申告不要」「申告分離課税」の選択が可能

② 償還差益・譲渡益：20.315％の申告分離課税

（3）外貨預金

① 利息：20.315％の源泉分離課税（利子所得）

② 為替差益：雑所得扱い

(4) 株式

① 配当：上場株式等の配当は20.315%の源泉徴収。確定申告する、しないは任意選択であるが、課税関係は異なる

② 譲渡益：20.315%の申告分離課税で、原則として株式等の譲渡益がある人は確定申告が必要となる

③ 特定口座：これは「申告・納税サポート口座」と理解しよう

特定口座開設せず（一般口座）	確定申告が必要
特定口座開設（源泉徴収あり）	確定申告が不要
特定口座開設（源泉徴収なし）	年間取引報告書を用いた確定申告が必要

(5) 投資信託

① 追加型株式投資信託：収益分配金は、普通分配金に対してのみ20.315%の源泉徴収

【普通分配金】分配金のうち、個別元本を上回った利益部分。配当所得として税金がかかる。

【元本払戻金（特別分配金）】分配金のうち、個別元本の一部が払い戻された部分。これはもうけの分配ではないので、税金がかからない。

譲渡益：株式の譲渡益と同じ

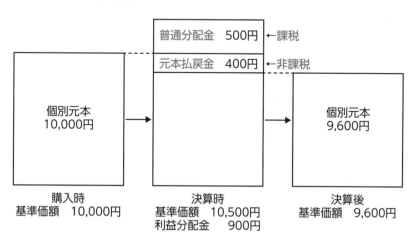

② 公社債投資信託：収益分配金は、20.315%の源泉徴収（利子所得）された上で、「申告不要」「申告分離課税」の選択が可能

131

譲渡益：20.315％の申告分離課税（譲渡所得）

2 NISA（少額投資非課税制度）

2024年以後の新しいNISA制度は以下のとおり。

(1) 成長投資枠

毎年240万円を上限とする上場株式、株式投信、ETF、J-REIT等の新規購入分を対象に、その配当や売却益を非課税にする制度。安定型の商品（国債、公社債投信など）は対象外。

① 制度対象者：18歳以上の日本国内居住者

② 非課税対象：上場株式・株式投資信託などの配当や譲渡益

③ 非課税投資枠：新規投資額で年間240万円が上限（最大1,200万円）

④ 非課税期間：無期限

⑤ 口座開設数：1年あたり1人につき1口座

⑥ 確定申告：損益が生じない扱いとなるので不要

⑦ 注意点：NISA口座内で生じた上場株式の譲渡損失の金額は、特定口座内の損益との通算はできない

(2) つみたて投資枠

長期積立投資のための制度。一定の条件を満たした株式投信やETFのみ対象。

① 非課税投資枠：新規投資額で年間120万円が上限（最大1,800万円）

② 非課税期間：無期限

③ 成長投資枠との併用が可能。併用時の総枠は1,800万円（うち成長投資枠は1,200万円まで）

✏ 本番得点力が高まる！ **問題演習**

問1
☐☐☐ 追加型株式投資信託を基準価額1万500円（1万口当たり）で1万口購入した後、最初の決算時に1万口当たり700円の収益分配金が支払われ、分配落ち後の基準価額が1万200円（1万口当たり）となった場合、その収益分配金のうち、普通分配金は（ ① ）であり、元本払戻金（特別分配金）は（ ② ）である。

1) ①300円　②400円

2) ①400円　②300円

3) ①500円　②200円　　　　　　　　　《2021年9月学科第2問（41）》

問2 □□□　ＮＩＳＡ口座（少額投資非課税制度における非課税口座）内で生じた上場株式等の譲渡益や配当金等を非課税とするためには、所得税の確定申告が必要となる。　　　　　　　　　《2019年1月学科第1問（20）》

問3 □□□　2024年1月以降の新しいＮＩＳＡ制度におけるつみたて投資枠に受け入れることができる限度額は年間（　①　）で、その非課税期間は（　②　）となる。

1) ①40万円　　　　②20年間

2) ①80万円　　　　②20年間

3) ①120万円　　　②無期限　　　　《2019年1月学科第2問（45）改題》

問1　2)──収益分配金支払前の個別元本＝10,500円

収益分配金支払後の基準価額＝10,200円

よって分配金700円のうち、差額300円が元本払戻金（特別分配金）、残り400円が、普通分配金

問2　✕──NISA口座内の取引は損益が生じない扱いのため、確定申告不要

問3　3)──新しいNISA制度のつみたて投資枠の非課税投資枠は1人年間120万円、非課税期間は無期限

8 金融商品の税金と顧客保護
金融取引に関する法律

絶対読め！30秒レクチャー

シロウトの投資家が金融商品の取引でだまされたりしないよう保護するために、様々な法律が制定されている。「金融サービス提供法」を中心に基本的な内容を確認しておこう。過去の出題は年に１〜２回のペースだったが、最近は連続して出ている。ボールが飛んできたら確実にリターンを決められるようにしておけ！

ナナメ読み！　学習のポイント

1 消費者を保護する法律

(1) 金融商品取引法

投資者保護のための法律。顧客の知識や経験、財産の状況、目的に合わない勧誘を行ってはならないとする「適合性の原則」も定められている。

(2) 金融サービス提供法 （金融サービスの提供及び利用環境の整備等に関する法律）

金融商品の販売業者が顧客に対して、元本が割れる可能性があるなどの顧客に説明すべき事項（重要事項）の説明をしなかったり、断定的判断の提供をしたことにより、その顧客に損害が生じた場合、販売業者が損害賠償責任を負うことを定めた法律。

(3) 消費者契約法

事業者の一定の行為により消費者が誤認、困惑した場合に、消費者が契約の申込み、承諾を取り消すことができる法律。

(4) 金融サービス提供法と消費者契約法の違い

	金融サービス提供法	消費者契約法
適用範囲	金融商品の販売契約	消費者と事業者間の契約すべて
対象	個人・事業者 (機関投資家以外)	個人 (事業として契約をする個人は除く)
法律の適用効果	損害賠償請求	契約取消

※ 個人の場合、両法を併用して対処することが可能。

さらっと
一読！

金融ＡＤＲ（エーディーアール）**（Alternative Dispute Resolution）** 出題率 **30**%未満

金融機関と利用者の間のトラブルを、訴訟によらずに解決する裁判外紛争解決手続き(フンソウカイケツ)のこと。
① （内閣総理大臣の所轄である）金融庁が指定・監督する指定紛争解決機関（金融ADR機関）が和解案を提示し、解決に努める（指定紛争解決機関制度）。
② 指定紛争解決機関には、全国銀行協会、生命保険協会、日本損害保険協会、証券・金融商品あっせん相談センター等がある。

 本番得点力が高まる！ **問題演習**

問1
□□□
　金融商品取引法に規定される「適合性の原則」とは、金融商品取引業者等は、顧客の知識、経験、財産の状況および金融商品取引契約を締結する目的に照らして不適当と認められる勧誘を行ってはならないというルールである。　　　　　　　　　　　　《2018年5月学科第1問（15）》

問2
□□□
　金融サービスの提供及び利用環境の整備等に関する法律では、金融商品販売業者等が金融商品の販売等に際し、顧客に対して重要事項の説明をしなければならない場合に重要事項の説明をしなかったこと、または（ ① ）を行ったことにより、当該顧客に損害が生じた場合の金融商品販売業者等の（ ② ）について定められている。
1) ①断定的判断の提供等　②契約取消義務
2) ①損失補てんの約束等　②契約取消義務
3) ①断定的判断の提供等　②損害賠償責任

問1 〇 —— 投資者保護のため、顧客の知識、経験、財産の状況等から不適切と認められる勧誘を行ってはならない（適合性の原則）

問2 3) —— 金融サービス提供法においては、重要事項の説明を怠り損害が生じた場合や、断定的判断を提供して損害が生じた場合などに、販売業者が損害賠償責任を負うことが定められている

9

金融商品の税金と顧客保護
セーフティネット

ここで差がつく

絶対読め！**30**秒レクチャー

　銀行・証券会社・保険会社などがハタンした場合に、顧客の資産が保護されるしくみを「セーフティネット」という。具体的には「預金保険制度」「保険契約者保護機構」「投資者保護基金」などがある。得点力アップには「預金保険制度」の対象外や例外を試験前に気合いで覚えよう！

ナナメ読み！ **学習のポイント**

1 預金保険制度

　銀行等が破綻した場合に預金者を保護するしくみ。

（1）保護対象になる金融商品と対象外の金融商品

【保護の対象】普通預金、貯蓄預金、定期預金、当座預金など

【保護の対象外】**外貨預金**、譲渡性預金、他人名義の預金など

（2）保護の対象額

【原則】保護される金額は、元本1,000万円とその利息が上限

【例外】「無利息」「要求払い」「決済サービスの提供」の3条件を満たした場合（決済用預金という）、預金は全額保護される

2 その他の保護制度

(1) 保険契約者保護機構

保険会社が破綻した場合に、責任準備金を一定割合まで補償して保険契約の維持を図り、保険契約者を保護する制度（第2章1 4を参照）。

(2) 日本投資者保護基金

金融商品取引業者（証券会社）の経営が破綻し、投資家から預かっている有価証券やお金などを返還できなくなった場合に、一般顧客1人あたり1,000万円を上限に補償するしくみ。

✎ 本番得点力が高まる！ 問題演習

問1
□□□　外貨預金は、預金保険制度による保護の対象とならない。

《2021年9月学科第1問（15）》

問2
□□□　預金保険制度の対象金融機関に預け入れた（　　）は、預入金額の多寡にかかわらず、その全額が預金保険制度による保護の対象となる。

1）決済用預金

2）譲渡性預金

3）定期預金　　　　　　　　　　　　《2022年9月学科第2問（45）》

問3
□□□　預金保険制度の対象金融機関に預け入れた（　　）は、預入金額にかかわらず、その全額が預金保険制度による保護の対象となる。

1）外貨預金

2）大口定期預金

3）決済用預金　　　　　　　　　　　《2015年9月学科第2問（43）》

問4
□□□　日本投資者保護基金は、会員である金融商品取引業者が破綻し、分別管理の義務に違反したことによって、一般顧客から預託を受けていた有価証券・金銭を返還することができない場合、一定の範囲の取引を対象に一般顧客1人につき（　　）を上限に金銭による補償を行う。

1）　500万円

2) 1,000万円

3) 2,000万円 《2020年9月学科第2問（45）》

問1 〇 ── **外貨預金**は預金保険制度による<u>保護の対象外</u>

問2 1) ── 決済用預金は全額保護される

問3 3) ── 「無利息」「要求払い」「決済サービスの提供」の3条件を満たした
場合、預金は全額保護される。決済用預金は、3条件を満たして
いる

問4 2) ── 証券会社が顧客から預かっている（保管の委託を受けている）資
産を保護するしくみを投資者保護基金制度という。<u>1人</u>1,000万
円までの金銭による補償を行う

タックスプランニング

収入から経費を差し引いて残った（純粋にもうかった）お金である「所得」には、様々な種類がある。その所得に対してかけられるのが、「税金」だ。この章では、「収入」「所得」「控除」の3つのキーワードの理解からスタートして、個人の所得にかかる税金をパーフェクトにしよう！

あきらめない！

タックスプランニング

みんなが健康で安心で豊かな生活を送るために必要なサービスや施設（道路や信号・ごみ処理・警察・公園など）を維持するために、国や市区町村などが徴収する会費のようなものが税金だ。収入から経費を差し引いた「純粋なもうけ」である「所得」に税金がかかる。

この章では個人のもうけにかかる所得税の計算から納付までの一連の流れや、税金が安くなる各種控除のしくみについて学習しよう！

| 所得税の基本 | 所得税のキホンを学ぼう。 |

① 所得税のしくみ

所得税は国税で直接税。1/1 ～ 12/31 の所得に対して課税される暦年単位課税で、自分で計算して報告するのが原則の申告納税方式である。

| 個人の様々な所得 | まず、個人の所得を 10 種類のカテゴリーに分け、それぞれの所得金額を計算する。 |

②	給与所得 退職所得	サラリーマン系の所得は給与所得と退職所得。給与所得は給料や賞与。退職所得は退職金など、勤めを辞めるときにもらうお金が該当する。
③	事業所得	個人として（雇われている人ではなく）自ら事業を行っている人に生じるもうけが事業所得。具体的な内容は、農業・漁業・サービス業など様々だ。
④	不動産所得	不動産所得は「大家さん所得」だ。不動産を売ってもうけたお金ではなく、家賃収入など、不動産（土地や建物）を貸してもうけた場合の所得のこと。
⑤	利子所得 配当所得	金融資産によるもうけが利子所得と配当所得。預金や債券からは利子が、株式からは配当がもらえる。
⑥	譲渡所得	譲渡は「譲り渡す」と書くが、タダで渡すのでなければ「売却」になる。つまり譲渡所得は、土地や建物、株式や金などの資産を売ってもうけたお金のことだ。
⑦	一時所得 雑所得	本業によるもうけではない所得が一時所得と雑所得。懸賞の当選金など、単発で受け取るのが一時所得。年金など、複数年にわたって受け取るのが雑所得。
⑧	所得税における非課税所得	税金がかからない所得もある。月 15 万円までの通勤手当、宝くじの当選金、遺族年金などは非課税所得。

※山林所得はここでは扱わない

所得税の 損益通算	各カテゴリーの純粋なもうけ（所得金額）を合算する。 その際「損益通算」などを行う。

⑨ 所得税における損益通算

　不動産・事業・山林・譲渡の４種類の所得（収入－経費）のうち、どれかがマイナスになった場合、他の所得のプラスと相殺できる。これがいわゆる「損益通算」だ。

所得控除	損益通算も考慮しながら合算した所得金額から、さらにオマケで経費とみなされる 「所得控除」を差し引いて、税金が掛かる所得金額（課税所得金額）を計算する。

⑩	▌生命保険料控除 ▌地震保険料控除	生命保険料や地震保険料は、１年間で支払った保険料の金額に応じて一定額が「みなし経費」となる。
⑪	▌社会保険料控除 ▌小規模企業共済等掛金控除	社会保険料、小規模企業共済や確定拠出年金等の掛け金は、原則、全額を差し引ける。
⑫	▌医療費控除	医療費控除は、治療に関連する費用の実質負担額が年10万円を超えた場合に、その超過額をみなし経費として認めてもらえる制度だ。
⑬	▌配偶者控除 ▌配偶者特別控除	その年の本人の合計所得金額が1,000万円以下で、配偶者の所得金額が一定額以下の場合に、配偶者控除か配偶者特別控除が受けられる。
⑭	▌扶養控除 ▌障害者控除 ▌勤労学生控除 ▌基礎控除	全員に年48万円の基礎控除というみなし経費が認められている。また、一定の扶養親族がいる場合に受けられる扶養控除、家族に障害者がいる場合に受けられる障害者控除、一定の学生が受けられる勤労学生控除がある。

税額控除	所得控除を差し引いた後の「課税所得金額」に税率をかけて所得税額を計算。 さらに、所得税額から「税額控除」を差し引ける場合もある。これで計算終了！

⑮ 税額控除

　最終的に計算された税金額からダイレクトに控除できるのが税額控除。ここでは住宅ローン控除と配当控除を学ぼう。

所得税の 申告・納付	最終的に計算して出た所得税額を申告＆納付する。

⑯ 所得税の申告・納付

　１月から12月までの個人の所得は、翌年の確定申告で申告・納付する。会社員の場合は、会社が毎月の源泉徴収＋12月の年末調整でその代わりをやってくれる。

1位 給与所得と退職所得 ➡第4章 **2**

出題率
85%

ここは毎回のように出ている。退職所得については「40万円」「70万円」「2分の1」という3つの数字を覚えたうえで、パーフェクトに計算できるようにしておこう。

 1位 所得税の申告・納付 ➡第4章 **16**

出題率
85%

年2回以上、安定して出ている領域だ。「会社員でも確定申告が必要なのはどんな場合？」「個人事業主が青色申告をするメリットは？」の2つを意識して、過去問の理解を中心に勉強すれば大丈夫。試験直前にも目を通そう！

 3位 一時所得・雑所得 ➡第4章 **7**

出題率
80%

フツーの会社員にも生じやすい本業以外のもうけだからか、3級学科では出題率が高い。一時所得は純粋なもうけから50万円さし引いて、さらに半分にした金額が総所得に入るのだ！

 4位 所得税における損益通算 ➡第4章 **9**

出題率
70%

ある種類の所得がマイナスになったときに、他の所得のプラスと相殺できるのがいわゆる「損益通算」だ。不事山譲（フジサンジョウ）と覚えたら、あとは問題演習で理解を深めて勝負しよう！

 5位 税額控除 ➡第4章 **15**

出題率
65%

最終的な税額からダイレクトに控除される「税額控除」。その中でも最も重要なのが住宅ローン控除！　住宅ローン控除が適用される要件だけは徹底的に覚えて、その他は試験直前に確認しよう。

1 所得税の基本

所得税のしくみ

絶対読め！ **30**秒レクチャー

　ファイナンシャル・プランナーは主に個人を対象とするので、税金も個人のもうけにかかる「所得税」をマスターしよう！　税金を理解する3つのキーワードは「シュウニュウ」「ショトク」「コウジョ」。入ってくるお金のすべてである「収入」から、経費を差し引いたのが「所得」。純粋なもうけである「所得」に税金がかかる。「控除」は差し引くという意味だが、税金の世界では「みなし経費」と覚えよう。税金の世界で迷っても、3つのキーワードに戻れば大丈夫だぞ！

ナナメ読み！ 学習のポイント

1 所得税のしくみ

　所得税は国税↔住民税や固定資産税は地方税

　所得税は直接税↔消費税は（税を納める人と負担する人が異なる）間接税

(1) 暦年単位課税

　所得税は、個人が1月1日から12月31日まで（＝暦年）に得た所得に対して課税される。

(2) 累進税率

　所得税は、所得が多くなるにつれて、税率も階段状にアップする累進税率のしくみになっている。

(3) 申告納税方式

所得税は（本来は）自分から申告して納税する方式をとっている。納税地は、原則その個人の住所地。

(4) 源泉徴収制度

個人に給料・報酬や利子などの支払いをする会社が（特別に）税金を天引きして、納税者に代わって納付する制度。

(5) 総合課税

様々な所得の金額を合算してから、金額に応じた税率（超過累進税率）を掛けて計算する方法。これが原則。

(6) 分離課税

一部の所得（一定の譲渡所得※、退職所得、山林所得）について、総合課税とは別に個々に税率を適用して課税する方法。これが例外。

※　不動産や株式などを売却した際の譲渡所得を指す。

(7) 復興特別所得税

2011年の東日本大震災からの復興に必要な財源を確保するため、個人には期間限定の「復興特別所得税」が創設された。

2013年1月から2037年12月末までの25年間、その年の所得税額に対し2.1％分が課税される。（例：所得税率20％なら、20×2.1％＝0.42％の復興税が加わって合計20.42％の課税となっている）

2　所得税における課税財産の範囲

① 日本国内に住所がある人または1年以上居所を有する人（居住者）は、国内外で得たすべての所得に対して課税される。

② 居住者以外の人（非居住者）は、国内で得た所得（国内源泉所得）については課税されるが、国外で得た所得については課税されない。

実務上ではどうなの？

　FPとして住宅購入・保険・資産管理などの相談を受けていると、所得税に関する質問も必ず受けるのですが、多くのお客様は「収入と所得の違い」がわからず混乱していたり、「総合課税が原則で、分離課税が例外」を知らなかったりするので、基本をやさしく伝えるだけで喜んでもらえます。

本番得点力が高まる！ 問題演習

問1
□□□
　法律上の納税義務者と実際に税金を負担する者が異なる税を間接税といい、間接税の例の1つとして、消費税が挙げられる。

《2016年5月学科第1問 (16)》

問2
□□□
　所得税は、原則として、毎年4月1日から翌年3月31日までの期間に生じた個人の所得に対して課される税金である。

《2011年5月学科第1問 (16)》

問3
□□□
　所得税において総合課税の対象となる所得に係る税率は、原則として課税標準が大きくなるに応じて税率が高くなる（　　　）となっている。

1）累進税率

2）比例税率

3）制限税率　　　　　　　　　　　　　　《2013年5月学科第2問 (46)》

問4
□□□
　復興特別所得税は、基準所得税額に2.1％の税率を乗じて計算される。

《2016年5月学科第1問 (17)》

問5
□□□
　所得税法における居住者（非永住者を除く）は、原則として、国内で生じた所得について所得税の納税義務は生じるが、国外で生じた所得について所得税の納税義務は生じない。　《2019年5月学科第1問 (16)》

問6
□□□
　所得税において、非居住者は、国内源泉所得以外については納税義務を負わない。　　　　　　　　　　　　　《2015年9月学科第1問 (16)》

問1 〇 ── 所得税は直接税、消費税は間接税

問2 ✕ ── 所得税は1月1日から12月31日までの暦年単位課税

問3 1) ── 累進税率……所得が多くなるにつれ、税率も高くなる

問4 〇 ── 学習のポイント **1** **(7)** を参照

問5 ✕ ── 学習のポイント **2** ①を参照

問6 〇 ── 非居住者は、国外で得た所得については課税されない。国内の所得については、課税される

出題率 **85%** | 難易度 ★★★★★

2 個人の様々な所得
給与所得と退職所得

絶対マスター

絶対読め！**30**秒レクチャー

　所得（＝収入から経費を引いた、純粋なもうけ）が入るハコは10種類ある！　その10種類とは、給与所得、退職所得、事業所得、不動産所得、利子所得、配当所得、譲渡所得、一時所得、雑所得、山林所得だ。まずここでは、サラリーマン系の2つの所得、給与所得と退職所得を押さえよう！　給与所得では通勤手当の非課税上限（月15万円）、退職所得では「40万円」「70万円」「2分の1」という3つの数字を頭にたたき込めば、試験対策は終わったも同然！　キミの勝ちだ！

今月もありがとう。おつかれさま。

給料

＼ナナメ読み！ **学習のポイント**

1 給与所得

① 給与所得に該当するのは、給料や賞与など。しかし「所得＝収入－経費」なので、もらった給料（給与収入）がすべて給与所得ではない。「給与収入金額－給与所得控除額」で求める。

② 収入金額は、会社からもらう給料や賞与の額面金額だが、給料に通勤手当が含まれていたら、1カ月15万円までは非課税になる。

③ 給与所得控除額（給与収入に対するみなし経費）は、もらう金額によって変わってくる。最低でも55万円は控除されると覚えておこう。

2 退職所得

① 退職所得とは、退職手当など退職により受ける給与のこと。計算式は次のとおり。

> 退職所得の金額＝(収入金額－退職所得控除額※)×$\frac{1}{2}$
>
> ※ 退職所得控除額
>
> 20年以下の場合、40万円×勤続年数
>
> 20年超の場合、 <u>800万円</u>＋70万円×(勤続年数－20年)
>
> ┗→800万円とは40万円×20年のこと

勤続年数の1年未満の端数は1年に切り上げる。最後の$\frac{1}{2}$を忘れやすいから、気をつけて！

② 退職手当の支払いを受ける人は「退職所得の受給に関する申告書」を会社に提出する必要がある。これを提出して、退職手当から所得税の源泉徴収がされていれば、その退職所得について確定申告の義務はない。

③ 退職金（や確定拠出年金）を一時金でもらったら退職所得だが、年金形式でもらった場合は、この後の 7 で出てくる雑所得になる。

> ### 実務上ではどうなの？
>
> 　退職所得は最後に半分（×$\frac{1}{2}$）にしますが、なぜだと思いますか？
>
> 　退職金は、退職後に収入が減ったり、年金生活に入ったりした後の生活資金に充てる人が多いですよね。だから、国民感情も考えて（定年時の退職金から多額の税金を取ったら「老人を殺す気か！」と言われる？）、退職所得控除を引いて、さらに半額にしてくれているのです。

本番得点力が高まる！ **問題演習**

問1
□□□
　　所得税において、交通機関を利用して通勤している給与所得者に対し、勤務先から通常の給与に加算して支払われるべき通勤手当は、最も経済的かつ合理的と認められる運賃等の額で、月額15万円を限度に非課税とされる。　　　　　　　　　　　　　《2019年9月学科第1問（16）》

問2
□□□
　　所得税の退職所得の金額（特定役員退職手当等に係るものを除く）は、（　　）の算式により計算される。

1）その年中の退職手当等の収入金額－退職所得控除額

2）その年中の退職手当等の収入金額－退職所得控除額－50万円

3）（その年中の退職手当等の収入金額－退職所得控除額）$\times \dfrac{1}{2}$

《2016年9月学科第2問（46）》

問3
□□□
　　定年退職により退職金を受け取ったことによる退職所得の金額の計算上、収入金額から控除する退職所得控除額は、勤続年数が20年以下である場合、勤続年数に（　　）を乗じて計算する。なお、計算した金額が80万円に満たない場合には、80万円となる。

1）20万円

2）40万円

3）60万円　　　　　　　　　　　　　　　　　　《2018年9月学科第2問（47）》

問4
□□□
　　給与所得者が35年間勤務した会社を定年退職し、退職金3,000万円の支給を受けた場合、退職所得の金額の計算上、退職所得控除額は（　　）となる。

1）{800万円＋70万円×（35年－20年）}$\times \dfrac{1}{2}$＝925万円

2）800万円＋40万円×（35年－20年）＝1,400万円

3）800万円＋70万円×（35年－20年）＝1,850万円

《2023年1月学科第2問（47）》

問5
□□□
　　退職手当等の支払を受ける個人がその支払を受ける時までに「退職所得の受給に関する申告書」を提出した場合、その支払われる退職手当等の金額に20.42％の税率を乗じた金額に相当する所得税および復興特別所得税が源泉徴収される。　　　　　《2021年1月学科第1問（16）》

問1 ◯ —— 月額15万円まで非課税

問2 3) —— 退職所得の金額＝（収入金額－退職所得控除額）× $\frac{1}{2}$

問3 2) —— 学習のポイント 2 ① を参照。退職所得控除額は、勤続年数20年以下の場合40万円×勤続年数となる

問4 3) —— 退職所得控除額は、勤続年数20年超の場合
800万円＋70万円×（35年－20年）　となるので
＝800万円＋1,050万円＝1,850万円

問5 ✕ —— 「退職所得の受給に関する申告書」を会社に提出している場合は、退職所得控除も反映した正確な税額が源泉徴収される

出題率 **40%** ｜ 難易度 ★★★★★

3 事業所得

個人の様々な所得

最後の
ひと押し

絶対読め！30秒レクチャー

　事業所得は、ラーメン屋さんのお金の流れをイメージすれば理解しやすいはずだ。売上から、様々な経費を差し引いて残るお金が所得になる。試験対策としては、資産の価値の減少を一定期間にわたって費用にする「減価償却」の基本ルールや例外がよく出るから要注意だ！

事業所得とは？

売上 ー 経費

ナナメ読み！ 学習のポイント

　事業所得とは、農業、漁業、製造業、卸売業、小売業、サービス業その他の事業から生じる個人の純粋なもうけ（収入から経費を引いたもの）。

1 事業所得の必要経費について

① 事業所得における必要経費は、商品の仕入れにかかるお金、人件費、減価償却費などの費用。人件費に関しては、親族に支払ったものは原則として必要経費に入れられない。

② 減価償却費（資産の価値の目減り相当分を経費とみなす）において、(1)使用可能期間が1年未満または取得価額が10万円未満の減価償却資産は、全額を一括で必要経費にできる、(2)1998年4月1日以後に取得した建物・建物附属設備・構築物の減価償却は、定額法しか認められない、(3)機械・装置について、償却方法を税務署に届出していない場合には定額法により計算する、(4)土地や骨とう品などの資産は（価値が減っていくものではないから）

減価償却資産に該当しない。

③　事業所得における商品の売上原価は、「年初の棚卸高（在庫額）に本年中の仕入高を加えて、年末の棚卸高を引く」と求められる。

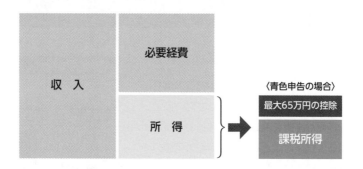

本番得点力が高まる！ 問題演習

問1
□□□　所得税における事業所得の金額の計算上、使用可能期間が1年未満または取得価額が10万円未満の減価償却資産については、その取得価額に相当する金額を、業務の用に供した日の属する年分の必要経費に算入する。　　　　　　　　　　　　　《2017年9月学科第1問（17）》

問2
□□□　所得税において、2024年中に取得した建物（鉱業用減価償却資産等を除く）に係る減価償却の方法は、（　　）である。

1）定額法

2）定率法

3）低価法　　　　　　　　　　　　《2023年5月学科第2問（46）改題》

問3
□□□　固定資産のうち、（　　）は減価償却の対象とされない資産である。

1）ソフトウエア

2）土地

3）建物　　　　　　　　　　　　　　《2022年9月学科第1問（46）》

問4
□□□　物品販売業を営む個人事業主の事業所得の金額の計算において、商品の売上原価は、（　　）の算式により求められる。

1）年初（期首）棚卸高－年間仕入高＋年末（期末）棚卸高

2）年初（期首）棚卸高＋年間仕入高＋年末（期末）棚卸高

3）年初（期首）棚卸高＋年間仕入高－年末（期末）棚卸高

《2016年1月学科第2問（46）》

問1 ○ —— 使用可能期間が1年未満または取得価額が10万円未満の減価償却資産は、全額を一括で必要経費に算入できる

問2 1）—— 1998年4月1日以後に取得した建物の減価償却は、定額法しか認められない

問3 2）—— 学習のポイント **1** ②(4)を参照。土地や骨とう品など年月を経ても価値が減らないとされているものは、減価償却の対象資産には該当しない

問4 3）—— 商品の売上原価は、年初の棚卸高に本年の仕入高を加え、年末の棚卸高を引いたもの

第**4**章 タックスプランニング

4 個人の様々な所得
不動産所得

絶対読め！ **30**秒レクチャー

不動産所得は「大家さん所得」だ！ 不動産を売ってもうける所得ではなく、貸してもうける所得—つまり、チャリンチャリンと入ってくる家賃収入などから様々な経費を差し引いて残るお金だ。ここは「不動産」の科目でも出題されるから、2倍の気合いでマスターしよう！

大家

不動産所得

ナナメ読み！ 学習のポイント

(1) 不動産所得とは

土地や建物などの貸付けによる総収入から、その収入に関する必要経費を差し引いたもの。なお、独立家屋なら5棟以上、アパート等なら10室以上あれば建物の貸付が（税務上）事業的規模に該当するものとして扱われる（事業的規模でも、個人の大家さんの所得は事業所得ではなく不動産所得）。

(2) 収入に計上するものは

収入金額に計上するものとしては「家賃や地代」「礼金」「更新料」「保証金・敷金のうち返還を要しない部分の金額」などがある。

収入の計上時期は、地代や家賃の場合、原則、契約における支払日。

(3) 必要経費に計上できるものは

必要経費には、管理費、仲介手数料、減価償却費、租税公課（固定資産税、不動産取得税、登録免許税）、借入金の利子などがある。一方、必要経費にならないものとしては、所得税や住民税、罰金、生計が同一の親族に対する家賃、借入金の元本返済額などがある。

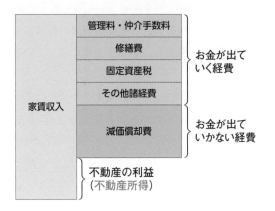

本番得点力が高まる! 問題演習

 問1
□□□

所得税において、事業的規模で行われている賃貸マンションの貸付による所得は、事業所得となる。　　　　《2021年5月学科第1問 (17)》

問2
□□□

所得税における不動産所得の計算において、建物の貸付けが事業的規模に該当するか否かについては、社会通念上の基準により実質的に判断されるが、形式基準によれば、アパート等については貸与することができる独立した室数がおおむね（ ① ）以上、独立家屋についてはおおむね（ ② ）以上の貸付けであれば、特に反証がない限り、事業的規模として取り扱われることになっている。

1）① 5室　② 5棟

2）① 5室　②10棟

3）①10室　② 5棟　　　　《2011年5月学科第2問 (54)》

問3
□□□

不動産の賃貸に伴い受け取った敷金のうち、不動産の貸付期間が終了した際に賃借人に返還を要するものは、受け取った年分の不動産所得の金額の計算上、総収入金額には算入しない。

《2019年5月学科第1問 (17)》

問1 ✕⸺ 個人による不動産の貸付による所得は、規模にかかわらず**不動産所得**（事業的規模でも、単に不動産を貸しているだけなら事業所得ではない）

問2 3)⸺ 建物の貸付が事業的規模に該当するか否かの基準は、独立家屋については5棟以上、アパート等については10室以上。該当すると（家族への給与を経費にできる等）税務上の扱いが異なる

問3 ○⸺ 学習のポイント **(2)** を参照。後に返還を要する部分は総収入金額に含めない

5 個人の様々な所得 利子所得と配当所得

ここで 差がつく

絶対読め！ **30** 秒レクチャー

金融資産からのインカムゲイン（定期的にチャリンチャリンと入ってくる不労所得）である利子所得、配当所得をカンペキにしよう！ 債券からは利子、株式からは配当がもらえる。

ナナメ読み！ 学習のポイント

金融資産から生じるインカムゲインをざっくりいうと、債券からは利子、株式からは配当がもらえる。債券のカテゴリーには預貯金や公社債投信も入り、株式のカテゴリーには株式投信も入ると覚えよう。

1 利子所得

利子所得にあたるのは、公社債や預貯金の利子、公社債投資信託の収益分配金など。利子支払いの際に、所得税15.315％と住民税5％の合計20.315％が差し引かれる（源泉徴収）。

さらっと一読！ ■**特定公社債の利子**　　出題率 **20%未満**

国債や地方債などの特定公社債の利子は、所得税において、（源泉徴収が行われた上で）申告分離課税の対象となる。

---

2 配当所得

配当所得に該当するのは、株式の配当や**株式投資信託**の**分配金**など。税率は原則**20.315%**。NISA口座における配当や分配金は非課税。なお、借金をして株式などを購入した場合の配当所得は「収入金額－負債の利子」となる。

さらっと一読！
■ **配当所得の申告不要制度**　　出題率 **20%未満**

個人の株主（大口株主〈発行済株式総数の３％以上〉を除く）が受ける上場株式等に係る配当等は、所得税の確定申告不要制度を選択することができる。

本番得点力が高まる！ **問題演習**

問1 個人が受け取る株式投資信託の収益分配金は、利子所得に該当する。　　　　　　　　　　　　　　　　　《2008年1月学科第1問 (16)》

問2 個人が年0.01％、預入期間１年の大口定期預金に１億円を預け入れた場合、所得税、復興特別所得税および住民税の源泉（特別）徴収後の手取りの利息は、8,000円である。　《2017年5月学科第1問 (11)》

問3 所得税において、個人向け国債の利子を受け取ったことによる所得は、配当所得となる。　　　　　　　　　《2016年9月学科第1問 (16)》

問4 個人が2024年中に内国法人X社（上場会社）から株式の配当金（当該個人は発行済株式総数の3％以上を有する大口株主ではない）を受け、その配当の金額に対して所得税および復興特別所得税・住民税が源泉（特別）徴収される場合の税率は、合計（　　）である。

1) 10.147％

2) 20.315％

3) 20.42％　　　　　　　　　　　《2018年9月学科第2問 (46) 改題》

問5 上場株式等の配当所得について申告分離課税を選択した場合、その税率は、所得税および復興特別所得税と住民税の合計で（　①　）であり、上場株式等の譲渡損失の金額と損益通算することができる。この場合、配当控除の適用を受けることが（　②　）。

160

1) ①14.21%　②できる

2) ①20.315%　②できない

3) ①20.42%　②できない

《2020年1月学科第2問（46）》

問1 ✕── <u>株式投資信託の収益分配金</u>は配当所得になる

問2 ✕── 所得税15.315%、住民税5%の合計20.315%が源泉徴収される

よって、利息額　1億円×0.01％＝1万円

源泉徴収額　1万円×20.315％＝2,031円（1円未満切捨て）

手取り利息　1万円－2,031円＝7,969円

問3 ✕── 公社債の利子は利子所得

問4 2)── 上場株式の配当金は、原則として総合課税だが申告不要制度を利用して源泉徴収20.315％で課税終了の扱いにできる

問5 2)── 上場株式の配当所得について**申告分離課税**や**申告不要制度**を選んだ場合、税率は20.315％で、上場株式等の譲渡損失との損益通算は可能だが、配当控除は適用されない。第4章15税額控除

学習のポイント **2** も参照

出題率 **50%** | 難易度 ★★★ ☆ ☆

6 個人の様々な所得
譲渡所得

ここで差がつく

絶対読め！30秒レクチャー

譲渡所得とは、資産を売り払って純粋にもうかったお金のことだ！ 土地・建物や株式などは分離課税だが、それ以外の資産（ゴルフ会員権、貴金属など）は総合課税が原則だ。4つの重要ナンバー「5年」「1月1日」「50万円」「2分の1」は、最初に頭にたたき込んでおこう！

売却

税金

ナナメ読み！ **学習のポイント**

1 譲渡所得とは

資産の譲渡（売却）による所得のこと。土地・建物や株式の売却益は分離課税。貴金属や骨董品やゴルフ会員権の売却によるもうけは総合課税。

2 譲渡所得の分類（長期と短期、分離と総合）

所有期間 ＼ 売却したもの	不動産 （土地・建物）	不動産以外 （ゴルフ会員権・金など）
5 年 超	分離長期	総合長期
5年以下	分離短期	総合短期

所有期間が5年超か5年以下かで、長期と短期に分ける。土地・建物の場合、「取得日から譲渡日の属する年の1月1日までの期間」で判定するが、それ以

外の場合は「取得日から譲渡した日までの期間」で判定する。

3 譲渡所得の求め方

　資産を売却して純粋に儲かったお金なので、「譲渡収入金額−(取得費＋譲渡費用)」で求める。総合短期、総合長期は、特別控除（短期と長期合わせて50万円が限度）がある。また、総合長期は他の所得と総合するときに2分の1にする。

4 居住用財産の長期譲渡所得の特例⇒第5章⑧1参照

✎ 本番得点力が高まる！ 問題演習

問1
□□□
　個人が賃貸アパートの敷地および建物を売却したことにより生じた所得は、不動産所得となる。　　　　　　《2024年1月学科第1問（17）》

問2
□□□
　土地・建物の譲渡に係る所得については、（　①　）における所有期間が（　②　）を超えるものは長期譲渡所得に区分され、（　②　）以下であるものは短期譲渡所得に区分される。
1）①譲渡した日の属する年の1月1日　②　3年
2）①譲渡した日の属する年の1月1日　②　5年
3）①譲渡契約の締結日　　　　　　　②10年

《2018年5月学科第2問（46）》

問1 ✕ —— 学習のポイント1 を参照。賃貸アパートは「建物」で、その敷地は「土地」なので、これら不動産の売却益は譲渡所得となる

問2 2）—— 不動産は、譲渡した年の1月1日時点における所有期間が5年を超えるかどうかで、長期・短期を判断する

7 個人の様々な所得
一時所得・雑所得

絶対
マスター

絶対読め！30秒レクチャー

一時所得と雑所得は、いずれも本業ではない所得だが、イチジ所得は「単発で」受け取り、ザツ所得は「複数年にわたって」受け取るとイメージしておけば大丈夫だ！　そして、税金面で有利なのは、実質的に50万円差し引いて半分にできる一時所得の方だ！

年金は
雑所得！

ナナメ読み！　**学習のポイント**

1 一時所得

「本業ではないことで、一括で（一時に）受け取ったお金」をイメージしよう。たとえば、**懸賞の当選金**、生命保険の満期金や**解約返戻金**、ふるさと納税の返礼品、死亡保険金（「契約者＝受取人」の場合）などが該当する。

一時所得の金額＝総収入金額－収入を得るために支出した金額－特別控除（50万円）

なお、確定申告の際に総所得金額に入れるのは、この《一時所得の金額》を、さらに2分の1にした金額でよい。

2 雑所得

基本的には本業とは異なる「雑多な所得」で、複数年にわたって受け取ることが多いのが雑所得。公的年金、生命保険契約に基づく年金、退職金を年金形式でもらった場合などが該当する。

所得金額の計算は、収入から経費を差し引く原則は変わらないが、公的年金等の場合とそれ以外の場合で少し異なる。

> 公的年金等：公的年金等の収入金額－公的年金等控除額※
> 公的年金等以外：公的年金等以外の収入金額－必要経費
> ※　受取る公的年金額などに応じて、自動的に決まる「みなし経費」

本番得点力が高まる！ 問題演習

問1
□□□
　所得税における一時所得に係る総収入金額が500万円で、その収入を得るために支出した金額が250万円である場合、総所得金額に算入される一時所得の金額は、（　　　）である。
1）100万円
2）125万円
3）250万円

《2022年9月学科第2問（47）》

問2
□□□
　所得税において、老齢基礎年金や老齢厚生年金に係る所得は、非課税所得とされる。

《2019年1月学科第1問（16）》

問1　1）——　学習のポイント **1** を参照。

　　　一時所得の金額＝500万円－250万円－50万円＝200万円
　　　総所得金額に算入する際に、**2**分の**1**にした金額を算入する
　　　総所得金額に算入する金額＝200万円×$\frac{1}{2}$＝100万円

問2　✕——　老齢（基礎・厚生）年金にかかる所得は雑所得となり、「公的年金等の収入金額－公的年金等控除額」で求める。非課税になる公的な年金は、遺族年金や障害年金だ。第4章**8**（3）を参照

出題率 **35%** | 難易度 ★★☆☆☆

個人の様々な所得

8 所得税における非課税所得

最後のひと押し

「そこから税金取ったらアカンやろ！」「それって、もうけたお金といえるの？」とツッコミが入るような所得は、非課税になる！具体的には、損害賠償金、通勤手当、宝くじの当選金などだ。本試験でよく出題されるものを頭にたたき込もう！

通勤手当は15万円まで非課税だ！

ナナメ読み！ **学習のポイント**

(1) 給与所得の中で、非課税所得となるのは？

1カ月あたり15万円までの通勤手当、通常必要であると認められる出張手当など。

(2) 宝くじの当選金、損害賠償金、慰謝料などは「非課税の一時所得」

賠償金や慰謝料、医療保険の給付金や火災保険の保険金は、マイナスを埋めるお金で、もうけではないので非課税！

(3) 遺族年金は「非課税の雑所得」

そこから税金を取ったら、遺族がかわいそうだから非課税！

(4) 生活用動産の譲渡による所得は「非課税の譲渡所得」

家具や衣服など生活に必要なモノの売却益は非課税（ただし、1つ30万円を超える美術工芸品などは課税対象）。

(5) NISA口座内で生じた売買益や配当金等は「非課税の譲渡所得・配当所得」

第3章 7 2 を参照。

本番得点力が高まる！ **問題演習**

問1
□□□
（　　　）による所得は、所得税が課されない。

1）定期積金の給付補てん金

2）国内の宝くじの当せん金

3）割引債の償還差益　　　　　　　　　《2008年9月学科第2問（46）》

問2
□□□
居住者である個人が預け入れた懸賞金付預貯金の懸賞金は、非課税所得となる。　　　　　　　　　　　　　　《2010年9月学科第1問（19）》

問3
□□□
所得税において、医療保険の被保険者が病気で入院したことにより受け取った入院給付金は、非課税である。　《2022年1月学科第1問（16）》

問4
□□□
所得税において、自己の生活の用に供する家具や衣服（1個または1組の価額が30万円を超える貴金属、美術工芸品等には該当しない）を譲渡したことによる所得は、非課税所得とされる。

《2018年9月学科第1問（16）》

問5
□□□
火災や爆発によって自己所有の居住用建物が損害を被ったことにより、契約者（保険料負担者）が受け取った個人契約の火災保険の保険金は、非課税とされる。　　　　　　　　　《2008年1月学科第1問（10）》

問1 2）── 日本国内における宝くじの当選金は、3億円当たっても非課税！

問2 ✕ ── 懸賞の当選金は、一時所得として課税対象

問3 ○ ── 入院給付金など、病気やケガに関する給付は非課税

問4 ○ ── 学習のポイント (4) を参照。生活用動産の売却益は原則非課税

問5 ○ ── 火災保険の保険金は、非課税となる

9 所得税の損益通算
所得税における損益通算

絶対読め！ **30**秒レクチャー

ある種類の所得（収入ー経費）がマイナスになった場合、他の所得のプラスと相殺（そうさい）できるのが「損益通算」だ！ 10種類の所得の分類は覚えているか？ このワザが使える所得は4つだけだ。不事山譲（フジサンジョウ＝富士参上＝暴走族が富士山に集合するイメージ）と覚えておこう！

ナナメ読み！　学習のポイント

所得税における損益通算（そんえきつうさん）とは、ある種類の所得で生じたマイナス金額を、別の所得で生じたプラス金額と通算（相殺）すること。

所得（収入ー経費）がマイナスになった場合に他の所得と通算できるのは、不動産所得（ふ）、事業所得（じ）、山林所得（さん）、譲渡所得（じょう）（総合）の4つ。

① 雑所得や一時所得は、（収入ー経費）がマイナスになることがあるが、その場合は「所得ゼロ」とみなされて、損益通算はできない。

② 不動産所得の損失のうち、土地を取得するために要した借入金の利子（かりいれきん）は、損益通算の対象外。

③ 生活に通常必要とされない資産（別荘、投資用マンション、ゴルフ会員権も含む）の売却による損失は、損益通算の対象外。

④ 上場株式等を譲渡したことによる損失は、損益通算の対象外。

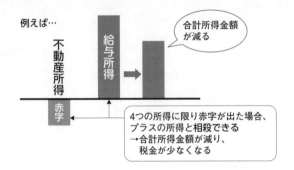

例えば…

不動産所得

給与所得

合計所得金額
が減る

赤字

4つの所得に限り赤字が出た場合、
プラスの所得と相殺できる
→合計所得金額が減り、
　税金が少なくなる

本番得点力が高まる！ 問題演習

問1　所得税において、不動産所得、（　　）、山林所得、譲渡所得の金額
の計算上生じた損失の金額は、一定の場合を除き、他の所得の金額と
損益通算することができる。

1）一時所得

2）雑所得

3）事業所得　　　　　　　　　　　　　　　《2022年1月学科第2問（48）》

問2　所得税の計算において、雑所得の金額の計算上生じた損失の金額
（株式等の譲渡に係るものを除く）は、他の各種所得の金額と損益通
算することができない。　　　　　　　　　《2014年5月学科第1問（20）》

問3　保養の目的で所有する別荘など、生活に通常必要でない資産を譲渡
したことによって生じた損失の金額は、他の所得の金額と損益通算す
ることができない。　　　　　　　　　　　《2014年1月学科第1問（19）》

問4　下記の〈資料〉において、所得税における不動産所得の金額の計算
上生じた損失の金額のうち、他の所得の金額と損益通算が可能な金額
は、（　　）である。

〈資料〉不動産所得に関する資料

総収入金額	200万円
必要経費	400万円 （不動産所得を生ずべき土地等 を取得するために要した負債 の利子の額50万円を含む）

1) 150万円

2) 200万円

3) 400万円 《2023年1月学科第2問（48）》

問5
□□□
　　Aさんの2024年分の各種所得の金額が下記の〈資料〉のとおりで
あった場合、損益通算後の総所得金額は、（　　）となる。なお、各
種所得の金額に付されている「▲」は、その所得に損失が生じている
ことを表すものとする。

〈資料〉Aさんの2024年分の各種所得の金額

不動産所得の金額	800万円
事業所得の金額（株式等に係るものを除く）	▲100万円
雑所得の金額	▲50万円

1) 650万円

2) 700万円

3) 750万円 《2021年5月学科第2問（47）改題》

問1 3)……「フ・ジ・サン・ジョウ」の4つ

問2 ○……学習のポイント①を参照。雑所得は赤字でも所得ゼロ扱い

問3 ○……生活に必要ない資産の売却損は、損益通算の対象外

問4 1)……土地を取得するために要した借入金の利子は、損益通算の対象に
　　　　　ならない。200万－（400万－50万）＝▲150万円となり、他の
　　　　　所得のプラスと相殺できる赤字は150万円

問5 2)……他の所得と損益通算できるのは、不動産・事業・山林・譲渡所得
　　　　　がマイナスになった場合のみ。総所得金額は、
　　　　　不動産所得800万円＋事業所得▲100万円＋雑所得0円（マイナ
　　　　　スの雑所得は所得ゼロ扱い）＝700万円

所得控除

10 生命保険料控除・地震保険料控除

ここで差がつく

絶対読め！**30**秒レクチャー

　生命保険料や地震保険料は、1年間で支払った保険料の金額に応じて一定額が「みなし経費」となる。生命保険料や個人年金保険料は年8万円以上なら4万円、地震保険料は年5万円以上なら5万円と、地震の控除のほうが有利になっている！

第**4**章 タックスプランニング

ナナメ読み！｜ **学習のポイント**

　会社員の場合、以下の **1**、**2** はいずれも年末調整（毎年12月の給与支払時に行う、その年の所得税の精算）により適用を受けることが可能。

1 生命保険料控除

（1）一般の生命保険料控除

　生命保険料を支払った場合に受けられる所得控除。

（2）個人年金保険料控除

　「個人年金保険料税制適格特約」が付帯されている個人年金保険の支払保険料について、**(1)** とは別枠で所得控除が受けられる。

（3）介護医療保険料控除

　介護または医療に関する保障を内容とする支払保険料について、**(1)** とは別枠で所得控除が受けられる。

●生命保険料控除額

区分	所得税	住民税
一般の生命保険料控除額	最高4万円	最高2.8万円
個人年金保険料控除額	最高4万円	最高2.8万円
介護医療保険料控除額	最高4万円	最高2.8万円
合計限度額	最高12万円	最高7万円

※　2012年1月1日以降の契約にかかる控除額

2　地震保険料控除

　各年において地震保険契約の保険料を支払った場合、支払金額の全額が所得控除額となる（ただし上限は、所得税では5万円、住民税では2万5千円であることに注意）。

本番得点力が高まる! 問題演習

問1
□□□
　2024年5月に加入した契約者（＝保険料負担者）および被保険者を夫、死亡保険金受取人を妻とする終身保険の保険料を、2024年中に12万円支払った場合、夫に係る所得税の生命保険料控除の控除額は（　　）となる。

1)　4万円

2)　5万円

3) 12万円　　　　　　　　　　　　　《2022年1月学科第2問（49）改題》

問2
□□□
　2024年中に自己の所有する居住用家屋を対象とする地震保険契約の保険料として6万円を支払った場合、所得税の地震保険料控除の控除額は（　　）である。

1) 4万円

2) 5万円

3) 6万円　　　　　　　　　　　　　《2017年5月学科第2問（48）改題》

問1 1)------ 学習のポイント **1** を参照。一般の生命保険料控除額は、対象保険料が年間8万円以上の場合（所得税において）4万円

問2 2)------ 学習のポイント **2** を参照。所得税では50,000円、住民税では25,000円が上限

出題率 **55%** ┃ 難易度 ★☆☆☆☆

所得控除

11 社会保険料控除・小規模企業共済等掛金控除

ここで差がつく

絶対読め!30秒レクチャー

全額控除

第2の税金とも呼ばれる社会保険料は、全額「みなし経費」だ! みんなが支払った国民年金や健康保険料などの社会保険料、さらには中小企業の社長さんが支払った小規模企業共済などの掛金は、原則、すべて控除できる!

社会保険料

ナナメ読み! **学習のポイント**

1 社会保険料控除
しゃかい ほ けんりょうこうじょ

本人または生計を一（ひとつ）にする配偶者その他親族の負担すべき社会保険料（健康保険や厚生年金の保険料、国民年金保険料や国民年金基金の掛金など）を支払った場合、その支払った金額（または給料などから控除された金額）の全額を所得から差し引ける。

2 小規模企業共済等掛金控除
かけきん

小規模企業共済や個人型確定拠出年金（iDeCo）の掛金（上限あり）等を支払った場合に、その全額が所得から差し引ける。

問1 所得税において、国民年金基金の掛金は、（　　）の対象となる。
□□□
1) 生命保険料控除

2) 社会保険料控除

3) 小規模企業共済等掛金控除 《2022年5月学科第2問（47）》

問2 夫が生計を一にする妻の負担すべき国民年金の保険料を支払った場
□□□
合、その支払った金額は、夫に係る所得税の社会保険料控除の対象と

なる。 《2021年1月学科第1問（18）》

問3 所得税において、確定拠出年金の個人型年金の掛金で、加入者本人
□□□
が支払ったものは、（　　）の対象となる。

1) 生命保険料控除

2) 社会保険料控除

3) 小規模企業共済等掛金控除 《2023年1月学科第2問（49）》

問1 2)┈ 国民年金基金の保険料は、本人（納税者）が支払った金額の全額
が社会保険料控除の対象となる

問2 ○┈ 本人以外でも「生計を一にする」配偶者その他親族の負担すべき
社会保険料を支払った場合は、社会保険料の全額を所得から差し
引ける

問3 3)┈ 個人型の確定拠出年金（iDeCo）の掛金は、全額が小規模企業
共済等掛金控除の対象となる

12　所得控除
医療費控除

最後のひと押し

絶対読め! 30秒レクチャー

医療費控除をざっくりいうと、治療に関連する費用の実質負担額が年10万円を超えた場合に、その超過額を「みなし経費」として認めてもらえる制度だ！「治療や回復」のための費用は認められるが、「健康維持」や「検査」の費用は認められないぞ！

ナナメ読み!　**学習のポイント**

1　医療費控除（原則）

本人または生計を一にする配偶者その他の親族の医療費を支払った場合、一定金額（最大200万円）が所得から控除される制度。

医療費控除額＝（医療関連費 － 保険金等で補てんされた金額）－ 10万円※

※　総所得金額が200万円未満の場合は「総所得金額×5%」が最低ライン。

医療関連費とは「治療や回復」の目的で、病院に支払った各種費用、通院にかかる交通費、薬局で薬を買った費用などだ。予防的要素の強いもの、たとえば、滋養強壮剤の購入や健康診断費用は原則、控除できない。ただし健康診断や人間ドックの費用でも、その健診によって病気が見つかって、その後に治療した場合は（治療の一環とみなせるので）控除の対象になる。

2 セルフメディケーション税制（特例）

　スイッチOTC医薬品（もともと医療用だった薬が市販薬となったもの）を購入した金額が1年間に12,000円を超えるとき、その超える部分（88,000円が限度）について所得控除が受けられる制度。

　従来の **1** の医療費控除との選択適用となる（両方は受けられない）。

 実務上ではどうなの？

　医療費の自己負担は原則3割だけなのに対して、医療費控除は「10万円の最低ライン」があるので、実際にこれで還付金を受けられるケースは限られています。ただし、「保険がきかない」医療費は自己負担が多くなり、年間10万円を超えやすいので注意。

　最近では、視力回復のためのレーシック手術や、不妊治療の費用などで医療費控除の最低ラインを突破するケースも多いようです。

 本番得点力が高まる！ **問題演習**

問1
□□□
　所得税において、医療費控除（特定一般用医薬品等購入費を支払った場合の医療費控除の特例を除く）の控除額は、その年中に支払った医療費の金額（保険金等により補填される部分の金額を除く）の合計額から、その年分の総所得金額等の合計額の（ ① ）相当額または（ ② ）のいずれか低いほうの金額を控除して算出される。
1) ① 5％　②88,000円
2) ① 5％　②100,000円
3) ①10％　②100,000円 《2021年5月学科第2問（48）》

問2
□□□
　所得税において、人間ドックの受診費用は、その人間ドックによって特に異常が発見されなかった場合であっても、医療費控除の対象となる。 《2019年9月学科第1問（18）》

問3 納税者Ａさんが、受診した人間ドックの結果から重大な疾病が発見され、引き続きその疾病の治療のために入院した場合、Ａさんが支払った費用等のうち、（　　　）は、所得税の医療費控除の対象にならない。

1) 受診した人間ドックの費用
2) 入院の際の洗面具等の購入費用
3) 入院時に病院に支払った食事代　　　　　　《2017年1月学科第2問（48）》

問4 セルフメディケーション税制（特定一般用医薬品等購入費を支払った場合の医療費控除の特例）の対象となるスイッチＯＴＣ医薬品等の購入費を支払った場合、その購入費用の全額を所得税の医療費控除として総所得金額等から控除することができる。

《2023年9月学科第1問（18）》

問1 2)── 学習のポイント **1** の医療費控除額の式を参照
問2 ✕── 人間ドックの費用は、異常が発見され、治療が行われた場合に限り医療費控除の対象となる
問3 2)── 学習のポイント **1** の後半を参照。身の回り品の購入は「治療や回復」の目的とみなされない
問4 ✕── 学習のポイント **2** を参照。全額ではなく、12,000円を引いた金額（上限88,000円）が医療費控除の対象

所得控除

13 配偶者控除・配偶者特別控除

最後の
ひと押し

絶対読め！30秒レクチャー

配偶者控除と配偶者特別控除は、ダブルでは受けられない！　配偶者の所得が48万円以下なら配偶者控除、48万円を超えて133万円以下なら配偶者トクベツ控除になる！2020年から変わっているので注意しておこう！

本人

配偶者控除

＼ナナメ読み！ 学習のポイント

1と**2**のいずれの控除も、本人（世帯主）の合計所得金額が1,000万円以下でなければ受けられない。

1 配偶者控除
<ruby>配偶者控除<rt>はいぐうしゃこうじょ</rt></ruby>

生計を一にしている、その年分の合計所得金額が48万円以下（給与収入のみなら103万円以下）の配偶者がいる場合は、本人（世帯主）は38万円（または26万円、13万円※）の配偶者控除を受けられる。さらに、その配偶者の年齢が70歳以上だったら、老人控除対象配偶者となり、最高で48万円が控除できる。また、その配偶者が青色事業専従者、事業専従者の場合は控除できない。

※　本人の所得水準が高いと控除が少なくなる。合計所得金額が900万円超950万円以下なら26万円、950万円超1,000万円以下なら13万円、1,000万円超ならゼロとなる。

2 配偶者特別控除

生計を一にしている、その年分の合計所得金額が48万円を超えて133万円以下（給与収入のみなら103万円超201万円以下）の配偶者がいる場合は、その配偶者の所得に応じて、一定額が本人の所得から控除される。

●2つの配偶者控除の金額（配偶者の収入が給与のみの場合）

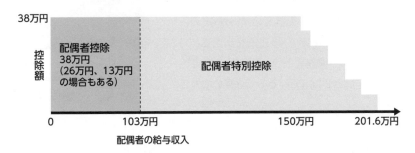

本番得点力が高まる！ 問題演習

問1
□□□
所得税において、納税者の合計所得金額が1,000万円を超えている場合、配偶者の合計所得金額の多寡にかかわらず、配偶者控除の適用を受けることはできない。　　《2022年5月学科第1問（19）改題》

問2
□□□
所得税において、生計を一にする配偶者の合計所得金額が48万円を超える場合、配偶者控除の適用を受けることはできない。

《2023年5月学科第1問（19）》

問3
□□□
納税者の配偶者が青色事業専従者として給与の支払を受けている場合、その配偶者は所得税における控除対象配偶者とならない。

《2016年5月学科第1問（19）》

問4
□□□
所得税において、合計所得金額が950万円である納税者が配偶者控除の適用を受ける場合、控除対象配偶者のその年12月31日現在の年齢が70歳未満であるときは、控除額は（　　）となる。

1) 13万円

2) 26万円

3) 38万円 《2020年1月学科第2問（48）》

問5 納税者の合計所得金額が800万円で、その配偶者の合計所得金額が60万円である場合、（　　　）の適用が受けられる。なお、他の適用要件は満たしているものとする。

1) 配偶者控除および配偶者特別控除
2) 配偶者控除
3) 配偶者特別控除 《2010年9月学科第2問（46）》

問1 ○── 配偶者控除または配偶者特別控除が受けられる要件は、本人の合計所得金額が1,000万円以下

問2 ○── [学習のポイント 1]を参照。収入ではなく「所得」について問われていることに注意

問3 ○── 配偶者が、青色事業専従者、事業専従者の場合は、控除できない

問4 2)── [学習のポイント 1]を参照。本人（世帯主）の合計所得金額が900万円を超えると配偶者控除は26万円、950万円を超えると13万円、1,000万円を超えると0円と減っていく

問5 3)── 配偶者特別控除が認められるのは、配偶者の合計所得金額が48万円超133万円以下であり、納税者の合計所得金額が1,000万円以下の場合

---

14 扶養控除・障害者控除・基礎控除

最後の
ひと押し

絶対読め！ **30**秒レクチャー

生きることはお金がかかるものだ！ だから、原則48万円は基礎控除という「みなし経費」が認められている。家族を養っている人が受けられる扶養控除は、（児童手当が中3で終了した）16歳以上の子供がいる場合などが対象となるのだ。

ナナメ読み！ 学習のポイント

1 基礎控除

基礎控除は原則48万円控除できる。なお、納税者の合計所得金額が「2,400万円超2,450万円以下」なら32万円、「2,450万円超2,500万円以下」なら16万円、2,500万円超なら0円となる。

2 扶養控除

納税者と生計を一にする16歳以上の扶養親族（配偶者を除く）の合計所得金額が48万円以下の場合、1人あたり38万円を控除できる。19歳以上23歳未満の特定扶養親族は63万円を控除できる。なお、年齢はその年の12月31日時点であり、納税者本人の所得がどんなに多くても扶養控除は受けられる。

納税者本人、控除対象配偶者、扶養親族が障害者である場合には、障害者27万円、特別障害者40万円が控除できる。

さらっと一読！

■老人扶養親族の控除額　　　　出題率　**10%未満**

老人扶養親族の控除額は48万円である。なお、老人扶養親族のうち「納税者またはその配偶者の直系尊属で、常に同居している者」（＝同居老親等）の扶養控除額は58万円である。対象者は、その年の12月31日において70歳以上の者。

---

4 ひとり親控除

合計所得金額が500万円以下で、結婚や事実婚をしていない独身者が、（総所得金額等が48万円以下の）子と生計を共にしている場合、35万円が控除される。

✎ 本番得点力が高まる！ **問題演習**

問1
□□□
所得税における基礎控除の額は、納税者の合計所得金額の多寡にかかわらず、38万円である。　　　　　　　　　　　《2021年1月学科第1問（19）》

問2
□□□
所得税において、その年の12月31日時点の年齢が16歳未満である扶養親族は、扶養控除の対象となる控除対象扶養親族に該当しない。

《2023年1月学科第1問（18）》

問3
□□□
所得税の控除対象扶養親族のうち、19歳以上23歳未満である特定扶養親族に係る扶養控除の額は、（　　）である。

1）38万円

2）48万円

3）63万円　　　　　　　　　　　《2019年1月学科第2問（49）改題》

問4 2024年12月31日現在における扶養親族が長女（17歳）および二女（14歳）の2人である納税者の2024年分の所得税における扶養控除の控除額は、（　　）である。

1) 38万円

2) 63万円

3) 76万円 《2015年9月学科第2問（50）改題》

問5 所得税において、納税者の2024年分の合計所得金額が1,000万円を超えている場合、2024年末時点の年齢が16歳以上の扶養親族を有していても、扶養控除の適用を受けることはできない。

《2022年9月学科第1問（18）》

問6 所得税において、所定の要件を満たす子を有し、現に婚姻をしていない者がひとり親控除の適用を受けるためには、納税者本人の合計所得金額が（　　）以下でなければならない。

1) 200万円

2) 350万円

3) 500万円 《2023年9月学科第2問（48）》

問1 ✕── 現在、合計所得金額が2,400万円以下の者は48万円の基礎控除が適用されている

問2 ○── 学習のポイント 2 を参照

問3 3)── 扶養控除は（児童手当がもらえなくなる）16歳以上が適用の対象。19歳以上23歳未満の特定扶養親族の控除額は63万円

問4 1)── 学習のポイント 2 を参照。17歳の長女のみ対象で38万円

問5 ✕── 扶養控除は納税者本人の合計所得金額にかかわらず適用される

問6 3)── 学習のポイント 4 を参照

出題率 **65%** | 難易度 ★★★☆☆

15

税額控除

税額控除

ここで差がつく

絶対読め！**30**秒レクチャー ▶

住宅ローン控除が受けられたぞぉ～！

2,000万円×0.7％＝14万円！
昨年末の
住宅ローン残高

　税額控除（ぜいがくこうじょ）は、最終的な税金からダイレクトに控除できるありがたいものだ。間接的に税金が減る所得控除（しょとくこうじょ）よりもインパクトがすごい。試験対策としては、配当控除と住宅ローン控除だけで十分だが、時間がある人は「寄附金控除」も軽く調べておこう。

第**4**章 タックスプランニング

ナナメ読み！ **学習のポイント**

1 住宅ローン控除（住宅借入金等特別控除）

住宅ローンを利用して住宅の取得や増改築をした場合に受けられる税額控除。

要件等	概　要
借入金要件	完済まで**10年以上**の分割返済によるものであること 金融機関などからの借り入れであること
取得住宅等の要件	住宅を取得した日から**6カ月以内**に床面積の**2分の1以上**を居住の用に供すること 床面積**50㎡以上** 中古住宅の場合は新耐震基準に適合していること
本人の所得要件	その年分の合計所得金額が**2,000万円以下**であること
控除額の計算	住宅借入金等の**年末残高×0.7％**（**13年目**まで適用）※
確定申告	**必要。**ただし給与所得者は適用初年度だけ申告すれば、2年目以降は年末調整で控除される
その他	新築の場合は床面積の要件が「**40㎡以上**」に緩和される。ただし、50㎡未満でこの控除を受ける場合、所得要件は「**1,000万円以下**」ときびしくなる

※　新築または買取再販の場合。中古住宅は10年目まで。

株式等の配当や剰余金の分配などを受け、総合課税を選択した場合に受けられる税額控除。確定申告不要制度や申告分離課税を選択したものは対象外。J-REITの分配金や外国株式の配当も対象外。原則的な配当控除額は、

① 課税総所得金額が**1,000万円以下**の場合

> 配当所得の金額×**10%**＝控除額

② 課税総所得金額が1,000万円超となる配当所得の金額

> 配当所得の金額×**5%**＝控除額

✎ 本番得点力が高まる！ 問題演習

問1 住宅ローンを利用して住宅を新築した個人が、所得税の住宅借入金等特別控除の適用を受けるためには、当該住宅を新築した日から1カ月以内に自己の居住の用に供さなければならない。

《2023年1月学科第1問（19）》

問2 所得税における住宅借入金等特別控除は、適用を受けようとする者の合計所得金額が（　　）を超える年分は、適用を受けることができない。

1) 1,000万円
2) 2,000万円
3) 3,000万円　　　　　　　　　　　　　　《2019年1月学科第2問（50）》

問3 所得税の住宅借入金等特別控除の適用を受けるためには、取得等した家屋の床面積が（　①　）以上で、かつ、その（　②　）以上に相当する部分が専ら自己の居住の用に供されるものでなければならない。

1) ①40㎡　②2分の1
2) ①50㎡　②3分の2
3) ①60㎡　②4分の3　　　　　　《2020年1月学科第2問（49）改題》

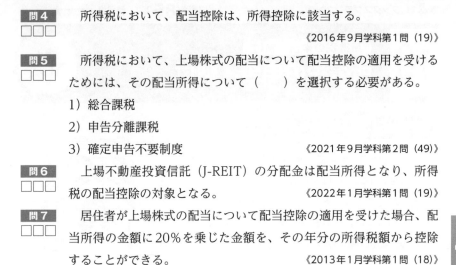

問 4 　所得税において、配当控除は、所得控除に該当する。

《2016年9月学科第1問（19）》

問 5 　所得税において、上場株式の配当について配当控除の適用を受けるためには、その配当所得について（　　　）を選択する必要がある。

1）総合課税

2）申告分離課税

3）確定申告不要制度 　　　　　　　　《2021年9月学科第2問（49）》

問 6 　上場不動産投資信託（J-REIT）の分配金は配当所得となり、所得税の配当控除の対象となる。 　　《2022年1月学科第1問（19）》

問 7 　居住者が上場株式の配当について配当控除の適用を受けた場合、配当所得の金額に20％を乗じた金額を、その年分の所得税額から控除することができる。 　　　　　《2013年1月学科第1問（18）》

問1 ✕ ── 学習のポイント**1**の「取得住宅等の要件」を参照。取得日から6カ月以内に住む必要あり

問2 2) ── その年分の合計所得金額が2,000万円を超える人は、住宅ローン控除の適用を受けることができない

問3 1) ── 住宅ローン控除の対象となる住宅の条件として、「床面積40m²以上」「もっぱら2分の1以上を自己の居住の用に供する」というものがある

問4 ✕ ── 配当控除は所得控除ではなく、税額控除

問5 1) ── 配当控除を受けるためには総合課税を選択する必要がある

問6 ✕ ── J-REITの分配金は対象外

問7 ✕ ── 課税所得が1,000万円以下の場合は10％。課税所得が1,000万円超となる配当所得の金額は5％

16 所得税の申告・納付

所得税の申告・納付

絶対
マスター

　1月から12月までの個人所得にかかる所得税は、最終的には翌年の「確定申告」で申告・納付するしくみだが、税金の取りはぐれがないように様々な制度がある。源泉徴収という、お金を払う瞬間に税金を取ってしまう制度や、会社が確定申告のようなことを代わりにしてくれる年末調整を理解しよう！

10万円 or **最大65万円** の控除！

ナナメ読み！ **学習のポイント**

1 源泉徴収制度

　利子所得、配当所得、給与所得、退職所得などについて、その支払者が支払時に所得税を徴収して、納税者に代わって納税する制度。その所得の支払者は原則として翌月10日までに納付する。

2 確定申告

① 所得税は原則、1月1日から12月31日までに生じた所得に対して税額を計算し、翌年2月16日から3月15日までの間に申告・納付する。

② 給与所得者の多くは、年末調整によって（源泉徴収された所得税が精算されて）納税が完了するので確定申告の義務はないが、給与などの金額が2,000万円を超える人や、給与、退職所得以外の所得の合計額が20万円を超える人、2カ所以上から給与を受けている人などは、確定申告をしなけれ

ばならない。

さらっと
一読！

■準確定申告
 じゅん

出題率 **20**%未満

確定申告をする必要がある納税者が死亡したとき、その相続人は、相続の開始があったことを知った日の翌日から４カ月以内に、所得税の準確定申告書を提出しなければならない。

3 青色申告
   あおいろしんこく

　不動産所得、事業所得、山林所得を生ずる業務を行う人は、その年の３月15日までに（１月16日以降に新規開業する場合は、業務開始の日から２カ月以内に）「青色申告の承認申請書」を税務署長に提出し、承認を受けることにより、青色事業専従者給与の必要経費算入など様々な特典が受けられる。
   せんじゅうしゃきゅうよ

4 青色申告特別控除

① 事業所得・不動産所得・山林所得の場合、青色申告の承認を受ければ、青色申告特別控除10万円が控除できる。

② 事業所得、不動産所得（事業的規模に限る）の場合、正規の簿記（複式簿記）の原則にしたがって日常の取引を記帳し、これに基づいて貸借対照表、損益計算書などを作成して確定申告書に添付などをした場合は、10万円に代わって55万円（電子帳簿保存またはe-Taxによる申請（電子申請）をした場合65万円）が控除できる。

		青色申告		白色申告
要件	決算書の種類	損益計算書	損益計算書、貸借対照表	収支内訳書
	記帳の方法	簡易簿記	複式簿記	簡易簿記
特典	特別控除	10万円	55万円※	なし
	専従者給与（家族への給与が必要経費になる）	金額の制限なし（労務の対価として相当な額）		配偶者最大86万円まで配偶者以外最大50万円まで
	純損失の繰越控除、繰戻還付	・純損失（赤字）が生じた場合、翌年以降3年間、各年の所得から控除できる・前年も青色申告している場合、今年の純損失（マイナス）と前年の所得（黒字）と通算して前年分の所得税の還付を受けられる		なし

※ 電子帳簿保存またはe-Taxによる申請（電子申請）をした場合65万円

③ 帳簿書類については原則として7年間保存しなくてはならない。

✎ 本番得点力が高まる！ **問題演習**

問1 ☐☐☐
年末調整の対象となる給与所得者は、年末調整の際に、所定の書類を勤務先に提出することにより、（　　）の適用を受けることができる。

1）雑損控除

2）寄附金控除

3）生命保険料控除　　　　　　　　　《2016年5月学科第2問（47）》

問2 ☐☐☐
給与所得者のうち、その年中に支払を受けるべき給与の収入金額が1,000万円を超える者は、所得税の確定申告をしなければならない。

《2023年9月学科第1問（20）》

問3
□□□
その年の1月16日以後に新たに事業所得を生ずべき業務を開始した納税者が、その年分から所得税の青色申告の承認を受けようとする場合、原則として、その業務を開始した日から（　　　）以内に、青色申告承認申請書を納税地の所轄税務署長に提出しなければならない。

1) 2カ月
2) 3カ月
3) 6カ月 《2022年5月学科第2問（50）》

問4
□□□
事業所得または（ ① ）を生ずべき事業を営む青色申告者が、正規の簿記の原則に従い取引を記録した帳簿を備え、貸借対照表、損益計算書を添付した確定申告書を電子帳簿保存またはe-Taxによる申請（電子申請）をした場合、最高（ ② ）の青色申告特別控除の適用を受けることができる。

1) ①譲渡所得　②10万円
2) ①山林所得　②65万円
3) ①不動産所得　②65万円 《2017年5月学科第2問（50）改題》

問5
□□□
青色申告者の所得税の計算において、損益通算してもなお控除しきれない損失の金額（純損失の金額）が生じた場合、所定の要件を満たすことで、その損失の金額を翌年以後（　　　）にわたって繰り越して、各年分の所得金額から控除することができる。

1) 2年間
2) 3年間
3) 4年間 《2020年1月学科第2問（50）》

問1 3) ── 生命保険料控除や地震保険料控除は、年末調整で適用を受けることができる

問2 ✕ ── 確定申告が必要なのは、給与等の金額が2,000万円を超える場合および、給与・退職所得以外の所得の合計額が20万円を超える場合、2カ所以上から給与を受けている場合など

問3 1) ── 学習のポイント 3 を参照

問4 3) ── 事業所得、不動産所得で一定の要件を満たし、電子帳簿保存またはe-Taxによる申請（電子申請）をした場合、10万円に代わって最高65万円の青色申告特別控除の適用を受けることができる（原則は55万円）

問5 2) ── 青色申告書を提出した年に生じた純損失の金額は、翌年以降3年間繰り越すことができる

不動産

「不動産」は金融資産と違って個別性が強く、法律、価格、税金、売却した際の扱いなど色々あり、一見すると複雑な分野だが、この章で過去問の理解を深めれば、本番でも7割は解けるようになるだろう。項目に沿って着実にマスターしていこう。

得点力アップ！

人生で最も高価な買い物となりやすい不動産（土地と建物）の購入は慎重にしよう。まず、不動産の状況の調べ方や価格について学ぼう。実際に購入する際は、様々なルールにそって契約をする。また、どこにどのような建物を建てられるかは、法律によって制限されている。さらに、不動産は買った時、持っている時、売る時それぞれに税金がかかる！ 自宅以外の土地を持っている場合は、アパートやビルを建てて賃料でもうけるなど、有効活用する方法を考えよう。

> **不動産の
> 調査と取引**
>
> **まず、不動産の物理的状況や権利関係の調べ方と、
> 価格について学ぼう。**

1 不動産の見方

土地や建物は高価な財産なので「誰の持ち物か」を明確にする必要がある。不動産の所在や面積（物理的状況）と誰が所有権などの権利を持っているのか（権利関係）については不動産登記簿に記載され、一般に公開されている。

2 不動産の価格

土地の価格は、売買の目安となる公示価格や、相続税・贈与税の計算に使う相続税評価額など、目的によって違う価格が設定されている。

不動産価格を決める方法として、もう一度その不動産を取得した場合の金額を参考にする原価法、似たような不動産の取引事例を参考にする取引事例比較法、不動産を賃貸した場合のもうけなどを参考にする収益還元法がある。

3 不動産の取引

不動産取引は「契約」→「決済引き渡し」の2ステップで行うので、契約後のトラブル防止のために、手付金・危険負担・契約不適合責任などのルールが決められている。

不動産取引に関する法律としては、不動産を借りる人の権利を保護する借地借家法、プロの宅建業者とシロウトの消費者が取引をする際、消費者が不利にならないように保護する宅地建物取引業法がある。

4 都市計画法

都市計画法は計画的なまちづくりのためのルールを定めている。都市計画区域の中には、すでに人がたくさんいて街になっているか、10年以内に街にする市街化区域、農地や森林を守るエリアで、街にはしない市街化調整区域、そのどちらとも決められていない非線引区域がある。

5 建築基準法

道路が狭すぎて消防車が入れなかったり、土地いっぱいに建物を建てて火災がすぐに広がってしまったり、静かな住宅街にカラオケボックスが建ったり…なんてことがないように、建築基準法によって建物を建てる時のルールが決められている。

6 区分所有法

区分所有法は、1棟の建物を区分して所有する建物（マンション）の所有関係や共同管理についてルールを定めている。

7 不動産の取得時・保有時の税金

不動産を取得したときには不動産取得税・登録免許税・消費税・印紙税がかかる。不動産を保有している間は固定資産税・都市計画税がかかる。

8 不動産の譲渡時の税金

不動産を売ったときには、譲渡所得として所得税・住民税がかかる。5年超えで持っていた不動産を売るときは長期譲渡所得として20%強、5年以下の場合は短期譲渡所得として39%強の税率となる。

9 不動産の有効活用

自宅以外の土地を持っている場合は、その土地にアパートやビルを建てて個人や法人に貸すと賃料でもうけることができる。

頻出論点 Best 5

1位 不動産の取引 ▶ 第5章 3

出題率 200%

2～3問のペースで毎回安定して出題されている分野。不動産実務に直結した内容なので、ここが出なくなることはない。「借地借家法」は細かい知識も多いが、単に覚えるだけで点が取れることが多いので、直前暗記は必須だ！

2位 不動産の譲渡時の税金 ▶ 第5章 8

出題率 100%

ほぼ毎回出ていて、しかも2問出ることもあるのが譲渡時の税金。「長期譲渡と短期譲渡の定義」「マイホーム売却に関する4つの課税の特例」の概要を理解したら、細かい知識は過去問演習で身につけよう。

3位 不動産の見方 ▶ 第5章 1

出題率 85%

「不動産の登記」に関する問題が年2回以上出るトレンドは、今後も変わりにくい。出題されない回があったら「次は必ず出る」とヤマをかけて、死ぬほど勉強して不動産登記の鬼になろう！

4位 建築基準法 ▶ 第5章 5

出題率 80%

ここでは「建蔽率と容積率」が大本命なのでパーフェクトな理解を目指して学ぼう！　毎回出てもおかしくない超重要事項だ。

5位 不動産の取得時・保有時の税金 ▶ 第5章 7

出題率 75%

年間を通じて2～3回出るとイメージしておこう。ここで最も深く理解すべきキーワードは「固定資産税評価額」で、様々な課税の標準金額になっている。深入りしすぎず、過去問に出た項目をパーフェクトに理解すれば十分だ。

1

不動産の調査と取引
不動産の見方

絶対
マスター

絶対読め！**30**秒レクチャー

そんなに見られると…

　FPは、お客様に総合的な資産管理のアドバイスをするが、「資産」は金融資産だけではない！　不動産資産を持っているお客様も多いのだ。ここでは、不動産を購入する前に必ず確認すべき「不動産登記」を中心に学ぼう。公開された不動産トウキボを見れば、その不動産の現状の8割はわかるので、不動産取引に欠かせないのだ！

第
5
章

不動産

ナナメ読み！　**学習のポイント**

1 不動産登記
（ふどうさんとうき）

　土地や建物について、法務局が管理する登記簿に物理的状況と権利関係を記載して、一般に公開するしくみ。これにより、不動産取引の安全と円滑化が図られている。

(1) 不動産登記簿
（ふどうさんとうきぼ）

表題部		土地・建物の物理的現況 （所在地、地番、家屋番号、面積※1 など）
権利部	甲　区	所有権に関する事項 （買戻特約、差押さえ、所有権登記・移転など）
	乙　区	所有権以外に関する事項 （抵当権※2、根抵当権、地上権など）

表の通り、表題部と権利部で構成されている。権利部において、甲区には所有権に関する事項、乙区には所有権以外の権利に関する事項が記録される。

> ※1　分譲マンションの場合、表題部に記載される床面積は内法面積であり、パンフレット等に表示される専有面積（通常、壁芯面積）とは異なる。
>
> ・内法面積：壁などで囲まれた内側の、実際に居住するスペース
>
> ・壁芯面積：壁の厚みの中心線を基準にしていて、内法面積より大きくなる
>
> ※2　抵当権とは「借金を返さなければ、この土地を売り飛ばす！」といえる権利のようなもの。金融機関がお金を貸す際、取りはぐれがないよう不動産を借金のカタに入れておくのだ。

(2) 公図

　不動産登記法は、登記所に「地図」および建物所在図を備え付けるものと規定している。この「地図」が備え付けられるまでの間は、これに代えて地図に準ずる公図が広く利用されている。ただし公図は精度があまり高くない。

(3) 登記の効力

　登記には対抗力がある、しかし公信力はない。

【対抗力】自分の権利を第三者に対して主張できる法的効力

【公信力】登記された内容を信じて取引したものが保護される権利

　つまり登記を行った場合、第三者に自分の権利を主張できる。一方、登記された内容を信じて取引しても、権利を取得できない可能性がある。

(4) 登記された情報を取得する方法

　登記簿の閲覧は、法務局（登記所）に申請すれば誰でも可能。またコンピュータ化された登記所では、登記簿謄本・登記簿抄本の代わりに登記事項証明書が交付される（誰でも可能）。

(5) 仮登記

　登記すべき「物権の変動」が発生しているが、登記に必要な書類等が提供できない場合などに、将来の登記上の順位を保全することを目的として、あらかじめ（仮予約のように）行う登記のこと。なお、仮登記だけでは所有権の移転を第三者に対抗（主張）することはできない。

2 不動産に関する2種類の権利

不動産に関する権利の種類は、物権と債権に分けられる。

(1) 物権（ぶっけん）

物を支配する権利。代表例は所有権。抵当権、地上権（ちじょうけん）なども物権だ。そのもの自体に対する絶対的な権利なので、譲渡なども自由にできる。

(2) 債権（さいけん）

人に何かを請求できる権利。例えば、土地の賃借権（ちんしゃく）があるが、これは地主さんから「土地を借りて使う権利」である。土地に関する絶対的な権利ではないので、その権利を譲渡するときには地主さんの承諾が必要。

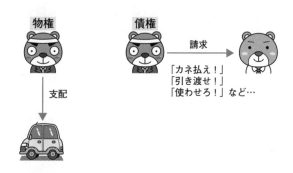

実務上ではどうなの？

　同じ資産でも、不動産が金融資産と大きく異なる点は何でしょうか？　それは「まったく同じ不動産はひとつもない」という個別性の強さです。たとえば、同じ地域にある見た目が全く同じ土地でも、「抵当権が設定されているか」「周りにどんな人が住んでいるか」などで、資産価値が異なるケースが少なくありません。だから、不動産の取引をする前には登記簿の確認や、現地調査が絶対に欠かせないのです。

問1 土地の登記記録の表題部には、所在や地積など、土地の表示に関する事項が記録される。 《2019年9月学科第1問（21）》

問2 土地の登記記録において、（　　　）に関する事項は、権利部（甲区）に記録される。

1) 抵当権

2) 所有権

3) 賃借権 《2021年5月学科第2問（51）》

問3 不動産登記には公信力が認められていないため、登記記録上の権利者が真実の権利者と異なっている場合に、登記記録を信じて不動産を購入した者は、原則として、その不動産に対する権利の取得について法的に保護されない。 《2023年5月学科第1問（21）》

問4 登記すべき不動産の物権変動が発生しているものの、登記申請に必要な書類が提出できないなどの手続上の要件が備わっていない場合は、仮登記をすることでその後に行う本登記の順位を保全することができる。 《2016年1月学科第1問（21）》

問5 借地人が、地上権を譲渡する場合には、土地所有者の承諾を必要としないが、土地の賃借権を譲渡する場合は、原則として土地所有者の承諾を得なければならない。 《2009年9月学科第1問（21）》

問1 ○ ── 学習のポイント **1** **(1)** を参照。地積は土地の面積のこと

問2 2) ── 甲区には所有権に関する事項が記載されている

問3 ○ ── 登記には公信力がないので、登記された内容を信じて取引しても、権利を取得できない可能性がある

問4 ○ ── 学習のポイント **1** **(5)** を参照。登記の予約のようなもの

問5 ○ ── 地上権は物権なので、土地所有者の承諾を得ずとも譲渡できるが、土地の賃借権は債権なので、譲渡する場合は原則として土地所有者の承諾を得る必要がある

2

不動産の調査と取引
不動産の価格

最後の
ひと押し

　不動産の値段ってどうやって決まると思う？　最終的には需要と供給のバランスで決まるが、お上が決める目安となる価格だけでも4種類あるんだ！　試験対策上は「土地価格の調査」と「鑑定評価の手法」を押さえよう。一度さらっと読んで過去問だけ解いておいて、試験直前に細かい項目も気合いでマスターしよう！

ナナメ読み！　学習のポイント

1　土地価格の調査

　土地の価格には、一般的な取引価格のほかに、公的機関が目的に応じて設ける以下の4つがある。

	公示価格	基準地標準価格	相続税 (路線価)評価額	固定資産税評価額
実施目的	一般の売買 の目安	公示価格の 補完的役割	相続税・贈与 税を算出する ための資料	固定資産税、都市 計画税、不動産取 得税、登録免許税 を算出する際の基 礎
決定機関	国土交通省	都道府県	国税庁	市町村 (23区は都知事)
評価基準日	毎年1月1日	毎年7月1日	毎年1月1日	前年1月1日 (3年に1度)
公 表	3月下旬	9月下旬	7月上旬	3月1日
対公示価格 の価格水準	100%	100%	約80%	約70%

2 代表的な不動産価格の鑑定評価の手法

(1) 原価法

不動産の再調達に要する原価をもとに、価格を求める方式。

(2) 取引事例比較法

類似する不動産の取引事例を参考にして、価格を求める方式。

(3) 収益還元法

不動産が生み出す収益に着目して、価格を求める方式。DCF法※など。

※ DCF(Discounted Cash Flow)法とは、将来のキャッシュフローを現在価
値に割り引いて評価する方法。

本番得点力が高まる! 問題演習

問1
□□□

国土交通省の土地鑑定委員会が公示する公示価格は、毎年1月1日
を価格判定の基準日としている。 《2017年1月学科第1問(21)》

問2
□□□

都道府県地価調査の基準地の標準価格は、毎年(①)を価格判定
の基準日として調査され、都道府県知事により毎年(②)頃に公表
される。

1) ①1月1日　　②3月
2) ①1月1日　　②9月
3) ①7月1日　　②9月　　　　　　　　　　　　《2019年9月学科第2問（51）》

問3 □□□　相続税路線価は、地価公示の公示価格の（ ① ）を価格水準の目安として設定されており、（ ② ）のホームページで閲覧可能な路線価図で確認することができる。

1) ①70%　②国土交通省
2) ①80%　②国税庁
3) ①90%　②国税庁　　　　　　　　　　　　《2023年5月学科第2問（51）》

問4 □□□　土地および家屋に係る固定資産税評価額は、原則として、（　　）ごとの基準年度において評価替えが行われる。

1) 2年
2) 3年
3) 5年　　　　　　　　　　　　　　　　　　《2022年9月学科第2問（52）》

問5 □□□　不動産の価格を求める鑑定評価の手法のうち、（　　）は、価格時点における対象不動産の再調達原価を求め、この再調達原価について減価修正を行って対象不動産の試算価格を求める手法である。

1) 原価法
2) 取引事例比較法
3) 収益還元法　　　　　　　　　　　　　　《2011年1月学科第2問（51）》

問1 ◯── 公示価格は、毎年1月1日時点の価格を3月下旬ごろに発表する

問2 3)── 学習のポイント1 の基準地標準価格を参照

問3 2)── 学習のポイント1 の相続税（路線価）評価額を参照。国税庁のホームページで確認できる

問4 2)── 固定資産税評価額は、3年に1度評価替えが行われる

問5 1)── 対象不動産の再調達原価を求めて、鑑定評価する手法は原価法

---

3 不動産の取引

不動産の調査と取引

絶対
マスター

　ここでは、不動産を取引するうえで知って
おくべきルールを中心に理解しよう。特に
「借地借家法」は、たびたび試験に出題され
ている。過去問に出たところとその周辺にし
ぼって理解を深め、本番では1ポイントゲッ
トしよう！

ナナメ読み！ **学習のポイント**

1 不動産の取引について

　通常、不動産取引は「契約」→「決済引渡し」の2ステップで行うため、契
約後のトラブルによる混乱を防ぐための様々なルールがある。

(1) 手付金

　不動産の売買契約時に、買主が売主に渡す金銭のこと。（**相手方**が契約履行
に着手する**前**なら）買主は手付金を**放棄**することで、契約を解除できる。売主
は手付金の**倍額**を買主に支払うことで、契約を解除できる。売主が宅建業者
で、買主がシロウト（宅建業者でない）の場合、手付金は売買代金の**2割**が上
限となる。

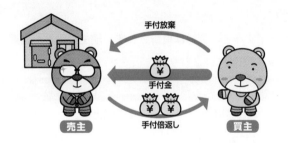

(2) 危険負担

　民法では、不動産の売買契約後（引渡し前に）地震や津波など売主に責任の
ない原因で当該不動産が滅失した場合、買主は自分の債務の履行を拒むことが
できる。つまり、天変地異などで不動産が滅失した場合、買主は売買代金を支
払わなくてよい。

(3) 契約不適合責任

　売主が、契約の内容に適合しない家や土地（不動産）を買主に引き渡した場
合、買主は不適合を知ってから1年以内に通知すれば、修補や代金の減額等を
請求できる。ただし、不適合が買主のせいであるときは、請求できない。

2　借地借家法

　賃貸人（所有者）と比べて立場が弱い借家人や借地人を保護するために、民
法の規定を補った賃貸借契約に関する法律。借地権者が土地の上に登記されて
いる建物を所有するときは（借地権の登記がなくても）土地を借りている権利
を第三者に対抗できる。

(1) 借地権

　建物の所有を目的として土地を借りる権利のことで、地上権と土地の賃借権
を総称するもの。

① 普通借地権

【特徴】賃貸人からの更新拒絶や解約申入れには正当な理由が必要

【契約期間】30年以上（契約期間を定めなかった場合や、30年未満で契約
　　した場合は30年とみなされる）

【契約更新】1回目の更新は20年以上、2回目以降は10年以上

② 定期借地権

　契約期間が終了すると、契約は更新されず、地主に土地が返還される「土地を借りる権利」。特徴は次のとおり。

	一般定期借地権	建物譲渡特約付借地権	事業用定期借地権等
期　　間	50年以上	30年以上	10年以上50年未満
契約方法	公正証書等の書面（電磁的記録を含む）	規定なし	公正証書に限る
更　　新	更新しない（契約終了時には、必ず土地が返還される）		
利用目的	制限なし	制限なし	事業用に限る
終了時の措置	原則更地で返還	建物付で返還（地主が建物を買い取る）	原則更地で返還

(2) 借家権（しゃっかけん）

　借家権とは、建物の賃借権（ちんしゃくけん）のこと。

① 普通借家契約

　【特徴】大家（賃貸人）からの更新拒絶や解約申入れの通知には正当な理由が必要

　【契約期間】1年以上（1年未満の契約は期間の定めが無い契約とみなす）

② 定期借家契約（定期建物賃貸借契約）

　【特徴】契約で定めた期限がくると契約が必ずいったん終了する。貸主と借主の双方が合意すれば再契約可能

　【契約期間】制限はないが、必ず書面（公正証書でなくてもOK）または電磁的記録で契約する必要がある

さらっと一読！

■ **定期借家契約の終了通知**　　　　　　出題率　**20%未満**

定期借家契約において（賃貸借期間が1年以上である場合に）賃貸人は、期間の満了の1年前から6カ月前までの間（通知期間）に、賃借人に対して期間の満了により賃貸借が終了する旨の通知をしなければ、その終了を賃借人に対抗することができない。

たくち たてものとりひきぎょうほう

宅建業者（プロ）と一般消費者（シロウト）の取引を自由に行わせると、シロウトに不利な契約が成立する危険がある。そこで、宅建業を営む者について免許制度を実施し、必要な規制を行うことにより、一般消費者の利益の保護等を図ることを目的としてこの業法がつくられた。

(1) 宅地建物取引業（通称：タッケンギョウ）

宅地建物取引業とは、以下の宅地・建物の取引を不特定多数の者に反復継続して行うことをいう。

　　・自ら当事者として、売買・交換を行う（賃貸を除く）
　　・他人間の契約を媒介（間に立つ）して、売買・交換・賃貸を行う
　　・他人間の契約を代理して、売買・交換・賃貸を行う

(2) 媒介契約の種類

ばいかいけいやく

宅地建物の売買や交換の媒介契約には「一般媒介」「専任媒介」「専属専任媒介」の3つがある。イッパン・センニン・センゾクセンニン♪　とまず10回となえよう。内容は以下のとおり。

	一般媒介契約	専任媒介契約	専属専任媒介契約
依頼者が他の業者に重ねて依頼	○	×	×
自己発見取引※	○	○	×
依頼者への報告義務	×	○ 2週間に1回以上必要	○ 1週間に1回以上必要
指定流通機構への登録義務	×	○ 7日以内に登録	○ 5日以内に登録
契約の有効期間	規制なし	3カ月以内 これより長い期間を定めたときは、その期間は3カ月となる	

※　業者を通さずに自ら取引の相手を見つけること。

(3) 宅地建物取引業者の報酬制限

宅建業者がもらえる報酬の上限額は、国土交通大臣が定めている。媒介を

行った場合の報酬額（税別）の上限は、以下のとおり。

	取引額の区分	報酬額の上限
売買・交換	400万円を超える	代金額×3％＋6万円
	200万円を超え400万円以下	代金額×4％＋2万円
	200万円以下	代金額×5％
賃　貸	額に関係なく	賃料の1カ月分

（4）重要事項の説明（宅建業法35条）

① 宅建業者は（買主が宅建業者ではない）宅地・建物の売買の媒介をする場合、契約前に買主への重要事項を説明しなければならない。

② この説明は、宅地建物取引士が記名した書面を交付して、宅地建物取引士証を提示した上で行わなければならない。

実務上ではどうなの？

独立系FP会社「住まいと保険と資産管理」では、お客様のトータルな資産管理のサポートをするために、宅地建物取引業も主要な業務のひとつとして行っています。例えば、土地や建物を売却したいお客様からの依頼もよくありますが、その場合に結ぶ媒介契約は、バランスのよい「専任媒介契約」がほとんどです。

本番得点力が高まる！ 問題演習

問1 借地借家法第23条に規定される「事業用定期借地権等」は、専ら事業の用に供する建物の所有を目的とするものであり、居住の用に供する建物の所有を目的として設定することはできない。

《2018年5月学科第1問（25）》

問2 　借地借家法の規定によれば、一般定期借地権、事業用定期借地権
□□□ 等、建物譲渡特約付借地権のうち、（　　　）の設定を目的とする契約
は、公正証書によって締結しなければならない。

1）一般定期借地権

2）事業用定期借地権等

3）建物譲渡特約付借地権 　　　　　　　　　　《2020年1月学科第2問（51）》

問3 　借地借家法の規定によれば、普通建物賃貸借契約において、貸主
□□□ は、正当の事由があると認められる場合でなければ、借主からの更新
の請求を拒むことができない。 　　　　　　　　《2015年9月学科第1問（23）》

問4 　借地借家法において、定期建物賃貸借契約（定期借家契約）では、
□□□ 契約当事者の合意があっても、存続期間を1年未満とすることはでき
ない。 　　　　　　　　　　　　　　　　　　　《2022年9月学科第1問（22）》

問5 　借地借家法の規定によれば、建物の賃貸借契約（定期建物賃貸借契
□□□ 約を除く）において、（　　　）未満の期間を賃貸借期間として定めた
場合、期間の定めがない賃貸借とみなされる。

1）1年

2）1年6カ月

3）2年 　　　　　　　　　　　　　　　　　　《2019年1月学科第2問（52）》

問6 　定期建物賃貸借契約（定期借家契約）は、公正証書によって契約し
□□□ なければならない。 　　　　　　　　　　　　《2014年9月学科第1問（22）》

問7 　アパートやマンションの所有者が、当該建物を賃貸して家賃収入を
□□□ 得るためには、宅地建物取引業の免許を取得しなければならない。

《2023年5月学科第1問（22）》

問8 　宅地建物取引業法において、宅地建物取引業者が依頼者と締結する
□□□ 宅地または建物の売買の媒介契約のうち、専任媒介契約の有効期間
は、最長で（　　　）である。

1）3カ月

2）6カ月

3）1年 　　　　　　　　　　　　　　　　　　《2021年5月学科第2問（52）》

問1 ◯ —— 学習のポイント 2 (1)②の表を参照。事業用借地権の契約の利用目的は（文字通り）事業用に限られている

問2 2) —— 学習のポイント 2 (1)②の表を参照

問3 ◯ —— 借地借家法では、貸主は更新の拒絶をする場合、正当な事由が必要

問4 ✕ —— 定期借家権の契約期間は制限がなく、1年未満でもOK

問5 1) —— 定期借家契約ではない通常の建物の賃貸借契約では、1年未満の契約は期間の定めのない契約とみなされる

問6 ✕ —— 書面または電磁的記録であることは必要だが、公正証書でなくてもOK

問7 ✕ —— 学習のポイント 3 (1) を参照。アパートの大家さんが賃貸業を行うのは宅建業にあたらないため、免許を取得する必要はない

問8 1) —— 学習のポイント 3 (2) を参照。専任媒介と専属専任媒介はともに、契約の有効期間は3カ月を超えることができない

4 不動産に関する法律
都市計画法

絶対読め! 30秒レクチャー

　計画的な街づくりのための「都市計画法」は、不動産に関連する法令の中でも「建築基準法」と並び、たびたび試験に出題されている！　特に「都市計画区域」は頻出。10年以内に市街化するエリアと、市街化を抑える（調整する）エリアの違いから理解しよう！

ナナメ読み!　学習のポイント

1 都市計画法

　計画的に街づくりを行っていくことを、都市計画という。その内容や手続き、開発許可などの規制を定めた法律が都市計画法。

(1) 都市計画区域

　国土は都市計画区域と都市計画区域外に分けられる。

　都市計画区域の指定は原則、都道府県が行い、複数の都府県にまたがって指定する場合は国土交通大臣が行う。都市計画区域はさらに、市街化区域、市街化調整区域、非線引区域に分かれる。

① 市街化区域：すでに市街地を形成している区域および、おおむね10年以内に優先的かつ計画的に市街化を図るべき区域

② 市街化調整区域：市街化を抑制すべきものとして指定されている区域

③ 非線引区域：市街化区域と市街化調整区域の区別がされていない地域

211

(2) 用途地域

通常、市街化区域内に定められる地域。都市全体の土地利用の基本的枠組み
を設定する地域。住居系、商業系、工業系の3つに分けられる。詳細は以下の
とおり。細かく暗記はせず、大まかに理解しておけばよい！

	用途地域	内容
住居系	第一種低層住居専用地域	低層住宅にかかる良好な住居の環境を保護するため定める地域
	第二種低層住居専用地域	主として低層住宅にかかる良好な住居の環境を保護するため定める地域
	田園住居地域	農業の利便の増進を図りつつ、これと調和した低層住宅に係る良好な住居の環境を保護するため定める地域
	第一種中高層住居専用地域	中高層住宅にかかる良好な居住の環境を保護するため定める地域
	第二種中高層住居専用地域	主として中高層住宅にかかる良好な居住の環境を保護するため定める地域
	第一種住居地域	住居の環境を保護するため定める地域
	第二種住居地域	主として住居の環境を保護するため定める地域
	準住居地域	道路の沿道としての地域の特性にふさわしい業務の利便の増進を図りつつ、これと調和した住居の環境を保護するため定める地域
商業系	近隣商業地域	近隣の居住地の住民に対する日用品の供給を行うことを主たる内容とする商業その他の業務の利便を増進するため定める地域
	商業地域	主として商業その他の業務の利便を増進するため定める地域
工業系	準工業地域	主として環境の悪化をもたらすおそれのない工業の利便を増進するため定める地域
	工業地域	主として工業の利便を増進するため定める地域
	工業専用地域	工業の利便を増進するため定める地域

■ 用途地域ごとの建築制限　　出題率 **30%未満**

① 診療所や保育所はどの用途地域でも建築できる。
② 住宅や老人ホームは「工業専用地域」以外なら（工業地域でも）建築できる。
③ 病院や大学は「（第一種・第二種）低層住居専用地域」「田園住居地域」「工業地域」「工業専用地域」以外なら建築できる。

(3) 開発許可制度

　開発行為とは、建築物や特定工作物を建てるために行う土地の造成等のことで、都市計画区域または準都市計画区域内でこれを行うには、原則として都道府県知事の許可（開発許可）が必要。しかし、以下のような「小規模」「農林漁業用」「公共」に該当するケースでは許可不要。

① 市街化区域内で行う1,000㎡未満の開発行為
② 非線引の都市計画区域内で行う3,000㎡未満の開発行為
③ 市街化調整区域内で行う農林漁業用建築物（サイロ・温室など）または農林漁業者の住宅を建築するためのもの
④ 公共的施設（鉄道施設、公民館など）、公共事業など（国・都道府県等が行う開発行為や、非常災害の応急措置・都市計画事業等のための開発行為に係る建築物）

●開発許可の例外

場　所		小規模	農林漁業用	公共的施設・公共事業など
都市計画区域	市街化区域	1,000㎡未満は不要 （300㎡未満まで引き下げ可）	市街化区域以外では許可不要	許可不要
	市街化調整区域	許可必要		
	非線引区域	3,000㎡未満は許可不要		

▌農地法 <small>（のうちほう）</small>

出題率 **30%未満**

「農地が減ったり荒れたりしそうな場合は知事（または委員会）の許可が必要だが、市街化区域内だけは（農地が減って当然なので）委員会への届出だけでOK」という原則をイメージしながら、以下①〜③を読んでおこう。

① 3条：農地を売るときは農業委員会の許可が必要。
② 4条：農地を宅地にするときは（本来は都道府県知事の許可が必要だが）市街化区域内の農地の場合（市街地をはかるべき区域で宅地が増えるのは問題ないので）事前に農業委員会に届け出ればOK！
③ 5条：一定の市街化区域内の農地を他の用途に転用する目的で売るときは（本来は都道府県知事等の許可が必要だが）事前に農業委員会に届け出ればOK！

✎ 本番得点力が高まる！ 問題演習

問1 都市計画法において、市街化調整区域とは、おおむね10年以内に計画的に市街化を図るべき区域である。　《2021年5月学科第1問（22）》

問2 都市計画法の規定によれば、市街化調整区域は、（　　）とされている。

1）既に市街地を形成している区域
2）市街化を抑制すべき区域
3）優先的かつ計画的に市街化を図るべき区域

《2018年5月学科第2問（52）》

問3 建築基準法の規定によれば、（　　）は、原則として、第一種低層住居専用地域内に建築することができる。

1）老人ホーム
2）病院
3）ホテル・旅館　《2016年1月学科第2問（52）》

問4 都市計画法の規定によれば、都市計画区域または準都市計画区域内において所定の開発行為をしようとする者は、原則として、あらかじめ都道府県知事等の許可を受けなければならないとされている。

《2019年9月学科第1問（23）》

問5 □□□ 　都市計画法において、市街化区域内で行う開発行為は、その規模に
かかわらず、都道府県知事等の許可を受けなければならない。

《2023年1月学科第1問（23）》

問6 □□□ 　農地を農地以外のものに転用する場合、原則として、（　①　）の許
可を受けなければならないが、市街化区域内にある農地を農地以外の
ものに転用する場合、当該転用に係る届出書を（　②　）に提出すれ
ば、（　①　）の許可を受ける必要はない。

1）①都道府県知事等　　②農業委員会

2）①農林水産大臣　　　②農業委員会

3）①農林水産大臣　　　②都道府県知事等　《2022年9月学科第2問（54）》

問1 ✕ ── 市街地を形成している区域や、おおむね10年以内に優先的、かつ、
計画的に市街化を図るべき区域は、市街化区域

問2 2）── 学習のポイント **1** (1)②を参照。市街化調整区域は、市街化を抑制す
べき区域

問3 1）── 住居系の用途地域では「第一種低層」の制限が最も厳しい。住居
以外で建築可能なのは、教育施設、公共施設、老人ホーム等

問4 〇 ── 学習のポイント **1** (3) を参照

問5 ✕ ── 市街化区域内で1,000㎡以上の開発を行う場合は、許可が必要

問6 1）── 農地を農地以外に転用する場合、市街化区域外であれば都道府県
知事等の許可が必要だが、一定の市街化区域内であれば、あらか
じめ農業委員会に届出すれば許可は不要

第**5**章

不動産

出題率 **80%** ┃ 難易度 ★★★★☆

5

建築基準法

絶対読め！30秒レクチャー

　建築基準法は建物の最低ラインを定めてみんなを安全かつハッピーにするためにある！　不動産に関連する法令上の規制の中でも、たびたび試験に出題されている分野だ！なかでも「道路に関する規制」と「建蔽率と容積率」を押さえよう。建蔽率の蔽は「おおい隠す」という意味。建築面積の敷地面積に対する割合が大きくなる（建物が密集する）と、火事が燃え広がりやすくて危険なので制限するのだ。容積率は、延べ面積の敷地面積に対する割合のこと。高いビルがどんどん建つと周辺住民が迷惑したりするので制限するのだ。

ナナメ読み！　学習のポイント

1　建築基準法

（1）道路に関する規制

①　建築基準法上の道路

　原則：幅員（道幅）4m以上（特定区域では6m以上）の道路

　例外：幅員4m未満だが、建築基準法の適用前に道路として機能しており、特定行政庁の指定した道路（2項道路）。この場合は道路の中心線から2m後退（セットバック）した線が道路境界線とみなされる。セットバック部分は、建蔽率、容積率を算定する際の敷地面積に算入することができない。

② 接道義務

都市計画区域内、準都市計画区域内の建物の敷地は、建築基準法上の道路（道幅4m以上）に2m以上接していなければならない。

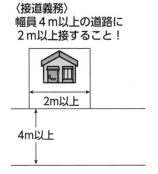

〈接道義務〉
幅員4m以上の道路に
2m以上接すること！

2m以上

4m以上

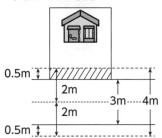

〈セットバック〉
幅員4m未満の場合は、道路の
中心から2m後退！

0.5m
2m
3m――4m
2m
0.5m

(2) 建蔽率と容積率

① 建蔽率

敷地面積に対する建築面積（≒建物を真上から見たときの面積）の割合。

$$建蔽率 = \frac{建築面積}{敷地面積}$$

地域により30〜80%まで定められているが、以下の条件を満たすと緩和（プラス）することができる。

条　件	緩和率
特定行政庁が指定する角地	10%緩和
防火地域・準防火地域内にある耐火建築物等	
上記の両方に該当する場合	20%緩和
建蔽率が80%の地域内でかつ防火地域内にある耐火建築物等	建蔽率の制限なし

※　建蔽率の異なる地域にまたがって建物が建っている場合、それぞれの地域の「面積×建蔽率」を合計すれば最大建築面積が出る。

※　建物が防火地域および準防火地域にわたる場合、その全部について防火地域内の建築物に関する規定が適用される。

② 容積率

敷地面積に対する建物の延べ（床）面積の割合のこと。

$$容積率＝\frac{建築延べ面積}{敷地面積}$$

なお、容積率の異なる地域にわたり建物が建っている場合は、それぞれの地域の「面積×容積率」を合計すれば最大延べ面積が出る。

※　前面道路幅員による制限

　敷地の前面道路の幅員が12m以上の場合は、用途地域に定められている指定容積率が適用される。12m未満の場合は、その前面道路の幅員の数値に次の乗数を乗じたものと、指定容積率を比較して、厳しいほう（容積率が低くなるほう）が適用される。

●前面道路幅員による容積率の乗数

地　　域	乗　　数
住宅系用途地域	$\frac{4}{10}$
住宅系用途地域以外	$\frac{6}{10}$

(3) 用途に関する制限

　用途地域内の建築物は、一定の用途制限を受ける。また、敷地が2つ以上の用途地域にまたがる場合は、過半の属する地域の制限を受ける。

●用途に関する制限（赤字以外は流し読みでOK）

	住居系								商業系		工業系		
	第一種低層住居専用地域	第二種低層住居専用地域	田園住居地域	第一種中高層住居専用地域	第二種中高層住居専用地域	第一種住居地域	第二種住居地域	準住居地域	近隣商業地域	商業地域	準工業地域	工業地域	工業専用地域
住宅、共同住宅、下宿	○	○	○	○	○	○	○	○	○	○	○	○	×
幼稚園、小学校、中学校、高校	○	○	○	○	○	○	○	○	○	○	○	×	×
大学、専門学校	×	×	×	○	○	○	○	○	○	○	○	×	×
診療所、保育所、公衆浴場	○	○	○	○	○	○	○	○	○	○	○	○	○
老人ホーム、身体障害者福祉ホーム	○	○	○	○	○	○	○	○	○	○	○	○	×
病　院	×	×	×	○	○	○	○	○	○	○	○	×	×
図書館	○	○	○	○	○	○	○	○	○	○	○	○	×
床面積150㎡以内の店舗、飲食店	×	○	★	○	○	○	○	○	○	○	○	○	○※
ホテル、旅館	×	×	×	×	×	△	○	○	○	○	○	×	×

△　床面積3,000㎡以内なら建設可能

※　物品販売店舗、飲食店を除く

★　床面積500㎡以内（かつ2階以下）で、その地域の
　　農産物に関する店舗や飲食店に限られる

さらっと一読！

■日影規制（にちえい きせい）　　　出題率　**20**％未満

住宅地における日照を確保するための法規。住居系の用途地域に加えて、近隣商業地域・準工業地域が対象。

その区域外の建物でも「高さ10m超」かつ「冬至日に日影規制の対象区域内に日影を及ぼす」場合は、対象区域内にあるとみなされ規制の対象となる。

■北側斜線制限 _{きたがわしゃせんせいげん}

出題率 **10%未満**

北側隣地の日照の悪化を防ぐための法規で、建築物の高さと斜線の角度が制限される。第一種低層住居専用地域内の建築物には、原則として、適用される。

🖊 本番得点力が高まる！ 問題演習

問1

□□□ 建築基準法において、都市計画区域および準都市計画区域内にある建築物の敷地は、原則として、幅員4m以上の道路に（　　）以上接していなければならない。

1) 2m

2) 4m

3) 6m 《2022年5月学科第2問（52）》

問2

□□□ 都市計画区域内にある幅員4m未満の道で、建築基準法第42条第2項により道路とみなされるものについては、原則として、その中心線からの水平距離で（　　）後退した線がその道路の境界線とみなされる。

1) 2m

2) 3m

3) 4m 《2021年1月学科第2問（52）》

問3

□□□ 建築基準法の規定によれば、都市計画区域および準都市計画区域内における防火地域内に耐火建築物を建築する場合、（　　）について緩和措置を受けることができる。

1) 建蔽率の制限

2) 容積率の制限

3) 建蔽率と容積率の双方の制限 《2017年5月学科第2問（54）》

問4

□□□ 建築物の敷地が建蔽率の限度（指定建蔽率）の異なる地域にわたる場合、敷地全体について、敷地の過半の属する地域の指定建蔽率が適用される。 《2014年1月学科第1問（23）》

問5 下記の200㎡の土地に建築面積120㎡、延べ面積160㎡の2階建ての住宅を建築した場合、当該建物の建蔽率は、（　　　）である。

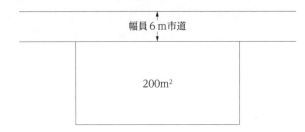

幅員6m市道

200m²

1) 60%

2) 80%

3) 100%

《2023年9月学科第2問（52）》

問6 下記の2,000㎡の土地に建築物を建築する場合の最大延べ面積は、（　　　）である。

前面道路	幅員12m	
1,000m²	第一種中高層住居専用地域 指定建蔽率60%・指定容積率200%	
1,000m²	第一種低層住居専用地域 指定建蔽率50%・指定容積率100%	

1) 1,100㎡

2) 3,000㎡

3) 4,000㎡

《2013年9月学科第2問（51）》

問1 1)──── 幅員4m以上の道路に2m以上接していなければ、消防車が入って消火活動を行うのが困難とイメージしよう

問2 1)──── 2項道路は原則、その中心線からの水平距離が2mの線をその道路の境界線とみなすこととされている

問3 1)──── 建蔽率の規制は緩和されるが、容積率の緩和はない

問4 ✕──── それぞれの地域の「面積×建蔽率」を合計する。敷地が2つ以上の用途地域にまたがる場合は、過半の属する地域の制限を受ける

問5 1)──── 学習のポイント **1** **(2)** を参照。建蔽率 $= \dfrac{120㎡}{200㎡} \times 100 = 60\%$

問6 2)──── 敷地が2つ以上の用途地域にまたがっている場合は「各地域の面積×各地域の容積率」を合計すればよい

前面道路が12mの幅員なので、指定容積率が適用となる

第一種中高層住居専用地域…1,000㎡×200％＝2,000㎡

第一種低層住居専用地域…1,000㎡×100％＝1,000㎡

よって最大延べ面積は、2,000㎡＋1,000㎡＝3,000㎡

出題率 **70%** ｜ 難易度 ★★★☆☆

6 不動産に関する法律
区分所有法

絶対
マスター

建替えには5分の4の
賛成が必要だ。

絶対読め！**30**秒レクチャー

　ここでは、マンション管理の法律である「区分所有法」をマスターしよう。専有部分と共用部分の違いや、「建替えには5分の4の賛成が必要」といった集会の決議を中心に、しっかり理解しておくこと！

ナナメ読み！　**学習のポイント**

1 区分所有法（く ぶんしょゆう）

　1棟の建物を区分して所有する形態の建物（マンション）について、その所有関係を定め、建物や敷地などの共同管理について定めた法律。

（1）専有部分と共用部分

　区分建物は専有部分と共用部分に分けられる。

① 　専有部分：区分所有建物のうち、個々の住戸所有者（区分所有者）の所有権の目的となる部分。分譲マンションの居室（○号室）などがこれにあたる

② 　共用部分：区分所有建物のうち、専有部分以外の建物の部分。法定共用部分と規約共用部分に分けられる

・法定共用部分：法律上、当然に共用となる部分（階段、廊下、エレベーター、バルコニーなど）

・規約共用部分：規約の定めにより共用となる部分（管理人室、集会所など）

　共用部分の持分割合は、各共有者の専有部分の床面積の割合で決まる。

第**5**章 不動産

(2) 集会の決議

区分建物に住んでいる人の意思決定は、集会の決議によって行われる。決議要件の詳細は以下のとおり。

普通決議	過半数の賛成	軽微な変更などの一般的事項
特別決議	$\frac{3}{4}$以上の賛成	規約の設定、変更、廃止、共用部分の変更
	$\frac{4}{5}$以上の賛成	建替え

実務上ではどうなの?

　FP相談に来られるお客様の中には、これからマンションを買おうとする方もいれば、持っているマンションを売ろうとする方もいます。その際、「そのマンションはしっかりと管理されているか」という点は、マンションの資産価値に影響を与える要素のひとつとして見逃せません。

本番得点力が高まる! 問題演習

問1
建物の区分所有等に関する法律の規定によれば、共用部分に対する各区分所有者の共有持分は、原則として、その有する戸数の総戸数に占める割合となる。　　　　　　　　《2016年5月学科第1問（24）》

問2
建物の区分所有等に関する法律（区分所有法）において、規約の変更は、区分所有者および議決権の各（　　）以上の多数による集会の決議によらなければならない。

1) 2分の1
2) 3分の2
3) 4分の3　　　　　　　　　　　　　《2022年5月学科第2問（53）》

問3
建物の区分所有等に関する法律（区分所有法）上、集会においては、区分所有者および議決権の各（　　）以上の多数により、区分所有建物を取り壊し、その敷地上に新たに建物を建築する旨の決議（建替え決議）をすることができる。

1) 3分の2

2) 4分の3

3) 5分の4 　《2021年9月学科第2問（54）》

問4
□□□
「建物の区分所有等に関する法律」（区分所有法）が適用される分譲マンションにおいては、建物の保存に有害な行為・建物の管理または使用について共同の利益に反する行為をした区分所有者に対して、他の区分所有者全員は、その行為の停止等を請求することができる。

《2007年5月学科第1問（22）》

問1 ✕── 共有部分の持分割合は、各共有者が有する<u>専有部分の床面積</u>の割合で決まる

問2 3)── 規約の設定・変更・廃止は特別決議が必要となり、区分所有者および議決権の各4分の3以上の賛成が必要

問3 3)── 建替えは特別決議で区分所有者および議決権の各5分の4以上の賛成を必要とする

問4 ◯── 区分所有者はその<u>共同の利益に反する行為</u>をしてはならないと「区分所有法」に定められている

出題率 **75%** ｜ 難易度 ★★★★☆

不動産の取得・保有・売却にかかる税金

7 不動産の取得時・保有時の税金

絶対マスター

　不動産は「出口」だけでなく「入口」や「真ん中」でも税金がかかる。つまり、取得時や、保有中にも税金が取られるのだ！　試験では「不動産取得税」「登録免許税」「印紙税」「固定資産税」など、まんべんなく出題されている。試験対策としては深入りせず、過去問に出た項目の周辺だけを確実に理解しろ！

不動産を取得すると、税金がたくさんかかるなぁ。

不動産取得税
登録免許税
消費税
印紙税

など

ナナメ読み！ **学習のポイント**

1 不動産の取得時の税金

(1) 不動産取得税（ふ どうさんしゅとくぜい）

　不動産を取得した人に、所在地の都道府県が課税する税金。

① 不動産取得税の内容

・納税義務者：売買・交換・贈与・建築（増改築も含む）などにより、土地や建物を取得した者。有償・無償、登記の有無は関係ない。例外として、相続、法人の合併などによる取得の場合は課税されない。

・課税標準（か ぜいひょうじゅん）：固定資産税評価額

　※　課税標準とは税額計算にあたって、税率を乗じる価額のこと。

・税率：原則4%（ただし現在は特例で土地・住宅について3%が継続中）

② 課税の特例

・住宅を取得した場合の課税標準の特例

一定の条件を満たす住宅の場合、課税標準から一定額（新築の場合1,200万円など）が控除される。

　・住宅用土地を取得した場合の税額軽減

　土地を取得し、一定期間内に特例適用住宅（床面積50〜240㎡）を取得した場合、土地取得に係る税額が軽減される。

(2) 登録免許税

　不動産登記等を受けることに対して、国が課税する税金。

① 　納税義務者：不動産登記を受ける者。相続や法人の合併による所有権移転登記も課税される。ただし、表題登記については非課税

② 　課税標準：固定資産税評価額（抵当権の設定登記の場合は債権金額）

③ 　税率：登記の種類により異なる（売買2％→現在は特例1.5％継続中）

(3) 消費税

　不動産関連で、消費税を課税される場合とされない場合は下記のとおり。

	譲　渡	仲介手数料	貸　付
土　地	課税されない	課税される	課税されない※
建　物	課税される（売主が個人なら非課税）	課税される	住宅以外：課税される 住宅建物：課税されない※

※　貸付期間が1カ月未満の場合は課税される。

(4) 印紙税

　領収書や契約書などの課税対象文書に印紙を貼り、国に納付する税金のこと。2通作成する場合は2通とも印紙の貼付が必要。

2 　不動産保有時の税金

　不動産の所有者に、所在地の都道府県が課税する税金は以下のとおり。

(1) 固定資産税

① 　固定資産税の内容

　・納税義務者：1月1日に固定資産を所有する個人または法人

　・課税標準：固定資産税評価額。3年に1度評価替えされる

　・標準税率：1.4％（各市町村は条例によってこれと異なる税率を定めるこ

とができる）

② 課税標準の特例

● 住宅用地の課税標準（税率を乗じる価額）の軽減

　　※　マイホームの敷地だけでなく、賃貸アパートの敷地である宅地にも適用される

小規模住宅用地（200㎡以下の部分）：固定資産税評価額 $\times \dfrac{1}{6}$

一般住宅用地（200㎡超の部分）：固定資産税評価額 $\times \dfrac{1}{3}$

固定資産税（200㎡以下の部分）
＝固定資産税評価額 $\times \dfrac{1}{6} \times$ 標準税率1.4%

③ 税額軽減の特例

● 新築住宅に対する特例

　上記の公式で求めた税額について、床面積50～280㎡の新築住宅は、居住部分120㎡までの部分に対する税金が、3年間（新築の中高層耐火住宅は5年間）、2分の1に軽減される。

(2) 都市計画税

① 納税義務者：1月1日に市街化区域内に土地・建物を保有する個人、法人

② 課税標準：固定資産税評価額

③ 制限税率：0.3%（これを上限に、各市町村が条例により定める）

✎ 本番得点力が高まる！ **問題演習**

問1 贈与により不動産を取得した場合、不動産取得税は課されない。

《2021年5月学科第1問（24）》

問2 個人が2024年中に土地を取得した場合、その個人に課される不動産取得税の標準税率は、（　　　）である。

1）3%

2）5%

3）10%

《2017年1月学科第2問（55）改題》

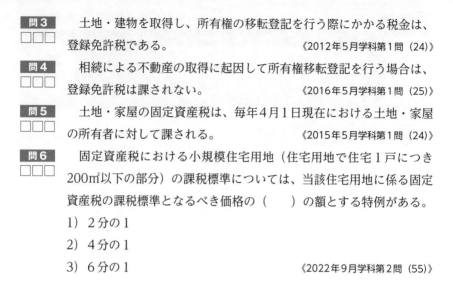

問3 　土地・建物を取得し、所有権の移転登記を行う際にかかる税金は、登録免許税である。 　　　　　　　　　　　　　　《2012年5月学科第1問（24）》

問4 　相続による不動産の取得に起因して所有権移転登記を行う場合は、登録免許税は課されない。 　　　　　　　　　　　　《2016年5月学科第1問（25）》

問5 　土地・家屋の固定資産税は、毎年4月1日現在における土地・家屋の所有者に対して課される。 　　　　　　　　　《2015年5月学科第1問（24）》

問6 　固定資産税における小規模住宅用地（住宅用地で住宅1戸につき200㎡以下の部分）の課税標準については、当該住宅用地に係る固定資産税の課税標準となるべき価格の（　　　）の額とする特例がある。
1）　2分の1
2）　4分の1
3）　6分の1 　　　　　　　　　　　　《2022年9月学科第2問（55）》

問1 ✕── 不動産取得税は、相続や、法人の合併などによる不動産の移転のケースでは課税されないが、贈与は課税対象

問2 1）── 学習のポイント **1** (1)①を参照。土地・住宅の不動産取得税の標準税率は3％（住宅以外の家屋は原則通り4％）が継続中

問3 ◯── 移転登記には登録免許税がかかる。課税標準は、その不動産の固定資産税評価額

問4 ✕── 相続による不動産の取得は、不動産取得税は課税されないが、所有権移転登記の登録免許税は課税される

問5 ✕── 固定資産税の課税対象は、1月1日現在の固定資産の所有者

問6 3）── 学習のポイント **2** (1)②を参照。小規模住宅用地に該当する固定資産税は、200㎡までの部分に相当する税額が6分の1に軽減される

8

不動産の取得・保有・売却にかかる税金
不動産の譲渡時の税金

絶対 マスター

絶対読め! **30**秒レクチャー

　不動産を売って（譲渡して）もうかった場合には、税金がかかる。ただし、分離課税だ！　試験対策上は、マイホームの売却に関する「3,000万円控除」「買換特例」「譲渡損失の繰越控除」などを理解して、ここで1問ゲットしよう！

不動産を売ってもうかったら税金がかかるぞ。しかも分離課税…。

←譲渡

土地

10000

ナナメ読み!　**学習のポイント**

1　不動産の譲渡所得（第4章 6 を参照）

　土地・建物等を譲渡（売却）したときの譲渡所得は、ほかの所得と分離して課税される。また所有期間により長期・短期の区分がある。

（1）長期譲渡と短期譲渡

　土地・建物を譲渡した場合の税率は、所有期間により異なる。

① 　長期とは：譲渡した年の1月1日における所有期間が5年を超える場合

② 　短期とは：譲渡した年の1月1日における所有期間が5年以下の場合

③ 　税率

　・長期譲渡所得の税率：20%（所得税15%[※]、住民税5%）

　・短期譲渡所得の税率：39%（所得税30%[※]、住民税9%）

※ 　別途、復興特別所得税（所得税額×2.1%）がかかる

（2）譲渡所得の計算

　純粋にもうかったお金に課税されるイメージを持っておこう。

課税譲渡所得＝譲渡価額－（取得費＋譲渡費用）

① 取得費：譲渡した資産の取得に要した金額＋その後の設備費・改良費－償却費相当額。取得費が不明な場合は譲渡価額の5％を概算取得費として計上できる。相続した土地等を相続税の申告期限から3年以内に売却した場合には、相続税額のうち一定金額を取得費に加算できる

② 譲渡費用：資産譲渡に直接要した直接経費、仲介手数料、印紙代、建物取壊し費用などの費用（固定資産税や修繕費は含まない）

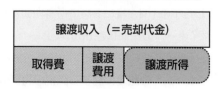

(3) マイホーム売却に関する4つの課税の特例

① 居住用財産の3,000万円の特別控除

マイホームの土地・建物等を譲渡した場合、譲渡所得の金額の計算において譲渡益から3,000万円が控除される。要件や特徴は以下のとおり。

・所有期間や居住期間を問わず、適用できる

・3年に1度しか適用できない

・配偶者、直系血族などへの譲渡は対象外

・住まなくなった日から3年目の12月末までに譲渡すれば適用できる

・②の軽減税率の特例と併用できる

② 軽減税率の特例

所有期間が10年を超える居住用財産を譲渡した場合は、長期譲渡所得の税率20％（所得税15％※、住民税5％）よりも低い税率が適用される。

その税率は、課税譲渡所得の金額が、

・6,000万円以下の部分：税率14％（所得税10％※、住民税4％）

・6,000万円超の部分：税率20％（所得税15％※、住民税5％）

※　別途、復興特別所得税（所得税額×2.1％）がかかる

③ 居住用財産の買換特例

マイホームを（1億円以下で）売却して譲渡益が発生し、一定期間内にマイホームを買い換えた場合、新たに購入した居住用財産を売却するときまで譲渡

益に対する課税を繰り延べられる。

- ・売却価格≦買換価格（アップグレード買換え）の場合：売った値段以上の物件を買った場合、譲渡益に対する課税は<u>全額繰り延べられる</u>
- ・売却価格＞買換価格（ダウングレード買換え）の場合：売却資産と買換資産との差額分相当だけ今回の譲渡所得の対象になる

④ マイホーム買換えの<u>譲渡損失の繰越控除</u>

マイホームの買換えの際に売却損が発生した場合、損益通算をしたあとに残るマイナス金額は、翌年以降3年間にわたり繰越控除できる。主な要件は、

- ・（旧居宅を）譲渡した年の1月1日において所有期間が5年超
- ・新たに購入したマイホームの床面積が50㎡以上
- ・控除する各年末に（新居宅の）住宅ローンの残高があること

(4) 居住用財産（マイホーム）の譲渡に関する課税の特例のまとめ

	所有期間	居住期間要件	特例の併用
居住用財産の3,000万円の特別控除	なし	なし	居住用財産の3,000万円の特別控除と軽減税率の特例は併用可
軽減税率の特例	10年超	なし	
居住用財産の買換特例	10年超	10年以上	他の特例と併用不可
居住用財産の買換え等の場合の譲渡損失の繰越控除	5年超	なし	住宅ローン控除と併用可

(5) 空き家の譲渡所得の3,000万円特別控除

空き家となった被相続人の居住用家屋およびその敷地を相続人が売却した場合、相続開始日から3年後の12月末までに1億円以下で売却することなど一定の要件のもと、3,000万円の特別控除を受けられる。

本番得点力が高まる！ 問題演習

問1 土地の譲渡所得のうち、その土地を譲渡した日の属する年の1月1日における所有期間が10年以下のものについては、短期譲渡所得に区分される。

《2020年1月学科第1問（25）》

問2 個人が土地を譲渡したことによる譲渡所得の金額の計算において、譲渡した土地の取得費が不明である場合、当該収入金額の10%相当額を取得費とすることができる。　《2023年1月学科第1問（25）》

問3 土地・建物を譲渡した場合の譲渡所得の金額の計算上控除することができる取得費には、取得の日以後譲渡の日までに納付した固定資産税が含まれる。　《2013年9月学科第1問（24）》

問4 「居住用財産を譲渡した場合の3,000万円の特別控除」の適用を受けるためには、譲渡した居住用財産の所有期間が譲渡した日の属する年の1月1日において10年を超えていなければならない。

《2021年5月学科第1問（25）》

問5 「居住用財産を譲渡した場合の3,000万円の特別控除」は、自己が居住していた家屋を配偶者や子に譲渡した場合には、適用を受けることができない。　《2022年9月学科第1問（24）》

問6 「特定居住用財産の譲渡損失の損益通算および繰越控除の特例」の適用要件の1つとして、譲渡資産の所有期間は、譲渡の年の1月1日で（　　　）を超えていなければならない。

1) 3年
2) 5年
3) 10年　《2014年5月学科第2問（55）》

問1 ✕── 学習のポイント **1**(1) ②を参照。5年を超えるものが長期、5年以下が短期

問2 ✕── 譲渡価額の5%相当額を概算取得費とすることが可能

問3 ✕── 土地・建物の維持管理にかかる固定資産税等のランニングコストは「取得費」「譲渡費用」には含まれない

問4 ✕── 3,000万円の特別控除に、所有期間の制限はない

問5 ○── 3,000万円の特別控除は、所有期間や居住期間、床面積の制限はないが、配偶者、直系血族等への譲渡の場合は対象外

問6 2)── 学習のポイント **1**(3) ④を参照。この特例の所有期間要件は「5年超」

9 　不動産の有効活用
不動産の有効活用

絶対読め！30秒レクチャー

　FPに相談するお客様は、自宅以外の土地を持っている場合がある。しかし、更地を持っているだけでは固定資産税を毎年払うだけでもったいない！　そこで、土地の上にアパートやビルを建てて賃料が毎月チャリンチャリンと入るように画策するのが「不動産の有効活用」だ！　しかし、数千万～数億円の資金調達が厳しい場合は「等価交換方式」などの大技や、土地そのものを貸す「定期借地権方式」を利用してしのぐのだ！

> ナナメ読み！　**学習のポイント**

1 　土地を有効活用する代表的な方式

(1) 自己建設方式

　土地所有者が自ら土地の有効活用を企画して、建設会社に工事を発注し、建物完成後の管理・運営を行う方式。

(2) 事業受託方式

　デベロッパー（不動産開発者）が土地所有者の事業パートナーとなり、土地活用の調査・企画から、建物の建設・施工、建物完成後の管理・運営までの一切の事業を受託して行う方式。

(3) 土地信託方式

　土地所有者が信託銀行などに（信託という形で）土地の名義を移転し、信託銀行が資金調達して、建物を建設、賃貸等の事業を行う方式。信託期間の終了

後は土地・建物が返還され、登記上の名義も土地所有者に戻される。

(4) 等価交換方式

　土地所有者が土地を出資し、デベロッパーがその上に建築する建物の費用を出資、各々の出資割合に応じて土地・建物を分け合う方式。

【特徴】資金負担がない。しかし土地の一部を手放さなければならないデメリットがある。

(5) 定期借地権方式

　土地所有者が自らの土地に定期借地権を設定して、土地を貸す方式。

(6) 建設協力金方式

　建物は土地所有者が建設し、その建物に入居予定のテナント等から貸与された保証金や建設協力金を、建設資金の全部または一部に充当して建設する事業方式。

2 不動産投資

(1) 不動産投資の利回り

　不動産投資をして採算が合うかを判断するために、以下の方法で投資利回りの計算ができる。

① 単純利回り（表面利回り、グロス利回り）

　諸経費を考慮しない、カンタンな計算で求められる利回り。

$$単純利回り = \frac{年間賃料収入}{投資額} \times 100$$

② 純利回り（NOI利回り、ネット利回り）

　諸経費を考慮した、実質的なもうけをベースとした利回り。

$$純利回り（NOI利回り） = \frac{年間賃料収入 - 年間諸経費}{投資額} \times 100$$

(2) 上場不動産投資信託（J-REIT）

　多くの投資家から集めた資金を不動産に投資し、そこから得られた賃料収入や不動産の売買益を投資家に分配する金融商品。

【特徴】少額から投資ができる。高い流動性が確保（すぐに現金化）できる。

問1 不動産への直接投資は、上場株式への投資と比較した場合、相対的に流動性リスクが高いとされる。 《2010年9月学科第1問（25）》

問2 土地の有効活用方式のうち、一般に、土地所有者が土地の全部または一部を拠出し、デベロッパーが建設資金を負担してマンション等を建設し、それぞれの出資比率に応じて土地・建物に係る権利を取得する方式を、（　　）という。

1）定期借地権方式
2）建設協力金方式
3）等価交換方式 《2022年1月学科第2問（55）》

問3 投資総額5,000万円で購入した賃貸用不動産の年間収入の合計額が270万円、年間費用の合計額が110万円である場合、この投資の純利回り（NOI利回り）は、（　　）である。

1）2.2%
2）3.2%
3）5.4% 《2023年9月学科第2問（54）》

問1 ○── 流動性リスクとは、換金したいときにすぐに売れなかったり、急いで売ると金額が安くなってしまうリスクのこと

問2 3)── 土地所有者が土地を出資し、デベロッパーがその上に建築する建物の費用を出資、各々の出資割合に応じて土地・建物を分け合う方式を等価交換方式という

問3 2)── 不動産投資の純利回り（%）
＝（年間収入の合計額－年間費用の合計額）÷投資総額
（270万円－110万円）÷5,000万円＝0.032＝3.2%

相続・事業承継

人はいつか必ず死ぬ。その
ときに持っている資産は身
近な人が受け継ぐ。相続税
がかかる相続は実は少ない
が、「誰が何をどのくらい
相続するべきか」という問
題はすべての相続に生じる。
だから、この章で学ぶ知識
はあなた自身や家族を含め
たすべての人に役立つはず
だ！

キミならできる！

相続・事業承継

生きている人から財産をもらったら「贈与」で、死んだ人から財産を受け継いだら「相続」となる。贈与は「これタダであげる！」「もらった！」という2人の意思表示でスタートし、相続は人が死んだらスタートする。課税される財産と非課税財産、贈与税・相続税の計算のルールなどについて学ぼう。

贈与の基本と贈与税　贈与税について学ぼう。

① 贈与の意義と形態

「これタダであげる！」「もらいます！」で贈与は成立する。口約束なら、実際にあげる前にどちらかが「やっぱりやめた！」と言えばやめられるが、書面で約束したらそうはいかない。

② 贈与税の課税財産・非課税財産

贈与税を計算する際に課税される財産は、贈与された現金や株式などの本来の贈与財産と、借金を免除してもらった場合など、贈与と同じような利益があるみなし贈与財産がある。親から一人暮らしの子への仕送りなどは非課税になる。

③ 贈与税の計算と納付

贈与税の計算方法には、1年間に贈与された合計額から110万円を差し引ける暦年課税と、贈与をする時には贈与税の（基礎控除に加えて）贈与者1人につき2,500万円まで非課税となり、贈与者が死んだ時に精算して相続税として課税する相続時精算課税制度がある。

相続の基本　だれがどのくらい相続できるのかを押さえよう。

④ 相続の開始と相続分

死亡により相続がスタート！
誰がどれくらいの割合で財産をもらえる？

相続は「被相続人」（死んだ人）の財産を「相続人」がルールにしたがって引き継ぐ。遺言によって指定された相続分を「指定相続分」という。遺言がない場合は話し合い（遺産分割協議）で決めるが、民法では、より身近な人（配偶者等）に多くの相続財産を渡す法定相続分というガイドラインが定められている。

⑤ 遺言と遺留分

遺言が残っていれば、
相続割合は故人の遺志が尊重される！

相続はまず故人の希望が優先されるので、遺言書を残しておくのは重

要。遺言には、本人が書く自筆証書遺言、本人が言うことを公証人が書く公正証書遺言、内容を秘密にしておける秘密証書遺言がある。でも、いくら故人の希望でも「愛人に全ての財産を渡す」なんて書いてあったら遺族はたまらない。そのため、配偶者、子、親などには遺留分という一定の割合の財産をもらう権利がある。

6 相続の承認と放棄

財産といっしょに借金もついてくる可能性がある！
相続する？しない？

財産も負債も全部引き継ぐ場合は単純承認。相続したくない人は相続放棄。相続財産の範囲内で負債を引き継ぐ場合はみんなで限定承認の手続きをする。

相続税のしくみ | 相続した財産には「相続税」がかけられる。計算の流れを理解しよう。

7 相続税の課税財産・非課税財産

相続で取得した財産だけでなく、被相続人の死亡によってもらえる死亡保険金や死亡退職金等も相続財産として課税される（ただし、一定額が非課税となる）。また、相続した借入金などの債務は、課税財産の額から差し引くことができる。

8 相続税の計算

相続税は、①まず相続財産を合計したものから相続税の基礎控除額を差し引き、「課税遺産総額」を求める。②次に「課税遺産総額」を各相続人が法定相続分どおりに財産を取得したと仮定して、各人の法定相続分に税率を掛け、その金額を合算して「相続税の総額」を求める。③最後に「相続税の総額」を実際に取得した財産の取得割合に応じてあん分して、各相続人の納付税額を求める。

9 相続税の申告と納付

相続の開始を知った日の翌日から10カ月以内に相続税の申告と納付をする。お金で一括で払うのが難しい時は、分割払いの延納を、それも難しい場合は、相続した不動産などを納めることによって相続税を払う物納をする。

様々な相続財産の評価方法 | 相続税を計算する時に、現金以外の相続財産がどうやって金銭評価されるかを学ぼう。

相続財産の評価		
	10 不動産	土地の相続財産の評価では、「更地」は高くなってしまう。貸している土地は貸している割合の分を割安に評価してもらえるし、アパートを建てて貸している土地も割安に評価してもらえる。
	11 金融資産	預貯金、生命保険契約の権利、上場株式の評価について押さえよう。
	12 取引相場のない株式	上場していない株式を相続した場合は、上場株式よりも評価は複雑になる。

頻出論点 Best 5

1位 相続税の計算

▶第6章 8

出題率 90%

毎回１問は出る分野。相続税に関する「配偶者の軽減」や「２割加算の対象」等をしっかりと覚えたうえで、過去問を繰り返して理解しよう。また「相続税の基礎控除額」はいつでも出題されると思って準備しよう！

1位 相続財産の評価　不動産

▶第6章 10

出題率 90%

相続財産としての不動産の評価は少し複雑なので問題になりやすい。「小規模宅地の評価減」を中心に、過去問の周辺だけを完全に理解して、それ以外が出たら捨ててしまおう！

3位 遺言と遺留分

▶第6章 5

出題率 85%

ここが年２回以上出る傾向は、今後も変わらないだろう。出題されるポイントは「遺言の方式」「遺留分の割合」など昔から変わっていないので、早めに取り組んで理解しておこう。そして、遺言の方式の細かい知識は試験前日にも必ず目を通して覚えよう！

4位 贈与税の計算と納付

▶第6章 3

出題率 80%

毎回のように出ている贈与税の計算。「基礎控除110万円」「配偶者控除2,000万円」「納付期限３月15日」「相続時精算課税」など、出るポイントは決まっているので、すべてをマスターするつもりで勉強しよう！

4位 相続の開始と相続分

▶第6章 4

出題率 80%

最近は毎回出ることがフツーになり、上昇トレンド継続中だ。実務上も重要な領域だ！「法定相続人」と「法定相続分」について（丸暗記するのではなく）理解を深めながら過去問に取り組めば、１問は取れる！

1

贈与の基本と贈与税

贈与の意義と形態

絶対
マスター

絶対読め！ 30 秒レクチャー

「これタダであげる！」「もらった！」で贈
与契約は成立。これを書面でやっちゃうと取
り消せないけど、口頭だけなら、実際にあげ
る前に「やっぱりやめた！」「やっぱりいら
ない！」といえば話を水に流せる！　あと
は、定期・負担付・死因など、いろんなバリ
エーションの贈与を覚えておけばバッチリ
だ！

ナナメ読み！　**学習のポイント**

1 贈与契約とは

贈与者（あげる人）が、自分の財産を受贈者（もらう人）に無償で与えると
いう意思表示をし、それを受贈者が受け入れる契約。この場合の意思表示には
口頭と書面の違いはない。

2 贈与の取消し

① 口頭による贈与契約は、当事者のいずれかが取消しできる。なぜなら、口
頭での贈与契約は履行された時点で効力が発生するからである（停止条件付
贈与※の場合は、条件が成就した時）。ただし、それらは実行される前の話
であり、すでに実行された贈与契約は取消すことができない。

② 書面による贈与契約は、契約の効力が発生した時点からは取消しができな

第 **6** 章 相続・事業承継

い。

※　停止条件付贈与とは、将来に条件がそろった場合に贈与がされる契約。

例：「東大に合格したら100万円あげる」→（不合格なら）贈与を<u>ストップ</u>
<u>する条件</u>が付いている

3　贈与の種類

(1) 定期（ていき）贈与

定期的に給付を行う贈与（例：10年間、毎年100万円あげよう！）。

(2) 負担付（ふたんつき）贈与

一定の財産を贈与する前提として、一定の<u>債務（さいむ）</u>を負わせる贈与（例：1,000万円分の土地をお前にあげるから、500万円のローンもお前が負担してくれ…）。

(3) 死因（しいん）贈与

贈与者の死亡時に有効となる贈与契約（例：「オレが死んだらこの家あげる！」「もらった！」）。<u>双方の合意</u>が必要である。一方、「遺贈（いぞう）」は遺言による<u>一方的な意思表示</u>によって（孫など相続人以外に）財産を譲ること。

<u>死因贈与</u>は、契約はあくまで贈与だが、贈与の時期が贈与者の死亡後なので贈与税は課せられず、<u>相続税の対象となる</u>ことに注意。

問 1 　贈与は、当事者の一方が財産を無償で相手方に与える意思表示をすれば、相手方が受諾しなくても、その効力が生じる。

《2022年1月学科第1問 (26)》

問 2 　書面によらない贈与契約は、既に履行が終わった部分を除き、各当事者が解除をすることができる。　　《2021年1月学科第1問 (26)》

問 3 　贈与税の課税において、停止条件付贈与により受贈者が受け取った財産の取得時期は、その贈与契約をした時である。

《2009年9月学科第1問 (28)》

問 4 　住宅ローンが残っているマンションを贈与し、受贈者がそのローン残高を引き継ぐといったように、受贈者に一定の債務を負担させる贈与契約を、負担付贈与契約という。　　《2018年5月学科第1問 (26)》

問 5 　個人が死因贈与により取得した財産は、課税の対象とならないものを除き、贈与税の課税対象となる。　　《2023年9月学科第1問 (26)》

問 1 ✕ …… 贈与は<u>両者の合意</u>によって成立する「<u>契約</u>」である

問 2 〇 …… 学習のポイント **2**①を参照。贈与の口約束は実行されるまでは各当事者が取り消すことができるが、履行後は撤回できない

問 3 ✕ …… 一定の条件が成就した時が取得時期となる

問 4 〇 …… 受贈者に一定の<u>債務を負わせる</u>贈与

問 5 ✕ …… 学習のポイント **3** (3) を参照。「私が死んだらあげる」は、<u>相続税</u>の課税対象となる

贈与の基本と贈与税

2 贈与税の課税財産・非課税財産

最後の
ひと押し

絶対読め！30秒レクチャー

　贈与税は、相続税を免れる行為を防ぐ、相続税の補完的な役割がある！　ここでは、贈与税のヒカゼイ財産を中心に勉強しよう。ヒカゼイ財産には「それは贈与じゃなくて所得」「それは相続」とツッコミが入るものと、「そこから税金取るのはセチガライ！」とツッコミが入るものに分類して理解しよう！

香典は非課税じゃ

ナナメ読み！　**学習のポイント**

1 贈与税の課税財産

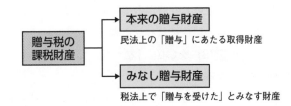

贈与税の
課税財産

本来の贈与財産
民法上の「贈与」にあたる取得財産

みなし贈与財産
税法上で「贈与を受けた」とみなす財産

（1）本来の贈与財産

　贈与によって譲り受けた財産で、お金で見積もれるもの。現金、預金、株式、土地、家屋など。

（2）みなし贈与財産

　贈与という形式ではなくても、受けた行為によって<u>贈与と同じような経済的利益</u>が生じる場合は、トクをした人が「贈与を受けた」とみなされて、課税対

象となる。次のようなものがある。

① 信託財産（信託を依頼した人以外が利益を受ける場合）

② 生命保険金（契約者・被保険者・受取人が異なる場合など）

③ 低額譲渡（格安で売ってもらった）による利益

④ 債務免除（借金をチャラにしてもらった）により受けた利益

実務上ではどうなの？

「みなし贈与財産」のように、FP相談実務においては「みなし○○」という概念がよく出てくる。そもそも「みなす（見做す）」ってどういう意味だろうか？

法律上は「ある事柄について、他の性質の異なる事柄と法律上同一視し、同一の法律効果を生じさせる」ことを意味し、「実際にそうじゃなくても便宜上そのようなものとする」ことで税金をとりやすくしたり、混乱を生じないようにしている。「みなす」という考え方はカンタンそうに見えて実は深いのでこの言葉が出るたびに少し立ち止まって意味を考えよう！

2 贈与税の非課税財産

(1) 法人からの贈与財産

贈与者が法人の場合、受贈者（もらう人）は贈与税がかからない。しかし、その法人と個人に「雇用関係がある」場合は給与所得、「雇用関係がない」場合は一時所得となる。いずれにしても個人の所得となるので所得税や住民税の対象となる。

(2) 扶養義務者からの生活費、教育費

扶養義務者から受ける通常必要なお金などに贈与税は課税されない。たとえば、一人暮らしの子供への親からの仕送り（生活費や学費）など。

(3) 離婚の財産分与によって受け取った財産

財産分与とは、夫婦2人で築いてきた財産を2人で分け合う（奪い合う？）こと。しかし、婚姻中の生活費や収入などと比べて財産分与の額が過大な場合は、過大な部分が贈与とみなされる。

(4) 相続開始前7年以内の贈与

被相続人の死亡によって相続、遺贈があったとき、原則その相続開始前7年以内（開始年を含む）に被相続人から贈与により取得した財産は（贈与税がかからない扱いとなる代わりに）相続税の対象となる。

※ただし2030年末までに相続が開始した場合は、2024年1月以降の贈与（および2023年末までの贈与のうち相続開始前3年以内のもの）が相続税の対象となる。

(5) その他

社交上必要と認められるもの（香典、見舞い、祝い物など）や、公益事業用財産（公益事業の用に供する財産）などには贈与税がかからない。

さらっと一読！

■使用貸借　　　　　　　　　　　　出題率 **20%未満**

① 無償で（賃料を取らずに土地等を）貸すことを使用貸借という。
② 個人間（親子など）で使用貸借があっても、贈与税等の課税関係は生じない。

✎ 本番得点力が高まる！ **問題演習**

問1
□□□
個人間において著しく低い価額の対価で財産の譲渡が行われた場合、原則として、その譲渡があった時の譲受財産の時価と支払った対価との差額に相当する金額について、贈与税の課税対象となる。

《2022年9月学科第1問（27）》

問2
□□□
個人が法人からの贈与により取得する財産は、（　　）の課税対象となる。

1) 法人税

2) 贈与税

3) 所得税
《2023年5月学科第2問（56）》

問3
□□□
相続または遺贈により財産を取得した者が、被相続人の相続開始の年に被相続人から贈与により取得した財産の価額は、贈与税の課税価格には算入されず、原則として、相続税の課税価格に算入される。

《2012年5月学科第1問（30）》

問4 相続人が、個人から香典を受け取った場合、社会通念上相当と認められるものについては贈与税は課されない。

《2008年9月学科第1問（26）》

問5 子が父の所有する土地を無償で借り受け、その土地の上に建物を建築した場合には、父から子へ借地権の贈与があったものとして贈与税の課税対象となる。

《2017年5月学科第1問（26）》

問1 ◯── 時価よりも著しく低い価額での譲渡（低額譲渡）による利益は（時価との差額が）みなし贈与財産となる

問2 3)── 法人からの贈与は所得税や住民税の対象となる

問3 ◯── 学習のポイント **2**(4) を参照。相続の開始前（最大）7年以内に被相続人から贈与を受けた財産は、相続税の課税対象となる

問4 ◯── ほかに年末年始の贈答や見舞品なども同じ

問5 ✕── 土地の使用貸借（無償で土地を貸す）は、地代をとらないので借地権の価値がゼロであり、贈与税の課税対象にはならない

---

3 贈与税の計算と納付

贈与の基本と贈与税

絶対
マスター

「2/1〜3/15」

手続きに
行かないと〜

贈与税

　1月から12月までに合計110万円を超える贈与を受けた人は、翌年の2月1日から1カ月半の間に贈与税を申告して納めなさい！これが贈与税の原則「レキネン」課税で、例外「ソーゾクジセーサン」課税もあるのだ。ちなみに、贈与税の速算表は使い方さえわかればよいので、丸暗記はしなくていいぞ！

ナナメ読み！　**学習のポイント**

1　贈与税の計算

●暦年課税のしくみ

その年に
贈与された
合計額

課税財産額 （みなし贈与財産を含む）
基礎控除 110万円
非課税財産等

→ 超過累進税率
（10〜55%）

贈与税額

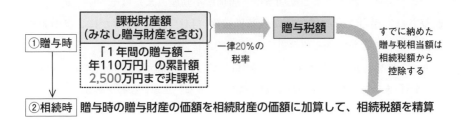

●相続時精算課税のしくみ

①贈与時　課税財産額（みなし贈与財産を含む）「1年間の贈与額－年110万円」の累計額 2,500万円まで非課税 → 一律20%の税率 → 贈与税額 → すでに納めた贈与税相当額は相続税額から控除する

②相続時　贈与時の贈与財産の価額を相続財産の価額に加算して、相続税額を精算

　贈与税の課税方法には、暦年課税と相続時精算課税がある。どちらを利用するかは受贈者（もらう人）が選択する。

　父からの贈与は暦年課税、母からの贈与は相続時精算課税というふうに、贈与者（あげる人）ごとに選択できる。

2 暦年課税

(1) 贈与税の基礎控除

　1年間に贈与された財産の合計額から基礎控除額110万円を引いた額に贈与税がかかる。取得した財産の合計が110万円以下の場合、贈与税は課されず、申告書の提出も不要。なお、贈与者（あげる人）が2人でも3人でもこの基礎控除は110万円。

(2) 贈与税額の計算（暦年課税）

①　課税価格の計算

　「本来の贈与財産」に「みなし贈与財産」を加え、非課税財産を引く。

②　贈与税額の計算

　課税価格から基礎控除（や配偶者控除）を差し引いて、税率を掛ける。

　　贈与税額＝（課税価格－110万円）×税率

③　直系尊属からの贈与・特例税率の適用

　両親や祖父母などからの贈与を受けた人については「特例税率」を適用して税額を計算する。ただし、贈与を受ける人が18歳以上の場合に限る。

第6章 相続・事業承継

(3) 贈与税の配偶者控除

一定の条件にあてはまる配偶者は、居住用不動産（またはその購入資金）を贈与された場合、その課税額から基礎控除（110万円）のほかに2,000万円を控除することができる（合計2,110万円の控除）。

※ この配偶者控除にあてはまる条件には、婚姻期間が20年以上で、翌年3月15日までにそこに住み始め、引き続き居住する見込み、などがある。

3 相続時精算課税制度

相続の一部を（生きてる間に）前倒しで行うような制度。

① 贈与時

1人の贈与者（あげる人）から贈与された財産について、（年110万円の基礎控除を超えた金額ベースで）累計2,500万円までが非課税となる。2,500万円を超えた部分については一律20%の贈与税がかかる。

② 相続時

贈与者が亡くなったら、相続時精算課税制度による贈与財産の価額（贈与時の価額）と相続財産の価額を合計して相続税を計算し、すでに支払った贈与税額を差し引いた金額を相続税として支払う。

(1) 適用者

「60歳以上の親または祖父母」から「18歳以上の子または孫」への贈与。

(2) 手続き

受贈者（子または孫）は、贈与を受けた翌年の2月1日から3月15日までの間に、贈与税の申告書にその旨の届出書を添付して提出。

さらっと一読！ ▌**相続時精算課税のデメリット** 出題率 **20%未満**

① この制度を選択した場合、その贈与者（例えば父）からの贈与については暦年贈与を受けられなくなる。
② この制度で土地を贈与した場合は「小規模宅地等の特例」を受けられなくなる。

4 贈与税の納付方法と納付期限

(1) 納付方法

　申告書の提出期限までに「金銭一括納付」が原則だが、一定の条件下では（例外として）延納が認められているが、物納は認められていない。

(2) 申告・納付の期限

　贈与を受けた年の翌年の2月1日から3月15日まで（所得税の確定申告よりも<u>半月だけスタートが早い</u>）に、受贈者（もらった人）が住所地の税務署に申告・納付をしなければならない。

(3) 贈与税の延納

　<u>次の条件のすべてを満たせば</u>、延納が認められる。物納はできない。

① 　贈与税額が10万円を超えている

② 　現金で一括納付することができない<u>金銭的理由</u>がある

③ 　原則として、不動産などの<u>担保</u>を提供する

④ 　延納期間は5年以内

⑤ 　納付期限までに<u>延納申請書</u>を提出し、税務署長の許可を得る

5 直系尊属からの住宅資金贈与・非課税特例

　一定の要件（18歳以上など）を満たした人が、両親や祖父母から<u>住宅取得のための資金の贈与</u>を受けた場合、500万円の贈与税の非課税枠が（年110万円の基礎控除や相続時精算課税制度の2,500万円の非課税枠に<u>上乗せして</u>）ある。なお、「良質な住宅」に該当すれば、非課税枠がさらに500万円アップする。

6 祖父母などからの教育資金一括贈与・非課税特例

　前年の合計所得金額が1,000万円以下の人が両親や<u>祖父母</u>から教育資金の贈与を受けた場合、受贈者1人あたり1,500万円の非課税枠（うち、学校等以外への支払いは最大500万円まで）を利用できる制度。

　贈与を受ける人は30歳未満に限る。また、30歳到達時に残高があっても、

「学校等に在学」または「教育訓練給付金の対象訓練を受講」している場合は課税されないが、これらの状況が解消された後の年末（または40歳に達した場合）に残高があれば贈与税が課税される。

なお、受贈者が23歳以上の場合は「学校等に支払われる費用および関連費用（留学渡航費等）」「教育訓練給付金の支給対象となる教育訓練を受講するために支払われるもの」に対象範囲が限定された。

7 直系尊属からの結婚・子育て資金贈与・非課税特例

前年の合計所得金額が1,000万円以下の人が両親や祖父母等から結婚・子育て資金の贈与を受けた場合、受贈者1人あたり1,000万円の非課税枠（うち結婚費用は300万円限度）を利用できる制度。贈与を受ける者は18歳以上50歳未満に限る。

本番得点力が高まる！ 問題演習

問1 暦年課税における贈与税の基礎控除額は、130万円である。

《2012年1月学科第1問（28）》

問2 暦年課税による贈与税は、受贈者ごとではなく、贈与者ごとに1年間に贈与した財産の価額を合計し、そこから非課税財産を控除して課税価格を算出する。

《2014年5月学科第1問（27）》

問3 暦年課税による贈与税の計算において、同年中に父と母からそれぞれ贈与を受けた場合の基礎控除額は、220万円（110万円×2人）である。

《2015年1月学科第1問（27）》

問4 贈与税の配偶者控除の適用を受ける場合、暦年課税の適用を受けている受贈者がその年に贈与税の申告で課税価格から控除することができる金額は、基礎控除額も含めて最高（　　）である。

1）1,110万円

2）2,000万円

3）2,110万円

《2018年1月学科第2問（56）》

問 5 　贈与税の配偶者控除は、婚姻期間が（ ① ）以上である配偶者から居住用不動産の贈与または居住用不動産を取得するための金銭の贈与を受け、所定の要件を満たす場合、贈与税の課税価格から基礎控除額のほかに最高（ ② ）を控除することができる特例である。

1) ①10年　②2,500万円
2) ①20年　②2,500万円
3) ①20年　②2,000万円　　　　　　　　　　　《2023年1月学科第2問（56）》

問 6 　相続時精算課税の適用を受けた場合、特定贈与者ごとに特別控除額として累計（ ① ）までの贈与には贈与税が課されず、その額を超えた部分については一律（ ② ）の税率により贈与税が課される。

1) ①2,000万円　　②25%
2) ①2,000万円　　②20%
3) ①2,500万円　　②20%　　　　　　　　　　《2022年9月学科第2問（56）》

問 7 　住宅取得等資金として両親から資金の贈与を受けた場合、「直系尊属から住宅取得等資金の贈与を受けた場合の贈与税の非課税」の適用と併せて、相続時精算課税制度の適用を受けることはできない。

《2016年5月学科第1問（30）》

問 8 　「直系尊属から教育資金の一括贈与を受けた場合の贈与税の非課税」の適用を受けた場合、受贈者1人につき（ ① ）までは贈与税が非課税となるが、学校等以外の者に対して直接支払われる金銭については、（ ② ）が限度となる。

1) ①1,000万円　　②　500万円
2) ①1,500万円　　②　500万円
3) ①1,500万円　　②1,000万円　　　　　　　《2021年9月学科第2問（57）》

問1 ✕──── 贈与税の基礎控除額は110万円

問2 ✕──── 受贈者（もらう人）ごとに課税価格を算出する

問3 ✕──── 学習のポイント **2**(1) を参照。もらう人1人につき110万円

問4 3)──── 学習のポイント **2**(3) を参照。2,000万円＋110万円＝2,110万円

問5 3)──── 学習のポイント **2**(3) を参照。なお、贈与税の配偶者控除の適用を
受けるには申告書の提出が必要

問6 3)──── 学習のポイント **3** ① を参照。贈与者（あげる人）ごとに2,500万円
が累計の限度額で、それを超える生前贈与を受ける場合は一律
20％の贈与税がかかる

問7 ✕──── 直系尊属からの住宅資金贈与の非課税の特例は、相続時精算課税
制度と併用して適用を受けることができる

問8 2)──── 学習のポイント **6** を参照。もらう人1人につき1,500万円。学校等
以外に支払う場合は500万円

4

相続の基本
相続の開始と相続分

絶対
マスター

絶対読め！**30**秒レクチャー

　相続では、まず「被相続人＝死んだ人」が誰で、どんな財産を持っていたかを確認しよう！　亡くなった「被相続人」の財産を、みんなが幸せに暮らすためのルール（民法）にしたがって「相続人」に受け継ぐのが相続だ。遺言がなければ、話し合い（遺産分割協議）で決めるのだが、民法では「法定相続分」という、より身近な人に相続財産を多く受け渡すガイドラインがあるので、これを参考にして決める場合も多いのだ！

ナナメ読み！　**学習のポイント**

1　相続の開始

　相続は死亡によってスタート！　開始すると、被相続人の財産に関する権利義務が特定の人に継承されるが、被相続人の一身に専属するもの（例：年金を受給する権利）は継承されない。また、死亡後の財産の処分方法には、相続のほかに遺贈と死因贈与がある。

【遺贈】遺言により財産の一部もしくは全部を他人に無償で供与すること

【死因贈与】贈与者の死亡によって贈与が開始される贈与契約

第**6**章　相続・事業承継

2 相続人の範囲と順位

(1) 法定相続人

　民法では、相続財産を引き継ぐことができる人を配偶者、子、直系尊属（通常は親）、兄弟姉妹に限定している。

(2) 相続人の順位

　死亡した人の配偶者は「常に相続人となる」ので順位には入らず、第1位が子、2位が直系尊属、3位が兄弟姉妹と続く。上の順位の人がいない場合には、下の順位の人が（配偶者と一緒に）相続人となる。

　例：被相続人に子がいない場合は親が相続人になる。

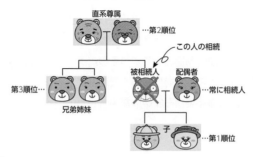

(3) 欠格と廃除

① 　相続人が被相続人を殺害しようとしたり、遺言に関する強迫や詐欺を行った場合→欠格。

② 　被相続人が相続人から虐待を受けたり、重大な侮辱を与えられたりして、被相続人が家庭裁判所に申し立てた場合→廃除。

　①②のいずれの場合もその相続人の相続権は失われる。

(4) 代襲相続

　相続発生時に子がすでに死亡している場合や、欠格や廃除によって相続人の権利を失っている場合に、孫が相続を受けることなどをいう。なお、相続人が相続を放棄した場合、その子による代襲相続は認められない。

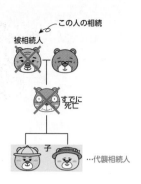

この人の相続

被相続人

すでに
死亡

子

…代襲相続人

3 相続分

(1) 指定相続分

遺言によって指定された相続分のこと。これにより、本来は相続人になる権利を持たない人にも相続人の権利を与えることができる。また、指定相続分は法定相続分に優先して適用される。

(2) 法定相続分

民法で定める標準的な相続分のガイドラインのこと。

相 続 順 位	法 定 相 続 人 と 法 定 相 続 分			
子ども（第1順位）がいる場合	配偶者	$\frac{1}{2}$	子ども　$\frac{1}{4}$　$\frac{1}{4}$	$\frac{1}{2}$ を人数で均等に分ける※
子どもがおらず父母（第2順位）がいる場合	配偶者	$\frac{2}{3}$	父母等　$\frac{1}{6}$　$\frac{1}{6}$	$\frac{1}{3}$ を人数で均等に分ける
子どもと父母がともにおらず、兄弟（第3順位）がいる場合	配偶者	$\frac{3}{4}$	兄弟姉妹　$\frac{1}{8}$　$\frac{1}{8}$	$\frac{1}{4}$ を人数で均等に分ける

※ 実子と養子、嫡出子と非嫡出子の区別によって、相続人の順位に違いが出ることはない。

配偶者以外の相続人は、守られるべき度合いが高い（身近な）人ほど、相続分が多くなる。なお、それぞれの順位者が複数いる場合（子2人など）は、さらにワリカン（人数で均等に分割）する。

　なお、養子の法定相続分は実子と同じ。養子縁組には、「普通」と「特別」（生みの親が育てられない場合）の2種類がある。普通養子縁組は、実親との親族関係は終了しないが、特別養子縁組の場合は実親との親族関係が終了する。

さらっと
一読！

▌離婚と相続　　　　　　　　　　出題率 ▶ **30**％未満

離婚した夫婦の子どもがいた場合には、子どもの相続権は残り、相続順位も後妻の子どもと変わらない。

さらっと
一読！

▌協議分割による遺産の分割　　出題率 ▶ **20**％未満

① 共同相続人全員の協議により分割する方法のこと。
② 分割割合は、必ずしも法定相続分にしたがう必要はない。
③ 遺産分割協議の完了前でも一定の預貯金を引き出せる仮払い制度がある。
④ 配偶者が自宅の権利を相続しなかったとしても、その自宅に住み続ける権利だけを認める「配偶者居住権」という権利がある。

さらっと
一読！

▌代償分割　　　　　　　　　　　出題率 ▶ **10**％未満

共同相続人のうち特定の者が被相続人の遺産を取得し、その他の相続人に「代償として」資産を交付する分割方法のこと。

実務上ではどうなの？

　実際の相続においては、法定相続分どおりに相続することがベストであるケースは少ないでしょう。たとえば、自宅の土地を法定相続分の比率で共有する形で相続した場合、さらにその子どもの世代で所有権が複雑になって収拾がつかなくなる状態をよく見かけるので、注意が必要です。

問1
□□□　被相続人の子が、被相続人の相続の開始以前に死亡している場合、その者（被相続人の子）の配偶者が代襲相続人となる。

《2012年1月学科第1問（26）》

問2
□□□　相続人が複数いる場合、各相続人は、被相続人の遺言により相続分や遺産分割方法の指定がされていなければ、法定相続分どおりに相続財産を分割しなければならない。　《2021年9月学科第1問（27）》

問3
□□□　下記の〈親族関係図〉において、Aさんの相続における父Cさんの法定相続分は、（　　）である。

〈親族関係図〉

1）2分の1
2）3分の1
3）4分の1　　　　　　　　　　　　　　　　《2022年5月学科第2問（57）》

問4
□□□　下記の〈親族関係図〉において、Aさんの相続における弟Cさんの法定相続分は、（　　）である。

〈親族関係図〉

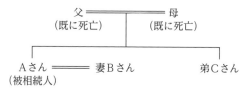

1）4分の1
2）3分の1
3）2分の1　　　　　　　　　　　　　　　　《2019年9月学科第2問（57）》

下記の〈親族関係図〉において、Aさんの相続における孫Fさんの法定相続分は、（　　）である。なお、長男Dさんは、Aさんの相続開始前に死亡している。

〈親族関係図〉

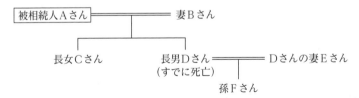

1) 4分の1
2) 8分の1
3) 0（なし）

《2016年5月学科第2問（58）》

問1 ✕── **代襲相続**とは、その相続人が死亡している場合などで相続を受けられないときに、その子が相続を代わりに受けること

問2 ✕── 共同相続人全員の協議により遺産を分割する協議分割も可能。この場合、必ずしも法定相続分にしたがう必要はない

問3 2)── 相続人が配偶者と直系尊属の場合は、配偶者3分の2、直系尊属3分の1

問4 1)── 法定相続人は配偶者Bと弟C。法定相続分は、配偶者4分の3、兄弟姉妹4分の1

問5 1)── 孫Fはすでに死亡している長男Dの代襲相続人となる

妻B　　：$\dfrac{1}{2}$

長女C：$\dfrac{1}{2} \times \dfrac{1}{2} = \dfrac{1}{4}$

孫F　　：$\dfrac{1}{2} \times \dfrac{1}{2} = \dfrac{1}{4}$

出題率 **85%** ┃ 難易度 ★★★★★

5 相続の基本 遺言と遺留分

絶対読め！30秒レクチャー

相続は、まず故人の希望が優先！ でも、奥さん・子供・親など、近い家族は法定相続分の半分（または3分の1）はもらう権利（遺留分）があるので、ヘタな遺言を書くと通らない部分も出てくるぞ。遺言の残し方は、自分で書く「自筆」、公証人に言う「公証」、遺言内容が秘密にできる「秘密」の3パターンを頭にたたき込んでおこう！

遺産はすべて愛人の…

無理！

イリューブン主張しよっと

ナナメ読み！ 学習のポイント

1 遺言の方式

遺言（イゴン、またはユイゴン）とは、死後の法律関係を定めるための最終意思の表示のことで、15歳以上であれば、原則として誰でも行える。自筆証書遺言、公正証書遺言、秘密証書遺言の3種類がある。

	自筆証書遺言	公正証書遺言	秘密証書遺言
作成方法	本人が**全文・年月日・氏名を自筆**で書き、押印する※1	本人が口述し、公証人が筆記する	本人が遺言書に署名押印の後、公証人役場で手続き
場所	自由	公証人役場	公証人役場
証人	不要	証人2人以上※3	公証人1人、証人2人以上※3
署名・押印 しょめい　おういん	本人	本人、公証人、証人（遺言者本人は実印）	本人、公証人、証人
家庭裁判所の検認	必要※2	**不要** （内容が明らかになっているから必要ない）	必要※2

※1　遺言書本体についての要件。相続財産の目録等（添付書類）は手書きでなくてもよいが、添付書類の全ページに署名・捺印は必要
※2　法務局（遺言書保管所）に保管されている遺言書については、検認不要
※3　未成年者、推定相続人（配偶者など）、受遺者（遺言により財産をもらう人）は証人になれない

2 遺言の取消し・変更

　作成した遺言は、いつでも自由に取消し、変更することができる。変更する際は、■の3パターンのいずれかの遺言の方式にしたがわなければならないが、前の遺言と同じ方式にする必要はない。また、遺言者が遺言の主旨と抵触（ていしょく）する行為（例：遺言に書かれていた不動産を売却）をした場合も取消しとみなされる。

さらっと一読！ ▎**遺言の効力**　　　　出題率 **20%未満**

遺言は、遺言者の死亡の時からその効力を生ずる（民法985条）。

---

3 遺留分

「配偶者、子（その代襲相続人）、直系尊属（親）など一定の相続人が、自ら権利を行使すれば必ず取得できる財産の範囲」のこと。なお、兄弟姉妹には遺留分がない（兄弟の財産をアテにするなってこと！）。

(1) 遺留分の割合

① 相続人が直系尊属（親）だけの場合→法定相続分の$\frac{1}{3}$

② 上記以外の場合（これが原則）→法定相続分の$\frac{1}{2}$

例えば、相続人が配偶者と子の場合、配偶者の法定相続分は$\frac{1}{2}$だから、配偶者の遺留分は$\frac{1}{2}×\frac{1}{2}=\frac{1}{4}$

(2) 遺留分の侵害額請求権

遺留分を主張して「遺留分が侵害された額に相当する金銭の支払い」を請求する権利のこと。「相続開始」と「遺留分が侵害されていること」の両方を知った時から1年間で消滅する（やや短いが、権利関係を早く安定させようとする趣旨）。この権利は、相続開始の時から10年の経過によっても消滅する。

✏️ 本番得点力が高まる！ 問題演習

問1 □□□
自筆証書遺言を作成する場合において、自筆証書に添付する財産目録については、自書によらずにパソコンで作成しても差し支えない。
《2020年1月学科第1問（27）》

問2 □□□
自筆証書遺言書保管制度を利用して、法務局（遺言書保管所）に保管されている自筆証書遺言については、家庭裁判所による検認の手続を要しない。
《2023年5月学科第1問（28）》

問3 □□□
公正証書遺言は、証人2人以上の立会いのもと、遺言者が遺言の趣旨を公証人に口授し、公証人がそれを筆記して作成される遺言であり、相続開始後に（ ① ）における検認手続が（ ② ）である。

1）①公証役場　②必要
2）①家庭裁判所　②必要
3）①家庭裁判所　②不要
《2022年5月学科第2問（59）》

問4 □□□　下記の〈親族関係図〉において、遺留分を算定するための財産の価額が3億円である場合、長女Eさんの遺留分の金額は、（　　　）となる。

〈親族関係図〉

1）2,500万円

2）5,000万円

3）7,500万円

《2021年5月学科第2問（58）》

問5 □□□　被相続人の兄弟姉妹には、遺留分の権利が認められていない。

《2014年9月学科第1問（28）》

問1 ○── 学習のポイント**1** の表を参照。自筆証書遺言の財産目録については（自筆でなく）パソコンによる作成等も○Kとなっている

問2 ○── 学習のポイント**1** の「※2」を参照。法務局に保管した自筆証書遺言は、検認不要

問3 3）── 公正証書遺言は内容が明らかになっているので家庭裁判所の検認は必要ない

問4 1）── 遺留分は法定相続分の $\frac{1}{2}$ であるから、長女Eの遺留分は、

30,000万円 $\times \frac{1}{2} \times \frac{1}{3} \times \frac{1}{2} = 2,500$ 万円

問5 ○── 兄弟姉妹には遺留分がない

出題率 **45%** | 難易度 ★☆☆☆☆

6 相続の基本
相続の承認と放棄

最後の
ひと押し

絶対読め！**30**秒レクチャー

「資産は相続したいけど、借金は相続した
くない！」と思うのは当然のこと。圧倒的に
負債が大きそうな場合は「私は相続しない！」
という書類を家庭裁判所に提出すべきだし、
場合によっては「私たちは、相続財産の範囲
内で借金も相続する」と相続人全員で申し出
る方法もある。相続の３つのパターンを理解
しよう！

相続の放棄もできるんだな！
よ～し、
申述書の準備をしてみるか。

うん
うん

3カ月

借用書
1億円借りました。
by shuzoの父

ナナメ読み！ 学習のポイント

相続人は、相続の開始があったことを知った日から３カ月間以内に、以下の
３つのいずれかを選択することになる。

1 単純承認
（たんじゅんしょうにん）

無条件、無制限に相続財産（プラスの財産だけでなく、借入金などの債務も
含まれる）を継承すること。なにもせず３カ月間経過すると、単純承認したも
のとみなされる（家庭裁判所の手続きは不要）。

2 限定承認
（げんていしょうにん）

相続財産の範囲内で被相続人の債務を引き継ぐこと。相続の開始を知った日
から３カ月以内に家庭裁判所に「限定承認申述書」を、共同相続人全員で提出

265

しなければならない。

3 相続放棄（そうぞくほうき）

被相続人からの相続を拒絶すること。相続の開始を知った日から3カ月以内に家庭裁判所に「相続放棄申述書」を提出しなければならない。またこの場合は、各相続人が単独で行える。

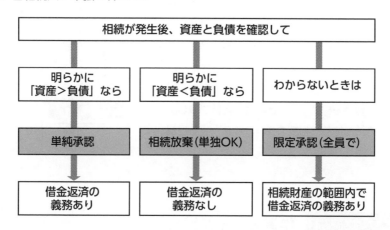

本番得点力が高まる！ **問題演習**

問1
□□□
相続人が相続の放棄をするには、原則として、自己のために相続の開始があったことを知った時から（ ① ）以内に、（ ② ）にその旨を申述しなければならない。

1）①3カ月　　②家庭裁判所
2）①3カ月　　②所轄税務署長
3）①6カ月　　②所轄税務署長　　　　　　《2022年5月学科第2問（58）》

問2
□□□
相続人が複数人いる場合、相続の限定承認は、相続人全員が共同して行わなければならない。　　　　　　《2015年1月学科第1問（30）》

問1 1)⸺ 相続放棄は3カ月以内に家庭裁判所に申述する。申述には申述書の提出が必要

問2 ◯⸺ 限定承認は、共同相続人全員で家庭裁判所に申述書を提出

出題率 **45%** | 難易度 ★★★ ☆ ☆

7

相続税のしくみ

相続税の課税財産・非課税財産

最後のひと押し

絶対読め！30秒レクチャー

死亡保険金、死亡退職金、死ぬ前3年以内にもらった財産も、相続税の課税財産になる！ しかし、死亡保険金、死亡退職金はいずれも遺族の生活を守る大切なお金なので、法定相続人1人あたり500万円は非課税なのだ。

1,000万円は非課税
500万円×2人

ナナメ読み！ **学習のポイント**

1 相続税の課税財産

（1）本来の相続財産

相続や遺贈によって取得したなかで、金銭に見積もることができるすべての財産のこと。

（2）みなし相続財産

本来の相続財産ではないが「相続などにより取得した財産と同じ」とみなされることで、相続税が課されうる財産。**死亡保険金や死亡退職金**などがある。

（3）相続開始前7年以内に被相続人から贈与を受けた財産

被相続人から、相続や遺贈によって財産を取得した人が、相続を開始した年からさかのぼって原則7年以内（2030年末までに相続が開始した場合には経過措置あり）に被相続人からの贈与によって取得した財産については、**贈与により取得した**ときの価額で相続税が課税される。なお、その際に贈与税を納めている場合は（ダブルで課税されないように）その納税額が相続税より差し引かれる。

2 相続税の非課税財産

(1) 死亡保険金、死亡退職金

　相続人が生命保険金（被相続人が保険料を負担していたもの）や死亡退職金（被相続人の死後3年以内に支給が確定したもの）を受け取った場合、それぞれについて次の式で求めた金額が非課税となる。

> 非課税限度額＝500万円×法定相続人の数※

※　相続を放棄した相続人がいた場合には、放棄はなかったものとした場合の法定相続人の数とする。また、被相続人に養子がいた場合、法定相続人に含められる養子の数には限度がある（実子がいる場合、養子は1人まで。実子がいない場合、養子は2人まで）。

　なお、相続人以外の人が死亡保険金を受け取った場合も相続税の課税対象となるが、上記の非課税枠はない。

(2) 弔慰金

　相続人が会社から受ける弔慰金は、業務外の死亡の場合は普通給与の6カ月分、業務上の死亡の場合は普通給与の3年分が非課税となる。

(3) 債務控除および葬式費用

　相続または遺贈により財産を取得した場合、相続税の計算において、債務および葬式関連費用は原則として財産価額から控除することができる。

【対象となるもの】

　借入金、未払医療費、未払いの所得税、通夜費用など

【対象外とされるもの】

　初七日や法事などの費用、香典返戻費用、墓地買入未払金、税理士費用など

(4) その他

　墓所、仏壇、仏具、香典（金額を問わず）は、国民感情を考慮して非課税財産とされている。

〈課税財産〉　　　　　　　　　　　　〈非課税財産〉

本来の相続財産 （各相続財産の評価額を合算したもの）
みなし相続財産 （死亡保険金・死亡退職金など）
一部の贈与財産 ・相続時精算課税制度の適用財産 ・相続開始前原則7年以内の贈与財産

−

非課税財産 ・墓所・仏壇など ・死亡保険金や死亡退職金の非課税枠 ・小規模宅地等の特例枠など
相続債務 （借金・未払金など）
葬儀費用

＝ 相続財産の総額

✎ 本番得点力が高まる！ 問題演習

問1
☐☐☐
相続税額の計算上、死亡保険金の非課税金額の規定による非課税限度額は、「（　　）×法定相続人の数」の算式により算出される。

1）300万円
2）500万円
3）600万円

《2023年1月学科第2問（58）》

問2
☐☐☐
相続税の計算において、相続人が受け取った死亡保険金の非課税限度額を計算する際の法定相続人の数は、相続人のうち相続の放棄をした者がいる場合、その放棄をした者を含めた相続人の数とする。

《2018年1月学科第1問（28）》

問3
☐☐☐
被相続人の業務上の死亡により、被相続人の雇用主から相続人が受け取った弔慰金は、実質上退職手当金等に該当すると認められるものを除き、被相続人の死亡当時の普通給与の（　　）に相当する金額まで相続税の課税対象とならない。

1）半年分
2）1年分
3）3年分

《2013年9月学科第2問（58）》

問4 相続税の課税価格の計算上、相続人が負担した葬式の際の香典返戻費用は、相続財産の価額から控除することができる。

《2018年9月学科第1問（27）》

問1 2) ── 相続人が受取った退職手当金や生命保険契約の死亡保険金は「500万円×法定相続人の数」で計算した額が非課税となる。「法定相続人の数」は、放棄はなかったものとした場合の数。

> 学習のポイント **2(1)** を参照

問2 ○ ── 法定相続人の数は、相続の放棄をしたものがある場合でも、放棄がなかったものとしたときの数となる

問3 3) ── 会社からの弔慰金は、業務上の死亡の場合、普通給与の3年分まで相続税の課税対象とならない

問4 × ── 初七日や法事などの費用や香典返戻費用は、財産価額から控除できない

8 相続税のしくみ
相続税の計算

絶対
マスター

絶対読め！30秒レクチャー

相続税の計算は「まずケーキの全体を決めてから、みんなでケーキを分ける」と覚えよう。ここでいうケーキは「相続税の総額」というマズそうなものだが、ケーキの大きさは「各人が法定相続分で相続した」ものとして自動的に決まる。そして、実際にたくさん相続する人ほどたくさんケーキを食べなければならないのだ。

こんなに俺が
負担するの？

相続税

ナナメ読み！ **学習のポイント**

1 相続税計算の3ステップ

ステップ1：まず、相続税の課税遺産総額（かぜいいさん）の計算

ステップ2：次に「相続税の総額」の計算

ステップ3：最後に、各人の納付税額の計算

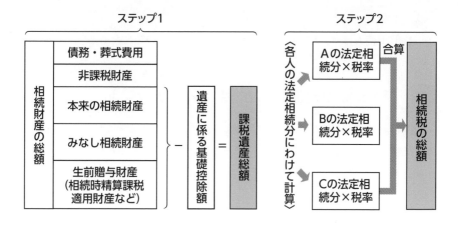

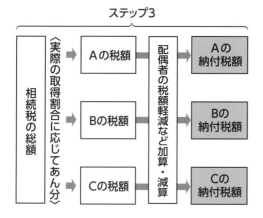

2 相続税の課税遺産総額の計算（ステップ１）

様々な相続財産の課税価格の合計額から、以下の基礎控除額を差し引き、「課税遺産総額」を算出する。

> 遺産に係る基礎控除額＝3,000万円＋600万円×法定相続人の数

① 基礎控除額の計算における法定相続人の数、相続に放棄があった場合でも、その放棄はなかったもの（普通に相続した）とみなして計算する。

② 被相続人に養子がいる場合、法定相続人の計算上の普通養子の数には限度がある。実子がいる場合は養子は1人まで、実子がいない場合は養子は2人

までとなる。

③ 代襲相続人は（2人いたら2人とも）法定相続人の数に含める。

3 「相続税の総額」の計算（ステップ2）

「相続税の総額」（実際の総額とは異なる。相続税の計算プロセスにおいて出てくる概念）の計算においては、各相続人の実際の相続分にかかわらず「各人が法定相続分を取得した」と仮定して計算し、その金額を合算する。

4 各人の納付税額の計算（ステップ3）

3の「相続税の総額」を、各相続人の実際の遺産の取得割合に応じてあん分し、各人の（調整前）税額を算出する。そして、各個別事情に応じて加算・減算し、各人の納付税額を算出する。

【加算の例】

・相続税の2割加算：財産を取得した人が兄弟姉妹や孫（子の代襲相続人を除く）など、被相続人の配偶者や一親等の血族（子や父母）でない場合、算出税額の20%が加算される。

【減算の例】

・配偶者の税額控除：配偶者は、大幅に相続税が軽減される規定がある。婚姻期間による制限はない。配偶者の法定相続分（2分の1など）までは相続税がかからず、法定相続分を超える相続をしても1億6,000万円までは相続税がかからない。対象となる配偶者は、婚姻届を提出していた者に限られる。

・贈与税額控除：相続の開始前7年（2030年末までに相続が開始した場合は経過措置あり）以内に、被相続人による贈与を受けて贈与税を払った場合は（ダブルで課税されないように）その贈与税額を相続税額より控除できる。

さらっと一読！

■ 未成年者控除　　　　　　　　　　　　出題率　10%未満

相続人が未成年者の場合には、原則、その未成年者が「18歳に達するまでの年数1年につき10万円」で計算した額がその未成年者の相続税額から差し引かれる。

問1 □□□ 相続税の基礎控除額の計算上、法定相続人の数に含める被相続人の養子の数は、被相続人に実子がいる場合、2人までである。

《2016年5月学科第1問（26）》

問2 □□□ 下記の〈親族関係図〉において、Aさんの相続における相続税額の計算上、遺産に係る基礎控除額は、（　　）である。

〈親族関係図〉

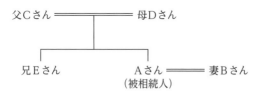

父Cさん ＝＝＝＝＝＝＝ 母Dさん

兄Eさん　　　　Aさん ＝＝＝ 妻Bさん
　　　　　　　（被相続人）

1）4,500万円
2）4,800万円
3）5,400万円

《2023年9月学科第2問（58）》

問3 □□□ 被相続人の孫で当該被相続人の養子となっている者は、代襲相続人である場合を除き、相続税額の計算上、（　　）加算の対象となる。

1）2割
2）3割
3）5割

《2022年1月学科第2問（59）》

問4 □□□ 相続や遺贈により財産を取得した人が実際に納める税額（各人の納付税額）は、相続税の総額を（　①　）し、相続税額の2割加算の適用がある人には加算をした後、各人の（　②　）を加味して求める。

1）①均等に分割　②財産形成への貢献度
2）①課税価格の合計額に占める各人の課税価格の割合によってあん分　②個別事情による税額控除・軽減
3）①法定相続分により分割　②担税力

《2006年1月学科第2問（60）》

第**6**章

相続・事業承継

問5 「配偶者に対する相続税額の軽減」の適用を受けた場合、配偶者の相続税の課税価格が、相続税の課税価格の合計額に対する配偶者の法定相続分相当額または1億6,000万円のいずれか多い金額までであれば、原則として、配偶者の納付すべき相続税額は算出されない。

《2019年9月学科第1問（30）》

問6 相続税額の計算において、「配偶者に対する相続税額の軽減」の適用を受けることにより、納付すべき相続税額が算出されない場合、相続税の申告書を提出する必要はない。　《2021年1月学科第1問（29）》

問1 ✕── 養子は実子がいる場合1人まで、実子がいない場合は2人まで

問2 2)── 学習のポイント **2** を参照。法定相続人は妻B、父C、母Dの3人
遺産に係る基礎控除額＝3,000万円＋600万円×3＝4,800万円

問3 1)── 兄弟姉妹や孫（子の代襲相続人を除く）など「父母、子（代襲相続人を含む）、配偶者」以外は相続税の2割加算の対象

問4 2)── 学習のポイント **3** の「相続税の総額」を算出した後に、各人の納付税額を求める流れはこのとおり

問5 ◯── 配偶者が財産を相続した場合、法定相続分相当額または1億6,000万円のいずれか高い方までは相続税がかからない。

問6 ✕── 「配偶者に対する相続税額の軽減」の適用を受ける場合、相続税の申告書の提出が必要

---

9 （相続税のしくみ）相続税の申告と納付

ここで差がつく

絶対読め! 30秒レクチャー

まず、相続税の納付期限は10カ月と覚えよう！　そして、「エンノウ」と「ブツノウ」の要件について頭にたたき込んでおけば、たいていの問題は解けるはずだ！

死亡 — 納付 → 期限
1月15日　　　11月15日

相続税の納付期限は10カ月間なんだね。

ナナメ読み!　学習のポイント

1 相続税の申告書の提出

相続の開始を知った日の翌日から10カ月以内に、被相続人の死亡時の住所を管轄（かんかつ）する税務署に申告書を提出しなければならない。相続税の課税価格の合計が、「遺産に係る基礎控除額」以下の場合は申告の必要はないが、配偶者の税額軽減などの特例の適用を受ける場合は申告の義務がある。

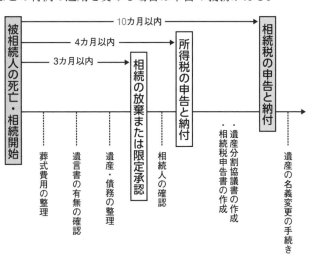

2　納付期限

① 　申告書の提出期限と同じ（10カ月以内）
② 　原則、金銭による一括納付（一定の要件のもと、物納・延納が可能）

3　延納

納税の期限を延ばしてもらえる制度。

① 　金銭による一括納付が困難で、納付すべき相続税総額が10万円を超え、かつ延納申請書を提出して許可を得ていることが必要。
② 　原則として担保の提供が必要。

4　物納

不動産など、お金以外で納税できる制度。

① 　金銭による一括納付が困難で、さらに延納によっても金銭で納付することが困難である場合に、納付期限までに物納申請書を提出し、許可を受けていることが必要。
② 　物納できる財産は、相続や遺贈によって取得した財産（抵当権などの担保権が設定されている等の事情がある不動産を除く）。

問1
□□□
相続税の申告書の提出は、原則として、その相続の開始があったことを知った日の翌日から（　　）以内にしなければならない。

1) 4カ月

2) 6カ月

3) 10カ月　　　　　　　　　　　　　　《2022年9月学科第2問（59）》

問2
□□□
相続税は、相続税の申告書の提出期限までに金銭により一時に納付することが原則であるが、所定の要件を満たせば、延納による納付方法も認められる。　　　　　　　　　　　　　　《2018年9月学科第1問（28）》

問3
□□□
相続により取得した財産に係る相続税は、相続税の申告期限までに金銭により一時に納付することが原則であるが、一定の要件を満たしたときには、延納による納付方法も認められている。そして、延納によっても金銭による納付が困難な場合には一定の要件のもと物納が認められる。　　　　　　　　　　　　　　《2008年1月学科第1問（27）》

問4
□□□
抵当権の目的となっている不動産は、相続税の物納に充てることができない。　　　　　　　　　　　　　　《2010年9月学科第1問（28）》

第**6**章　相続・事業承継

問1 3)── 相続税の申告は、相続の開始を知った日の翌日から10カ月以内

問2 ○── 学習のポイント **3** を参照

問3 ○── 延納の要件は、相続税額が10万円超、担保の提供など

問4 ○── 担保権が設定されている等の事情がある不動産は、物納不適格

様々な相続財産の評価方法

10 相続財産の評価 不動産

絶対読め！30秒レクチャー

相続税を計算するために、現金以外の相続財産もお金に換算する必要がある。財産評価で面倒なのは、換金性の少ない未公開株式、そして不動産だ！相続財産の評価において「更地は高い」と覚えよう！　普通の土地の評価額を100％とすると、貸している土地（貸宅地）は借地権割合（例：60％）だけ割安に評価してもらえるし、アパートを建てて貸している土地（貸家建付地）も少しだけ安くみてもらえる。最近は毎回のように出題されている項目だから気をつけておこう！

相続の評価なら、宅地のほうが安くすむんだよな！

ナナメ読み！　**学習のポイント**

1 相続財産としての宅地の評価方法

宅地の評価は1筆（いっぴつ）ごとではなく、1画地（かくち）（利用の単位となっている1区画。2筆以上の宅地からなる場合もある）ごとに行われる。所在する地域によって、路線価・倍率いずれかの方式により評価する。

（1）路線価（ろせんか）方式

宅地が面している道路に定められた路線価を基礎として、その宅地の状況や形状などを考慮したうえで最終的な価格を計算する方式。

（2）倍率（ばいりつ）方式

郊外にある土地には路線価が付いてないため、対象となる宅地の固定資産税評価額に、国税局長が定めた一定の倍率を乗じて額を計算する。

2 小規模宅地等の評価減の特例

相続または遺贈によって取得した宅地について、通常の評価額から一定の割合を評価減する特例。

相続する土地の種類	減額が適用される条件	減額される面積の上限	減額の割合
〈住宅用〉特定居住用宅地	・配偶者 ・同居の親族がその後も住む ・別居の親族がもらって住む	330㎡	80%減
〈事業用〉特定事業用宅地、特定同族会社事業用宅地	相続人が事業（家業）を受け継ぐこと	400㎡	80%減
〈貸付用〉駐車場や賃貸マンションなどの貸付事業用宅地	相続人が賃貸事業を続けること	200㎡	50%減

※ 被相続人が相続発生直前まで居住用、事業用、不動産貸付用のいずれかにしていたことが要件。また、相続人が今後その宅地を引き続き同様に利用していくことが要件となる。

3 宅地の分類と評価

(1) 自用地

借地権などの権利や制限がない宅地のこと。自宅の敷地、空地、青空駐車場、自分の事業所などが該当する。

(2) 借地権

建物の所有を目的として土地を借りた場合の権利のこと。

借地権の評価額＝自用地評価額×借地権割合

(3) 貸宅地

借地権が設定されている宅地のこと。

貸宅地の評価額＝自用地評価額×（1－借地権割合）

(4) 貸家建付地

宅地所有者が建物を建てて貸し付けている（アパート経営をしている）場合の宅地など。

$$\text{貸家建付地の評価額} = \text{自用地評価額} \times (1 - \text{借地権割合} \times \text{借家権割合} \times \text{賃貸割合})$$

4 建物の分類と評価

(1) 自用家屋

自ら使用する建物の評価額は、固定資産評価額そのまま。

自用家屋の評価額＝固定資産税評価額×1.0

(2) 貸家

貸付用に供されている建物のこと。

貸家の評価額＝固定資産税評価額×（1－借家権割合×賃貸割合）

問1
□□□　宅地が「小規模宅地等についての相続税の課税価格の計算の特例」における特定居住用宅地等に該当する場合、その宅地のうち（ ① ）までを限度面積として、評価額の（ ② ）相当額を減額した金額を、相続税の課税価格に算入すべき価額とすることができる。

1）①200㎡　　②50%
2）①330㎡　　②80%
3）①400㎡　　②80%　　　　　　　　《2019年1月学科第2問（60）》

問2
□□□　相続人が相続により取得した宅地が「小規模宅地等についての相続税の課税価格の計算の特例」における特定事業用宅地等に該当する場合、（ ① ）を限度面積として評価額の（ ② ）を減額することができる。

1）①400㎡　②50%
2）①330㎡　②80%
3）①400㎡　②80%　　　　　　　　《2017年9月学科第2問（60）》

問3
□□□　相続人が相続により取得した宅地が「小規模宅地等についての相続税の課税価格の計算の特例」における貸付事業用宅地等に該当する場合、その宅地のうち400㎡までを限度面積として、評価額の80%相当額を減額した金額を、相続税の課税価格に算入すべき価額とすることができる。　　　　　　　　　　　　　　　　　　《2022年5月学科第1問（30）》

問4
□□□　貸家建付地の相続税評価額は、（　　　）の算式により算出される。

1）自用地としての価額×（1−借地権割合）
2）自用地としての価額×（1−借家権割合×賃貸割合）
3）自用地としての価額×（1−借地権割合×借家権割合×賃貸割合）

　　　　　　　　　　　　　　　　　　《2023年9月学科第2問（60）》

問5 ☐☐☐　自用地としての価額が5,000万円、借地権割合が70%、借家権割合が30%、賃貸割合が100%の貸家建付地の相続税評価額は、（　　）である。

1）1,500万円
2）3,500万円
3）3,950万円

《2021年1月学科第2問（60）》

問1 2）── 学習のポイント **2** を参照。自宅の敷地は330㎡まで80%減額

問2 3）── 家業をうけつぐ場合の特定事業用宅地等については、400㎡まで80%の減額となる

問3 ✕── 学習のポイント **2** を参照。賃貸アパートの敷地は200㎡まで50%減額

問4 3）── 学習のポイント **3** **(4)** を参照。

問5 3）── 学習のポイント **3** を参照。

貸家建付地の評価額
＝自用地評価額×（1－借地権割合×借家権割合×賃貸割合）
＝5,000万円×（1－70%×30%×100%）
＝3,950万円

---

11 様々な相続財産の評価方法
相続財産の評価
金融資産

ここで差がつく

絶対読め！30秒レクチャー

通帳や保険証券を探しましょう。

現金以外の相続財産がどう評価されるかを押さえよう！ 一般的な動産は基本的に調達価格だが、預貯金や生命保険契約の権利などの金融資産、株式などの評価方法は少し特殊なので、しっかり理解しよう！

> ナナメ読み！ **学習のポイント**

1 預貯金の評価

定期預金などの正確な相続税評価額は、以下の式で算出する。

> 預金残高＋（解約時の既経過利子の額－源泉所得税相当額）

※ 普通預金など、利子がわずかな場合は、預金残高で評価する。

2 生命保険契約に関する権利の評価

相続開始時において継続している保険契約（保険料を被相続人が負担）の契約者としての権利を「生命保険契約に関する権利」という。その評価は、相続開始時に解約した場合の解約返戻金の額となる。

3 上場株式の評価

上場株式は、以下の4つの価額のうち最も低い価額で評価する。

① 課税時期の終値（おわりね）

② 課税時期の属する月の毎日の終値の平均額

③ 課税時期の属する月の前月の毎日の終値の平均額

④ 課税時期の属する月の前々月の毎日の終値の平均額

本番得点力が高まる！ 問題演習

問1
□□□
　　　預貯金の相続税評価額は、原則として「課税時期における預入高＋既経過利子の額－源泉所得税相当額」により算出する。

《2008年1月学科第1問（30）》

問2
□□□
　　　相続税額の計算において、相続開始時に保険事故が発生していない生命保険契約に関する権利の価額は、原則として、相続開始時においてその契約を解約するとした場合に支払われることとなる解約返戻金の額によって評価する。　《2021年1月学科第1問（30）》

問3
□□□
　　　2024年9月6日（水）に死亡したAさんが所有していた上場株式Xを相続により取得した場合の1株当たりの相続税評価額は、下記の〈資料〉によれば、（　　）である。

〈資料〉上場株式Xの価格

2024年7月の毎日の最終価格の月平均額	1,180円
2024年8月の毎日の最終価格の月平均額	1,200円
2024年9月の毎日の最終価格の月平均額	1,200円
2024年9月6日（水）の最終価格	1,190円

1) 1,180円

2) 1,190円

3) 1,200円　　　　　　　　　　《2022年9月学科第2問（60）改題》

問1 ◯ ── なお、普通預金などは預入残高で評価する

問2 ◯ ── 学習のポイント **2** を参照。その保険契約を現金化した場合の価値、つまり解約返戻金の額で評価する

問3 1) ── 4つの価額のうち**最も低い価額**で評価する

様々な相続財産の評価方法

12 相続財産の評価 取引相場のない株式

出題率 **35%** | 難易度 ★★★☆☆

最後の
ひと押し

絶対読め！**30**秒レクチャー

　株式の評価方法は、上場株式とそうでない
場合とでは大違い！　これだから、中小企業
オーナー（未公開企業）の相続は大変だ。評
価方式の種類、算出方法、適用要件など覚え
ることは多い。試験前に時間があまったら、
頭にたたきこもう！

評価っていわれてもなぁ…。

評価方式
算出方法
適用要件

未公開
株　式

社長

ナナメ読み！ | **学習のポイント**

1 取引相場のない株式の評価

　未上場株式が相続財産になった場合の評価方式には、原則と特例の2つがあ
る。原則的評価方式には、類似業種比準方式、純資産価額方式、併用方式の3
つがあり、特例的評価方式は配当還元方式となる。

　株式の取得者が経営支配権を持つ人（同族株主等）の場合は原則的評価方式
となり、そうでない（非同族株主などの）場合は特例的評価方式となる。

2 会社規模の判定方法

　原則的評価方式が適用される場合は、その会社を3つの基準（従業員数、総
資産価額、売上高）により、大会社、中会社（の大・中・小）、小会社に区分
する。なお、従業員数70人以上の会社は大会社になる。大なら類似業種、小
なら純資産、中なら2つのブレンド（併用）による評価方式となる。

3 評価方式

(1) 類似業種比準方式

事業内容が似ている業種の上場会社の株価と比較して、自社株の株価を算出する方法。類似業種の平均株価をもとに、1株あたりの配当、利益、純資産の各要素を上場会社とその評価会社とで比べて算出する。

(2) 純資産価額方式

1株あたりの純資産価額を株価とする方式。まず会社の財産をすべて現金に換え債務をすべて返済した後に、各株主に1株あたりいくら分配できるか、その分配予想額を評価額とする。

(3) 併用方式

類似業種比準方式と純資産価額方式により算出した額のそれぞれに、一定の割合を掛けて株価を算定する（2つの方式を併用する）方法。

(4) 配当還元方式

過去の配当実績を基礎として、評価額を計算する方法。

4 特定評価会社

総資産のうち、一定水準以上の割合で株式や土地を保有している場合、特定評価会社となる。この場合、評価方式は純資産価額方式に限定される。なお、同族株主等以外の株主等については、特定評価会社に該当しても配当還元方式で評価する。

 本番得点力が高まる！ **問題演習**

問1
□□□ 取引相場のない株式の相続税評価において、同族株主以外の株主等が取得した株式については、特例的評価方式である配当還元方式により評価することができる。 《2019年1月学科第1問（29）》

第**6**章 相続・事業承継

問2 取引相場のない株式の相続税評価において、同族株主等の取得した株式は、原則的評価方式である（　①　）や（　②　）、あるいはそれらの併用により、同族株主等以外（非同族株主など）の者が取得した株式は、特例的評価方式である（　③　）により評価する。

1) ①配当還元方式　　　②類似業種比準方式　③純資産価額方式
2) ①類似業種比準方式　②配当還元方式　　　③純資産価額方式
3) ①類似業種比準方式　②純資産価額方式　　③配当還元方式

《2007年5月学科第2問（60）》

問3 取引相場のない株式の相続税評価において、類似業種比準方式における比準要素には、「1株当たりの配当金額」「1株当たりの利益金額」「1株当たりの純資産価額」がある。　　　　《2018年5月学科第1問（30）》

問4 取引相場のない株式の相続税評価において、純資産価額方式とは、評価会社の株式の価額を、評価会社と事業内容が類似した上場会社の株価および配当金額、利益金額、純資産価額を基にして算出する方式である。　　　　《2020年1月学科第1問（30）》

問1 ○ —— 同族株主以外が取得した場合は、配当還元方式が原則

問2 3) —— 学習のポイント 1 を参照。原則的評価方式が適用される場合は、その会社の規模によって評価方式が区分される

問3 ○ —— 類似業種比準方式は、事業内容が似ている上場企業の株価をもとに1株あたりの配当、利益、純資産の各要素を比較して、評価額を求める方法である

問4 ✕ —— 学習のポイント 3 (2) を参照

個人資産相談業務

金財・個人資産相談業務の試験は、問題数が15題。6割取れれば合格となる。学科対策の勉強で解ける知識問題が10〜11問出て、残りの4〜5問が「定番の計算問題」となっているのだ。解き方のパターンを繰り返し理解すれば、合格ラインを突破するのはカンタンだ！

絶対合格〜！

1 学科の勉強を徹底的にすれば、実技対策の6割は完了！

　3級の金財・個人資産相談業務は全部で5題×3問＝15問出題されるが、毎回10 ～11問は「学科の勉強を徹底的に行っていれば解ける」知識問題だ。つまり、学科の勉強を繰り返し行って、各項目を深く理解するだけで実技対策も6割は完了といえる。知識問題は「出題形式になれる」以上の対策はいらないが、「公的年金」は毎回2問出ているので、〈 **第1章 10** 公的年金〉を重点的に復習しておこう。

　まずは、これまでの6章分を繰り返し学習することが重要だ！　1周目はスピード重視のナナメ読みでOK。2周目から飛躍的に理解が深まり始め、3～4周目で知識と実力が定着するはずだ。

2 個人資産相談業務の出題パターン

　【第1問】ライフ、【第2問】金融、【第3問】タックス、【第4問】不動産、【第5問】相続という出題パターンになっている。リスクからの出題はない。

実技試験【金財】個人資産相談業務の出題形式とは？

うち、**6割以上**で合格！

設例 **5**題 × 各**3**問 ➡ 全**15**問

| 第1問 ライフ | 第2問 金融 | 第3問 タックス | 第4問 不動産 | 第5問 相続 |

実務において、実際に相談を受けるような場面を想定した「設例」が置かれ、それについての問題が、1つの設例につき3問出題される。

個人資産相談業務

こ じん し さん そう だん

3 「定番の計算問題」を徹底的に理解！

15問のうち、4〜5問出題される計算問題の多くは「定番問題」といえる。しかも「タックスまたは相続」に関する問題が多い。以下にあげる、定番の計算問題を集中して勉強しよう。

第1問 ライフ
● 公的年金に関する計算

第2問 金融
● 株式投資の指標に関する計算
● 債券利回りの計算

第3問 タックス
● 所得控除額の計算
● 譲渡所得、不動産所得、給与所得、総所得金額等の計算
● 退職所得の計算

第4問 不動産
● 建蔽率・容積率の計算

第5問 相続
● 相続税に関する計算
● 法定相続分の計算
● 上場株式・土地・建物の相続税評価額の計算
● 贈与税に関する計算

この本では、最短の勉強時間でスッキリと合格ラインを突破できるように、実技対策を「定番の計算問題」にしぼってある。これだけは確実に正解できるよう、問題演習の理解を中心に学習していこう！

最近は「相続人と法定相続分」とその周辺がよく出題されているので、〈 第6章 4 相続の開始と相続分〉は絶対に復習すること！　また〈 第8章 6 相続税の計算〉〈 第9章 7 法定相続分の計算〉も目を通しておくと確実に得点力がアップするぞ！

1

【第1問】ライフプランニングと資金計画

公的年金に関する計算

絶対
マスター

絶対読め！ 30秒レクチャー

　老齢キソ年金の年金額計算のしくみと、老齢コウセイ年金の報酬比例部分の計算のしくみを、ザックリ理解しておけ！

　まず、老齢キソ年金の額は「満額の基礎年金額（切り上げて約80万円。細かい数字はいつも問題文に出るので大丈夫）」を、「加入していた月数の割合」であん分すればカンタンに出るぞ！

　老齢コウセイ年金の「報酬比例」部分は、文字どおり、会社などからもらっていた報酬と加入していた期間により、もらえる年金額が決まるぞ！2003年に制度が変わり、その前と後とで、計算式が異なるところがポイントだ！2003年3月までの計算には、月々の給料をベースにした「平均標準報酬月額」を用いて、2003年4月以降の計算には、賞与も含めた1年間の報酬をベースにした「平均標準報酬額」を用いる。まぎらわしいので「ゲッツ（月）は古い！」と覚えよう。

　遺族キソ年金は、高卒前の子供がいる家庭ならもらえるが、1人なら100万円＋α、2人なら120万円＋αと大まかにイメージしておけばOKだ！

【参考】第1章 10

ここまでは
平均標準報酬
月額ね！

ここからは
平均標準報酬
額だね！

2003年
3月

2003年
4月

ナナメ読み！ **学習のポイント**

1 老齢基礎年金の年金額

$$\text{満額の基礎年金額}^{※1} \times \frac{\text{保険料納付済月数}^{※2}}{480\text{月}}$$

※1　約80万円だが、物価変動に応じて上下する。2024年度価格は816,000円（68歳以下の場合）。「インフレでふえた年金入ろ（816）うよ」と頭に入れよう。

※2　免除の月数も一定の割合に応じてカウント⇒全額免除期間は、2009年3月分までは3分の1（2009年4月分以降は2分の1）を乗じて計算。また、厚生年金の被保険者期間のうち20歳未満と60歳以上の月はここではカウントされない。

2 遺族基礎年金の年金額

$$\text{満額の基礎年金額}^{※1} ＋ \text{子の加算}^{※2}$$

※1　2024年度価格は816,000円（約80万円と覚えればOK）

※2　2024年度価格は2人目までは1人234,800円の加算（18歳になった年度末まで対象）、3人目以降は78,300円。

【おまけ】悲しいゴロ合わせで金額のイメージを持っておこう。

「夫妻（23）しば（48）らく別離かな」「な（7）んとは（8）かない最（3）期」

3 老齢厚生年金（報酬比例部分）の年金額

（1946年4月2日以降生まれの場合）

@ ＋ ⓑ

ⓐ：平均標準報酬月額 $\times \dfrac{7.125}{1,000} \times$ 2003年3月以前の
被保険者期間の月数

ⓑ：平均標準報酬額 $\times \dfrac{5.481}{1,000} \times$ 2003年4月以後の
被保険者期間の月数

※ 計算式や細かい数字は暗記しなくていい。2003年3月以前と4月以降を
「分けて計算して、合わせる」プロセスだけを理解しよう。

本番得点力が高まる！ 問題演習

問1 次の設例に基づいて、下記の問に答えなさい。
□□□

――――――《設 例》――――――

　Aさん（49歳）は、X株式会社を2021年10月末日に退職し、個
人事業主として独立した。独立から2年以上が経過した現在、事業は
軌道に乗り、収入は安定している。

　Aさんは、まもなく50歳を迎えるにあたって、将来受給すること
ができる公的年金の年金額や老後の年金収入を増やす各種制度につい
て知りたいと思うようになった。

　そこで、Aさんは、ファイナンシャル・プランナーのMさんに相談
することにした。

〈Aさんに関する資料〉
(1) 生年月日　　　　：1975年6月21日
(2) 公的年金の加入歴：下図のとおり（60歳までの見込みを含む）。

20歳	22歳	46歳	60歳
国民年金 保険料未納期間 34月	厚生年金保険 被保険者期間 283月		国民年金 保険料納付済期間 163月

※Aさんは、現在および将来においても、公的年金制度における障害等級に該当する障害の状態にないものとする。

※上記以外の条件は考慮せず、各問に従うこと。

問 はじめに、Mさんは、Aさんが老齢基礎年金の受給を65歳から開始した場合の年金額を試算した。Mさんが試算した老齢基礎年金の年金額の計算式として、次のうち最も適切なものはどれか。なお、老齢基礎年金の年金額は、2024年度価額に基づいて計算するものとする。

1) $816{,}000円 \times \dfrac{163月}{480月}$

2) $816{,}000円 \times \dfrac{446月}{480月}$

3) $816{,}000円 \times \dfrac{446月 + 34月 \times \dfrac{1}{2}}{480月}$

《2022年1月個人第1問・問1改題》

問2 次の設例に基づいて、下記の問に答えなさい。

─《設 例》─

　会社員のAさん（39歳）は、妻Bさん（38歳）および長女Cさん（7歳）との3人暮らしである。Aさんは、公的年金制度の遺族給付の額や公的介護保険の給付内容等を確認したいと思っている。そこで、Aさんは、懇意にしているファイナンシャル・プランナーのMさんに相談することにした。

〈Aさんの家族構成〉

　Aさん　　　：1985年11月14日生まれ

　　　　　　　会社員（厚生年金保険・全国健康保険協会管掌健康保険に加入）

　妻Bさん　　：1986年6月24日生まれ

　　　　　　　国民年金に第3号被保険者として加入している。

　長女Cさん：2017年7月7日生まれ

〈公的年金加入歴（2024年12月分まで）〉

	20歳	22歳		39歳
Aさん	国民年金保険料納付済期間（29月）	厚生年金保険（201月）		

	20歳	22歳	Aさんと結婚		38歳
妻Bさん	国民年金保険料納付済期間（34月）	厚生年金保険（84月）	国民年金（105月）	

※妻Bさんおよび長女Cさんは、現在および将来においても、Aさんと同居し、生計維持関係にあるものとする。

※家族全員、現在および将来においても、公的年金制度における障害等級に該当する障害の状態にないものとする。

※上記以外の条件は考慮せず、各問に従うこと。

問 現時点（2025年1月24日）においてAさんが死亡した場合、妻Bさんに支給される遺族基礎年金の年金額（2024年度価額）は、次のうちどれか。

1) 816,000円
2) 816,000円＋234,800円＝1,050,800円
3) 816,000円＋234,800円＋78,300円＝1,129,100円

《2021年1月個人第1問・問1改題》

次の設例に基づいて、下記の問に答えなさい。

――――《設 例》――――

X社に勤務するAさん（58歳）は、妻Bさん（55歳）および長女Cさん（20歳）との3人暮らしである。Aさんは65歳まで働く予定で、60歳以後もX社に継続勤務した場合の公的年金の仕組みについて理解を深めたいと思っている。また、長女Cさんが今年20歳になり、国民年金の被保険者となったため、Aさんは、国民年金についても知りたいと考えている。そこで、Aさんは、ファイナンシャル・プランナーのMさんに相談することにした。

Aさんおよびその家族に関する資料は、以下のとおりである。

〈Aさんおよびその家族に関する資料〉
（1）Aさん（会社員）
　　生年月日：1966年6月25日
　　厚生年金保険、全国健康保険協会管掌健康保険、雇用保険に加入している。

〔公的年金の加入歴（見込みを含む）〕

（2）妻Bさん（専業主婦）
　　生年月日：1969年7月7日
　　20歳から現在に至るまで国民年金に加入している。国民年金の保険料に係る免除期間および未納期間はない。

（3）長女Cさん（大学生）
　　生年月日：2004年9月1日

問 Mさんは、AさんがX社を65歳で退職した場合、原則として65歳から受給することができる老齢厚生年金の年金額（2024年度価額）を試算した。Mさんが試算した老齢厚生年金の年金額のうち、報酬比例部分の額（本来水準の額）を算出する計算式として、次のうち最も適切なものはどれか。

1) $320{,}000円 \times \dfrac{7.125}{1{,}000} \times 168月 + 410{,}000円 \times \dfrac{7.125}{1{,}000} \times 338月$

2) $320{,}000円 \times \dfrac{7.125}{1{,}000} \times 425月 + 410{,}000円 \times \dfrac{5.481}{1{,}000} \times 81月$

3) $320{,}000円 \times \dfrac{7.125}{1{,}000} \times 168月 + 410{,}000円 \times \dfrac{5.481}{1{,}000} \times 338月$

《2017年9月個人第1問・問3改題》

問1 2) —— 老齢基礎年金の年金額＝満額×$\dfrac{\text{納付済月数＋免除期間を調整した月数}}{480\text{月}}$

　　　　 学習のポイント **1** を参照

　　　　 基礎年金で納付済月数にカウントされるのは20歳〜60歳の40
　　　　 年間（480月）。うち未納期間が34月あるので480月－34月＝
　　　　 446月。これが納付済月数に入る

問2 2) —— 高卒前の子供が1人いる場合の遺族基礎年金の額は
　　　　 「満額の基礎年金額」＋「子の加算」となる
　　　　 816,000円＋234,800円＝1,050,800円

　　　　 （ 学習のポイント **2** を参照。細かい数字は問題文で与えられるので覚
　　　　 えなくても解ける。80万円強と20万円強とざっくりイメージし
　　　　 ておこう！）

問3 3) —— 学習のポイント **3** を参照。加入歴の2003年3月以前の数字を3つ掛
　　　　 けたものと2003年4月以後の数字を3つ掛けたものを足し合わ
　　　　 せた計算式となる

【第2問】金融資産運用

2 株式投資の指標に関する計算

ここで 差 がつく

絶対読め！30秒レクチャー

PERは株価が利益の何倍か、PBRは株価が純資産の何倍かを見るものだ。これらの指標は、株価が割高なのか割安なのか、収益性は高いのか低いのかなどを、判断するのに重要な指標だ。3つの指標の計算式を問題演習を通じて頭にたたき込んでおこう！

【参考】第3章 [4]

割安？　割高？

この株…。

ナナメ読み！　学習のポイント

1 株価収益率（PER：Price Earnings Ratio）

$$株価収益率（倍）＝\frac{株価}{1株あたり純利益}$$

2 株価純資産倍率（PBR：Price Bookvalue Ratio）

$$株価純資産倍率（倍）＝\frac{株価}{1株あたり純資産（自己資本）}$$

3 自己資本利益率（ROE：Return On Equity）

$$自己資本利益率（％）＝\frac{純利益}{自己資本}×100$$

次の設例に基づいて、下記の問に答えなさい。

———《設 例》———

　会社員のAさん（28歳）は、株式や投資信託による資産運用を始めたいと考えているが、これまでに投資経験がなく、株式や投資信託の銘柄を選ぶ際の判断材料や留意点について知りたいと思っている。また、新しいNISAのつみたて投資枠にも関心があり、その仕組みについて理解を深めておきたいと考えている。

　そこで、Aさんは、ファイナンシャル・プランナーのMさんに相談することにした。

　Mさんは、Aさんに対して、X社株式（東京証券取引所上場銘柄）およびY投資信託を例として、株式や投資信託に投資する際の留意点等について説明を行うことにした。

〈X社に関する資料〉

総資産	9,000億円
自己資本（純資産）	3,000億円
当期純利益	300億円
年間配当金総額	90億円
発行済株式数	1億2,000万株
株価	3,000円
決算期	12月31日

〈Y投資信託（公募株式投資信託）に関する資料〉

　銘柄名：TOPIXインデックス（つみたて投資枠対象商品）

　投資対象地域／資産　　：国内／株式

　信託期間　　　　　　　：無期限

　基準価額　　　　　　　：11,500円（1万口当たり）

　決算日　　　　　　　　：年1回（10月20日）

　購入時手数料　　　　　：なし

運用管理費用（信託報酬）　：　0.187％（税込）

信託財産留保額　　　　　　：なし

※上記以外の条件は考慮せず、各問に従うこと。

問　はじめに、Mさんは、X社株式の投資指標について説明した。Mさんの A さんに対する説明として、次のうち最も適切なものはどれか。

1)「株価の相対的な割高・割安の度合いを判断する指標に、PER や PBR があります。〈X社に関する資料〉から算出される X 社株式の PER は 1.2 倍、PBR は 12 倍です」

2)「PER と PBR は、一般に、どちらも数値が高いほうが株価は割安と判断されますが、何倍程度が妥当であるかを検討する際は、同業他社の数値や過去の傾向と比較するなど、相対的な数値として捉えることが重要です」

3)「株価に対する 1 株当たりの年間配当金の割合を示す指標を配当利回りといいます。〈X社に関する資料〉から算出される X 社株式の配当利回りは 2.5％です」　　　　　《2022年5月個人第2問・問1改題》

問1　3）── 1）✕　$PER（株価収益率）＝\dfrac{株価}{1株当たり利益}$

$$＝\dfrac{株価}{当期純利益÷発行済株式総数}$$

X社株式の PER $＝\dfrac{3,000円}{300億円÷1.2億株}＝12倍$

$PBR（株価純資産倍率）＝\dfrac{株価}{1株当たり純資産}$

$$＝\dfrac{株価}{自己資本÷発行済株式総数}$$

X社株式の PBR $＝\dfrac{3,000円}{3,000億円÷1.2億株}＝1.2倍$

→ 2 つの数字が逆になっているので誤り

2）✕　PER・PBR とも数値が低いほうが割安

3) ○　配当利回り（%）＝ $\dfrac{1\,\text{株あたり配当金}}{\text{株価}} \times 100$

$$\text{X社の配当利回り} = \dfrac{(90\,\text{億円} \div 1.2\,\text{億円})}{3{,}000\,\text{円}} \times 100$$

$$= 2.5\,（\%）$$

3 【第2問】金融資産運用 債券利回りの計算

最後の
ひと押し

債券利回りの計算は「最終利回り」と「所有期間利回り」を押さえよう！　どちらも、単利の年率換算の利回り計算だ。償還まで持つのか、途中で売却するのかの違いだけで、どちらの式も基本の構造は同じだ！　いずれの計算式も「1年あたり平均リターンを、投資金額で割る」ものであることさえ理解できれば、暗記する必要はない！　過去問でトレーニングしよう！

【参考】第3章 ③

最終利回り
所有期間利回り

基本的にどちらの式も
利回り＝$\dfrac{\text{リターン}}{\text{投資額}}$
同じ構造なんだ！

ナナメ読み！　**学習のポイント**

　いずれの利回りも「1年あたりのインカムゲイン（定期収入）とキャピタルゲイン（元金増加）の合計」を投資額で割って計算しており、考え方は同じだ。

1 最終利回り

$$\text{最終利回り(\%)} = \frac{\text{利息} + \dfrac{\text{額面(100円)} - \text{購入価格}}{\text{残存期間}}}{\text{購入価格}} \times 100$$

$$所有期間利回り(\%) = \frac{利息 + \dfrac{売却価格 - 購入価格}{所有期間}}{購入価格} \times 100$$

本番得点力が高まる! **問題演習**

問 1
□□□

次の設例に基づいて、下記の問に答えなさい。

《設　例》

　会社員のAさん（40歳）は、X社株式（東京証券取引所プライム市場上場）に投資したいと考えているが、株式投資をするに際して、債券投資との違いも理解しておきたいと考え、国内の大手企業が発行するY社債（特定公社債）も併せて検討することにした。そこで、Aさんは、ファイナンシャル・プランナーのMさんに相談することにした。

〈X社に関する資料〉

総資産	1兆8,000億円
自己資本（純資産）	4,800億円
当期純利益	320億円
年間配当金総額	200億円
発行済株式数	4億株
株価	1,500円
決算期	3月31日

※決算期：2024年3月31日（金）（配当の権利が確定する決算期末）

〈Y社債に関する資料〉

・発行会社：国内の大手企業

・購入価格：104.5円（額面100円当たり）

・表面利率：2.0%

・利払日　：年1回

・残存期間：4年

・償還価格：100円

・格付　　：A

※上記以外の条件は考慮せず、各問に従うこと。

問　Y社債を《設例》の条件で購入した場合の最終利回り（年率・単利）は、次のうちどれか。なお、計算にあたっては税金や手数料等を考慮せず、答は%表示における小数点以下第3位を四捨五入している。

1）0.84%

2）0.88%

3）1.91%　　　　　　　　　　　　　　　　《2020年1月個人第2問・問6改題》

問1　1）── 投資額＝104.5円、償還額＝100円、残存期間＝4年

1年あたりインカムゲイン＝2.0円

1年あたりキャピタルゲイン＝（100円－104.5円）÷4＝－1.125円

$$最終利回り＝\frac{2.0+\dfrac{100-104.5}{4}}{104.5}×100≒0.837\%（四捨五入して0.84\%）$$

【第3問】タックスプランニング

4 所得控除額、総所得金額の計算

絶対マスター

　所得控除とは、やしなっている家族が何人いるかなどの、個人的な事情を加味して税負担を調整してくれる「みなし経費」だ。「給与所得の源泉徴収票」から所得控除額を求めるパターンと、「給与所得控除額」の表を使って給与収入から給与所得を求めるパターン、この2つをパーフェクトに理解しておこう！

所得控除は、これを見ればわかるんだな！
源泉徴収票

ナナメ読み！　**学習のポイント**

1 源泉徴収票の読み取り

　「給与所得の源泉徴収票」から確認できる主な所得控除には、以下のものがある。過去問を見ながら、源泉徴収票を指差し確認しよう。

(1) 配偶者控除

　「控除対象配偶者の有無等」の欄の「有」または「従有」に○がついていたら→最高38万円

　適用条件は第4章⑬を参照。

(2) 配偶者特別控除

　「配偶者特別控除の額」の欄に金額が記載されている→最高38万円

　適用条件は第4章⑬を参照。

(3) 扶養控除

　人数が表示される。

	扶養親族の区分		扶養控除額
扶養控除額	特定扶養親族（19歳以上23歳未満）		63万円
	一般扶養親族（16歳以上19歳未満および23歳以上）		38万円
	老人扶養親族	同居老親等	58万円
		同居老親等以外	48万円

「給与所得の源泉徴収票」には記載されないが控除するものに基礎控除（原則48万円）があるので、絶対に忘れないこと。

(4) 社会保険料控除

最終的な控除金額が記載されている。そのまま使える。

(5) 生命保険料控除

最終的な控除金額が記載されている。そのまま使える。

(6) 地震保険料控除

最終的な控除金額が記載されている。そのまま使える。

2 給与所得控除額の計算

給与所得＝源泉徴収票の「支払金額」－給与所得控除額

お給料の「みなし経費」に相当する「給与所得控除額」は、給与の「支払金額」を給与所得控除額の表（設例についている）にあてはめて計算する。問題演習を通じて表の使い方を理解しておくこと。

3 公的年金等の雑所得の計算

公的年金等の雑所得＝収入額－公的年金等控除額

公的年金等控除額は、65歳未満は最低60万円、65歳以上は最低110万円。

公的年金等の収入合計が最低ライン以下の場合、「公的年金等の雑所得」はゼロとなる。

次の設例に基づいて、下記の問に答えなさい。

─────────《設　例》─────────

　Aさんは、飲食店を営む個人事業主で、開業後直ちに青色申告承認申請書と青色事業専従者給与に関する届出書を所轄税務署長に対して提出している青色申告者である。

　Aさんは、過去に会社員をしていた期間があり、2024年6月から特別支給の老齢厚生年金を受給している。

　Aさんとその家族に関する資料等は、以下のとおりである。なお、金額の前の「▲」は赤字であることを表している。

〈Aさんとその家族に関する資料〉

　Aさん　（62歳）：個人事業主（青色申告者）

　妻Bさん（60歳）：Aさんが営む飲食店の事業に専ら従事し、青色
　　　　　　　　　　事業専従者給与（2024年分：84万円）の支払
　　　　　　　　　　を受けている。

〈Aさんの2024年分の収入等に関する資料〉

　（1）事業所得の金額　　　　　　　　：350万円

　　　　　　　　　　　　　　　　　　（青色申告特別控除後）

　（2）特別支給の老齢厚生年金の年金額：30万円

　（3）不動産所得：▲100万円（土地等の取得に係る負債の利子10
　　　　万円を含む）

※妻Bさんは、Aさんと同居し、生計を一にしている。

※Aさんおよび妻Bさんは、いずれも障害者および特別障害者には
　該当しない。

※Aさんおよび妻Bさんの年齢は、いずれも2024年12月31日現
　在のものである。

※上記以外の条件は考慮しなくてよい。

問 Ａさんの2024年分の所得税における総所得金額は、次のうちどれか。

1）250万円

2）260万円

3）380万円　　　　　　　　　　　《2018年9月個人第3問・問9改題》

　　　次の設例に基づいて、下記の問に答えなさい。

---《設　例》---

　会社員のＡさんは、妻Ｂさんおよび長男Ｃさんとの３人家族である。Ａさんは、2023年中にＡさん自身の入院・手術・通院に係る医療費を支払ったため、医療費控除の適用を受けたいと思っている。

〈Ａさんとその家族に関する資料〉

　　Ａさん　　　（49歳）：会社員

　　妻Ｂさん　　（48歳）：2023年中に、パートタイマーとして給与収入70万円を得ている。

　　長男Ｃさん（19歳）：大学生。2023年中の収入はない。

〈Ａさんの2023年分の収入等に関する資料〉

　（1）給与収入の金額　　：　　700万円

　（2）不動産所得の金額　：　　15万円

　（3）上場株式の譲渡損失の金額（証券会社を通じて譲渡したもの）

　　　　　　　　　　　　　　　　　　　　　　　　　：30万円

　※妻Ｂさんおよび長男Ｃさんは、Ａさんと同居し、生計を一にしている。

　※Ａさんとその家族は、いずれも障害者および特別障害者には該当しない。

　※Ａさんとその家族の年齢は、いずれも2023年12月31日現在のものである。

　※上記以外の条件は考慮せず、各問に従うこと。

問 Aさんの2023年分の所得税における総所得金額は、次のうちどれか。

1) 505万円
2) 520万円
3) 535万円

〈資料〉給与所得控除額

給与収入金額			給与所得控除額
万円超		万円以下	
	~	180	収入金額×40%－10万円 （55万円に満たない場合は、55万円）
180	~	360	収入金額×30%＋8万円
360	~	660	収入金額×20%＋44万円
660	~	850	収入金額×10%＋110万円
850	~		195万円

《2022年5月個人第3問・問7改題》

問1 2) ── ① 事業所得350万円は総合課税の対象

② 公的年金の雑所得＝収入額－公的年金等控除額

65歳未満の公的年金等控除額は（原則）最低60万円

よって、公的年金の雑所得＝0円

③ 不動産所得の損失は、土地等を取得するための負債の利子分
を除き、他の総合課税の所得との損益通算可能

よって、不動産所得の損失は100万円－10万円＝90万円

④ 総所得金額＝事業所得＋雑所得＋不動産所得

＝350万円＋0円－90万円＝260万円

問2 3) ── ① Aさんの総所得金額に含まれるものは給与所得と不動産所得

上場株式の譲渡所得は分離課税のため総所得金額に含めない

② 給与所得＝給与収入の金額－給与所得控除額

＝700万円－(700万円×10％＋110万円)＝520万円

③ 不動産所得は（問題文より）15万円

④ よって、総所得金額＝520万円＋15万円＝535万円

【第3問】タックス・【第4問】不動産

5 譲渡所得、不動産所得などの計算

最後のひと押し

絶対読め！ **30**秒レクチャー

譲渡所得では、土地や建物を売ったときの「取得費」や「譲渡費用」には何が含まれるか、しっかり押さえておこう！　不動産所得では、土地の取得のための負債利子額の取扱い（不動産所得の必要経費にはなるが、不動産所得が赤字でほかの所得と合算するときには経費にならない）がポイントだ！

ナナメ読み！　**学習のポイント**

1 譲渡所得の計算（→第4章 6 も参照すること！）

> マイホームを売ったときの課税譲渡所得 ＝ 譲渡価額 － （取得費 ＋ 譲渡費用） － 特別控除額（3,000万円）

① 「取得費」は、売った土地や建物（建物は、減価償却分を控除）を買入れたときの購入代金や仲介手数料などの合計。取得費が不明な場合は譲渡価額の5％を概算取得費とする。

② 「譲渡費用」は、売却時の仲介手数料、測量費など売却に直接要した費用、立退料、建物取壊し費用などを含む。

2 不動産所得の計算（→第4章 4 も参照すること！）

不動産所得＝収入金額－必要経費

　不動産所得（大家さんとしての所得）が赤字だと、他の所得と相殺（損益通算）できるが、その場合、土地を取得した際の借入金の利息は必要経費から除外して計算する。

✒ 本番得点力が高まる! **問題演習**

問1
□□□

次の設例に基づいて、下記の問に答えなさい。

《設　例》

　Aさんは、1994年に相続により取得した戸建住宅に現在居住しているが、駅前にあるマンションを購入し、転居する予定である。また、現在居住している戸建住宅は、転居後の2024年10月に売却したいと考えている。売却予定住宅および購入予定マンションの概要は、以下のとおりである。

〈売却予定住宅および購入予定マンションの概要〉
○売却予定住宅（譲渡資産）　　○購入予定マンション（買換資産）
・取得日　：1967年8月3日　・取得日　：2024年9月20日
・取得費　：不明　　　　　　・取得価額：6,000万円
・譲渡価額：5,000万円
・譲渡費用：100万円

※上記以外の条件は考慮しなくてよい。

問 《設例》の売却予定住宅について、「居住用財産の譲渡所得の特別控除（いわゆる居住用財産を譲渡した場合の3,000万円の特別控除の特例）」および「居住用財産を譲渡した場合の長期譲渡所得の課税の特例」の適用を受けた場合における、所得税および住民税の合計額として最も適切なものは、次のうちどれか。なお、取得費については概算取得費を用いるものとする。また、復興特別所得税は考慮しないものとする。

1) (5,000万円－250万円－100万円－3,000万円)×14％＝231万円
2) (5,000万円－250万円－100万円－3,000万円)×20％＝330万円
3) (5,000万円－100万円－3,000万円)×20％＝380万円

《2013年9月個人第4問・問10改題》

問1 1) ── [学習のポイント 1]を参照

取得価額が不明な場合は、譲渡価額の5％を取得費（概算取得費）とみなせるので、取得費＝5,000万円×5％＝250万円

また、所有期間が10年超であり、継続居住していることから、居住用財産の軽減税率の特例が適用でき、税率は14％となる（所得税10％・住民税4％）

よって (5,000万円－250万円－100万円－3,000万円)×14％＝231万円

---

6 【第3問】タックスプランニング
退職所得の計算

最後の
ひと押し

絶対読め！30秒レクチャー

　退職金は、勤続年数が長いほど大きな退職
所得控除となるほか、退職所得控除後の金額
の2分の1が課税され、ほかの所得と分離し
ての課税となっているなど、税負担が軽くす
むように優遇されている。老後を支える大切
なお金だからね！ 試験対応では、退職所得控
除額の計算をパーフェクトにしておけ！　特
に、勤続年数端数月の「一律切上げ」に注意！
【参考】第4章 2

ありがとう。

おつかれさま
でした。

ナナメ読み！　**学習のポイント**

1 課税対象となる退職所得の計算式

退職所得の金額＝（退職金の額－退職所得<u>控除額</u>）× $\dfrac{1}{2}$

2 退職所得控除額の計算

① 　勤続年数20年以下の場合……40万円×勤続年数

② 　勤続年数20年超の場合………800万円＋70万円×（勤続年数－20年）

③ 　勤続年数に1年未満の端数があるときには、たとえ1日でも1年として計
算する（例：勤続34年1カ月→勤続35年）。

本番得点力が高まる！ **問題演習**

問1　次の設例に基づいて、下記の問に答えなさい。
□□□

──────《設　例》──────

　会社員のAさん（60歳）は、2024年6月末に、これまで勤務していたX社を勤続40年3カ月で退職し、退職金を受け取った。Aさんは再就職をする予定はなく、今後は趣味を楽しみながら暮らす予定である。また、Aさんには、2024年中に医療費の支出および上場株式の譲渡損失がある。

　Aさんの2024年分の収入等の状況等は、以下のとおりである。

〈Aさんの2024年分の収入等の状況〉
- ・退職金の額　　　　　　　：2,600万円
- ・給与収入の金額　　　　　：1,200万円
- ・上場株式の譲渡損失の金額：　100万円
- ・医療費の支出額　　　　　：　 25万円

〈Aさんの家族構成〉
- ・妻Bさん（58歳）　　　　：2024年中に収入はない。
- ※妻Bさんは、Aさんと同居し、生計を一にしている。

　※Aさんの退職は、障害者になったことが直接の原因ではない。
　※上記以外の条件は考慮しなくてよい。

問 Aさんが X 社から受け取った退職金に係る退職所得の金額は、次のうちどれか。

1) $[2,600万円 - \{800万円 + 70万円 \times (41年 - 20年)\}] \times \dfrac{1}{2} = 165万円$

2) $(2,600万円 - 40万円 \times 41年) \times \dfrac{1}{2} = 480万円$

3) $2,600万円 - 40万円 \times 41年 = 960万円$

《2014年1月個人第3問・問8改題》

問1 1) ── 学習のポイント 1 を参照

① 退職金は2,600万円

② 退職所得控除額…勤続年数に<u>1年未満の端数</u>があるときは切り上げるため41年となる。そのうち、

最初の20年：**40**万円 × 20年 = 800万円

21年目以降：**70**万円 × 21年 = 1,470万円、

800万円 + 1,470万円 = 2,270万円

③ 退職所得の金額…$(① - ②) \times \dfrac{1}{2} = (2,600万円 - 2,270万円) \times \dfrac{1}{2}$
$= 165万円$

7

【第4問】不動産
建蔽率・容積率の計算

絶対
マスター

絶対読め！30秒レクチャー

　土地に建物を建てる際の2つの率（ケンペイ＆ヨウセキ）を使う計算はよく出る！「建築面積」とあれば建蔽率を使い、「延べ面積」ときたら容積率をつかうのだ。

　率の異なる2種類の地域にまたがった場合は、いずれも別々に計算して足し合わせれば、カンタンに求められる。これらの計算は3回に2回以上は出ているので、パーフェクトにしておけ！

【参考】第5章 5

ゴミゴミ 制限　　ゴミゴミ 制限

建蔽率　　容積率

ナナメ読み！ 学習のポイント

1 建蔽率

$$建蔽率 = \frac{建築面積}{敷地面積}$$

　100㎡の敷地に60㎡の建築面積（≒建物を真上から見たときの面積）なら建蔽率60%。

① 防火地域・準防火地域内の耐火建築物等については、指定された建蔽率に**10%加える**（建蔽率が80%・防火地域内の耐火建築物等は制限がなくなり建蔽率100%となる）。

　特定行政庁が指定する角地については、同様に**10%加える**。

　これらの双方を満たす場合は、ダブルで**20%加える**。

② 敷地が建蔽率の異なる地域にまたがった場合には、2つの地域の建築可能

323

面積の合計が、建築面積の最大限となる。

2 容積率

$$容積率 = \frac{建築延べ面積}{敷地面積}$$

100㎡の敷地に60㎡×5階建てビルなら容積率300%。

① 前面道路の幅員が12m以上の場合、「指定容積率」を用いる。

② 前面道路の幅員が12m未満の場合、「指定容積率」と、前面道路（2つ以上では幅員最大のもの）の幅員により求められた「幅員容積率」を比べて、厳しい（小さい）ものとする。

1) 住居系の地域では、幅員（のメートル数）に$\frac{4}{10}$を乗じる

→6m道路なら$6 \times \frac{4}{10}$（40%）＝240%が「幅員容積率」

2) 非住居系の地域では、幅員に$\frac{6}{10}$を乗じる。

→6m道路なら$6 \times \frac{6}{10}$（60%）＝360%が「幅員容積率」

③ 敷地が容積率の異なる地域にまたがった場合には、2つの地域の建築可能延べ面積の合計が、延べ面積の最大限となる。

3 計算問題のポイント

① 「建築面積」とあれば建蔽率を使い、「延べ面積」とあれば容積率を使う。この判断が最も基本。

② 前面道路が幅員4m未満のいわゆる2項道路の場合は、道路の中心線から2m後退（セットバック）した線を道路境界線とみなすため、そのぶん基準となる敷地面積はせまくなる。

③ 複数の敷地について「一体利用」とある場合は、文字どおりひとつの土地とみなして計算する。幅員4m未満の道路のセットバックに注意。容積率の計算をする場合、最も広い前面道路だけに注目する。

問1
□□□

次の設例に基づいて、下記の問に答えなさい。

───《設 例》───

Aさんは、自宅の建築のため、甲土地、乙土地、丙土地、丁土地のいずれか、あるいは複数の土地の購入を検討している。なお、甲土地、乙土地および丙土地は北側道路（市道）に面しており、丁土地は南側道路（市道）に面している。また、南側道路の反対側は宅地であり、がけ地や川等ではない。

甲土地、乙土地、丙土地および丁土地の概要は、以下のとおりである。

〈甲土地、乙土地、丙土地および丁土地の概要〉

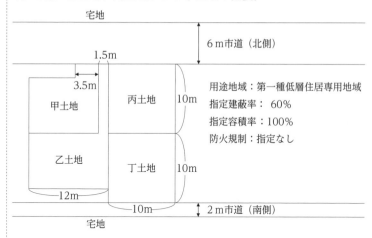

※幅員2mの市道（南側）は、建築基準法第42条第2項により特定行政庁の指定を受けた道路である。2m市道の道路中心線は、当該道路の中心部分にある。

※指定建蔽率および指定容積率は、それぞれ都市計画において定められた数値である。

※当該区域は、特定行政庁が都道府県都市計画審議会の議を経て指定する区域には該当しない。

※上記以外の条件は考慮しなくてよい。

問 仮に、Aさんが丙土地と丁土地を購入し、丙土地と丁土地を一体とした敷地上に住宅を建築する場合、建築基準法による最大の建築面積は、次のうちどれか。

1) 10m × 18m × 60% = 108㎡
2) 10m × 19m × 60% = 114㎡
3) 10m × 19m × 100% = 190㎡　　《2018年1月個人第4問・問11》

問2
□□□　　　次の設例に基づいて、下記の問に答えなさい。

─────《設 例》─────

　Aさん（55歳）は、昨年、父親の相続によりX市内の実家（甲土地および建物）を取得した。法定相続人は、長男のAさんのみであり、相続に係る申告・納税等の手続は完了している。

　Aさんは、別の都市に自宅を所有し、家族と居住しているため、相続後に空き家となっている実家（築45年）の売却を検討している。しかし、先日、友人の不動産会社の社長から、「甲土地は、最寄駅から徒歩5分の好立地にあり、相応の住宅需要が見込める。自己建設方式による賃貸マンションの建築を検討してみてはどうか」との提案があったことで、甲土地の有効活用にも興味を持ち始めている。

〈甲土地の概要〉

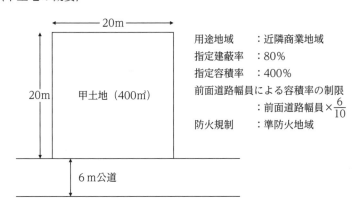

用途地域　　　：近隣商業地域
指定建蔽率　　：80%
指定容積率　　：400%
前面道路幅員による容積率の制限
　　　　　　　：前面道路幅員×$\frac{6}{10}$
防火規制　　　：準防火地域

・指定建蔽率および指定容積率とは、それぞれ都市計画において定められた数値である。
・特定行政庁が都道府県都市計画審議会の議を経て指定する区域ではない。

※上記以外の条件は考慮せず、各問に従うこと。

問 甲土地に耐火建築物を建築する場合の①建蔽率の上限となる建築面積と②容積率の上限となる延べ面積の組合せとして、次のうち最も適切なものはどれか。

1) ①360㎡ ②1,440㎡

2) ①360㎡ ②1,600㎡

3) ①400㎡ ②1,600㎡ 　　　　　　《2023年9月個人第4問・問10》

問1 2) ── ① セットバックで後退する距離は、現在の道路幅に対して、4mに足りない分の幅員の2分の1

本問の場合、南側の市道が幅員2mで2項道路だから、セットバックした場合の後退距離は、(4m − 2m) ÷ 2 = 1.0m

② この土地の面積 = 間口10m × (丙奥行10m + 丁奥行10m − 後退距離1.0m)

= 10m × 19m

③ 最大建築面積 = 土地面積 × その土地の建蔽率

この土地の最大建築面積 = 10m × 19m × 60% = 114㎡

問2 1) ── ① 指定建蔽率80%で準防火地域内に耐火建築物を建てる場合は、10%緩和されるので、建蔽率90%となる

建蔽率の上限となる建築面積 = 400㎡ × 90% = 360㎡

② 容積率は、前面道路の幅が12m未満の場合に、用途地域によって制限される（ 学習のポイント **2** ② を参照）

住居系用途地域の場合……前面道路幅 × $\dfrac{4}{10}$

その他の用途地域の場合…前面道路幅 × $\dfrac{6}{10}$

この計算式の結果と指定容積率を比べて、小さいほうが容積率の上限となる

前面道路は6m、用途地域は近隣商業地域

$6m × \dfrac{6}{10} = 360\% < 指定容積率400\%$

よって容積率は360%

延べ面積の上限 = 敷地面積 × 容積率

= 400㎡ × 360% = 1,440㎡

8

【第5問】相続・事業承継
相続税に関する計算

絶対
マスター

絶対読め！**30**秒レクチャー ▶

課税される遺産総額は、「法定相続人の数」を正しくカウントできれば、カンタンな掛け算と足し算だけで出るぞ！　「法定相続人の数」には、相続を放棄した人も含むし、養子も1人または2人まで含むことを理解したうえで、過去問をマスターしよう！　最近は「相続税の総額」が毎回のように出ているので要注意！

【参考】第6章 8

う～ん

ナナメ読み！　**学習のポイント**

1　各相続人等の課税価格の合計額

各人の課税価格を合計したものが、「各相続人等の課税価格の合計額」。

課税される＿　各相続人等の　＿遺産に係る
遺産総額 ＝ 課税価格の合計額　基礎控除

遺産に係る基礎控除額＝3,000万円＋600万円×法定相続人の数

2 法定相続人の数のカウント方法

① 基礎控除額を計算する時の法定相続人の数は、相続の放棄をした人がいても、その放棄がなかったものとした場合の相続人の数になる。

② 相続人のなかに養子がいる場合、法定相続人に含める数は、

　1）被相続人に実子がいる場合は、養子のうち **1** 人まで。

　2）被相続人に実子がいない場合は、養子のうち **2** 人まで。

3 相続税の総額の計算

① 課税遺産総額（課税価格の合計額－基礎控除）を確認。　例：1億円

② 実際の相続と関係なく、相続放棄などもなかったものとして「法定相続人」「法定相続分」を明らかにする。

　例：妻と子2人→$\frac{1}{2}$（妻）、$\frac{1}{4}$（子）、$\frac{1}{4}$（子）

③ 法定相続人を確認して、②を法定相続分ごとに分割。第6章 4 参照。

　例：1億円を妻と子2人に分割 → 5,000万円、2,500万円、2,500万円

④ ③の各金額を「相続税の速算表」に当てはめて、各人の税額を求める。

　例：5,000万円、2,500万円、2,500万円

　　　→ 800万円、325万円、325万円

⑤ ④で求めた各人の税額を足し合わせたものが「相続税の総額」。

　例：800万円＋325万円＋325万円＝1,450万円

問1
□□□　次の設例に基づいて、下記の問に答えなさい。

―――― 《設　例》 ――――

　Aさん（82歳）は、妻Bさん（78歳）との2人暮らしである。A
さん夫妻には、2人の子がいるが、二男Dさんは既に他界している。
Aさんは、孫Eさん（24歳）および孫Fさん（22歳）に対して、相
応の資産を承継させたいと考えており、遺言の準備を検討している。

〈Aさんの親族関係図〉

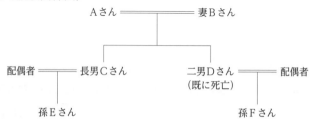

〈Aさんが保有する主な財産（相続税評価額）〉

　現預金　　　　　　：　　　　1億円

　上場株式　　　　　：　4,000万円

　自宅（敷地250㎡）：　6,000万円（注）

　自宅（建物）　　　：　1,000万円

　（注）「小規模宅地等についての相続税の課税価格の計算の特例」適
　　　　用前の金額

※上記以外の条件は考慮せず、各問に従うこと。

問 Aさんの相続が現時点（2024年5月22日）で開始し、Aさんの相続に係る課税遺産総額（課税価格の合計額−遺産に係る基礎控除額）が1億2,000万円であった場合の相続税の総額は、次のうちどれか。

1）1,900万円
2）2,200万円
3）3,100万円

〈資料〉相続税の速算表（一部抜粋）

法定相続分に応ずる取得金額			税率	控除額
万円超	～	万円以下 1,000	10%	－
1,000	～	3,000	15%	50万円
3,000	～	5,000	20%	200万円
5,000	～	10,000	30%	700万円
10,000	～	20,000	40%	1,700万円

《2022年5月個人第5問・問15改題》

問 1 1)──相続税の計算は、課税遺産総額（課税価格の合計額−遺産に係る基礎控除額）をそれぞれ法定相続分に分割し、分割後の金額に応じた税率で算出する

妻Bの法定相続分は$\frac{1}{2}$

長男C・孫F（二男Dの代襲相続人）の法定相続分はそれぞれ$\frac{1}{4}$ずつ（$\frac{1}{2} \div 2$）

妻Bの法定相続分の相続税：

1億2,000万円×$\frac{1}{2}$＝6,000万円

6,000万円×30％−700万円＝1,100万円

長男C・孫Fの法定相続分の相続税：

1億2,000万円×$\frac{1}{4}$＝3,000万円

3,000万円×15％−50万円＝400万円

相続税の総額＝1,100万円＋400万円＋400万円＝1,900万円

9 【第5問】相続・事業承継 贈与税に関する計算

ここで差がつく

　贈与税の課税方法には、「暦年課税」と「相続時精算課税」の２つがあり、一定の場合にソウゾクジセイサンカゼイを選択することもできる！　「贈与税の速算表」が設例についてくるので、表の使い方を理解しろ！「110万」「2,000万」「2,500万」と聞いたらピンとくるように！

【参考】第6章 ③

ナナメ読み！　**学習のポイント**

1 暦年課税

① 贈与税は、1人の人が1月1日から12月31日までの1年間に個人からもらった財産の合計額から基礎控除110万円を差し引いた額に課税される。

② 婚姻期間20年以上の夫婦の間で、「居住用不動産」または「居住用不動産を取得するための金銭」の贈与が行われた場合には、基礎控除110万円のほかに最高2,000万円まで控除できる特例（贈与税の配偶者控除）がある。この制度は、同じ配偶者の間では一生に一度しか使えない。

③ 「贈与税の速算表」の使い方を、問題演習を通じてマスターしておこう（税率を掛けて、控除額を引くだけなのでカンタンだ！）。

2 相続時精算課税

① 「一見すると贈与だが、実は相続の前倒し」という制度。

② 贈与を受けた時に贈与税（0円の場合もある）を納め、その贈与者が亡くなった時に「精算」する→その「贈与財産の贈与時の価額」と「他の相続財産の価額」の合計額をもとに計算した相続税額から、すでに納めたその贈与税相当額をさし引く。

③ 複数年にわたり利用できる。累計2,500万円限度の特別控除額があり、2,500万円を超える部分については一律20％で課税される。なお、2024年1月以降の贈与では、この制度においても年110万円の基礎控除が適用されるようになった。

3 直系尊属からの贈与・特例税率の適用

暦年課税の場合に、両親や祖父母などからの贈与を受けた人については「特例贈与財産」の税率を適用して税額を計算する。贈与を受ける者が18歳以上の場合に限る。

✎ 本番得点力が高まる！ 問題演習

問1
□□□   次の設例に基づいて、下記の問に答えなさい。

《設　例》

個人で不動産賃貸業を営むAさん（70歳）は、K市内の自宅で妻Bさん（68歳）との2人暮らしである。

Aさんには、2人の子がいる。民間企業に勤務する長男Cさん（42歳）は、妻、孫Eさん（10歳）および孫Fさん（8歳）の4人で勤務先の社宅に住んでいる。長男Cさんは、住宅の購入を検討しており、Aさんに資金援助を求めている。長女Dさん（40歳）は、K市内の夫名義の持家に住んでいるが、住宅ローンの返済等で家計に余裕はなく、孫Gさん（15歳）および孫Hさん（12歳）の学費を援助し

てほしいと期待しているようである。Ａさんは、現金の贈与を検討している。

〈Ａさんの親族関係図〉

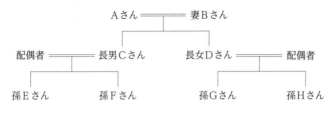

※上記以外の条件は考慮せず、各問に従うこと。

問 仮に、長男Ｃさんが暦年課税（各種非課税制度の適用はない）により、2024年中にＡさんから現金800万円の贈与を受けた場合の贈与税額は、次のうちどれか。

1）117万円
2）150万円
3）151万円

〈資料〉贈与税の速算表（一部抜粋）

基礎控除後の課税価格			特例贈与財産		一般贈与財産	
			税率	控除額	税率	控除額
万円超		万円以下				
	～	200	10%	－	10%	－
200	～	300	15%	10万円	15%	10万円
300	～	400	15%	10万円	20%	25万円
400	～	600	20%	30万円	30%	65万円
600	～	1,000	30%	90万円	40%	125万円

《2020年9月個人第5問・問15改題》

問1 1) ──① 直系尊属から受けた贈与財産は税率が優遇される（特例税率）

② 贈与された金額は、800万円

③ 基礎控除は受贈者（もらった人）1人につき110万円

④ 贈与税の課税価格は②－③＝690万円

⑤ 速算表に照らし合わせて

690万円×30％－90万円＝117万円

【第5問】相続・事業承継

10
上場株式・土地・建物の相続税評価額の計算

最後の
ひと押し

絶対読め！**30**秒レクチャー

　ここでは様々な資産の相続税評価額の計算法をマスターしよう。「上場株式」は、4つの価格のうち、一番低いものが評価額！
　自宅の土地が「小規模宅地等」にあたる場合は、330㎡までが、8割減額！「貸家建付地（貸しアパートの土地）」も少しだけ減額される！
【参考】第6章 10 11

更地

相続の評価なら、
宅地のほうが
安くすむんだよな！

ナナメ読み！　**学習のポイント**

1　上場株式
（じょうじょうかぶしき）

　①相続開始日の終値（おわりね）、②その月の終値の平均額、③その前月の終値の平均額、④その前々月の終値の平均額のうち、最も低い価額が相続税評価額。

2　小規模宅地等の評価減の特例に該当する場合
（しょうきぼたくち）（ひょうかげん）

　自宅の土地が「小規模宅地等」に該当する場合は、330㎡までを限度として、評価額の80%を減額できる。

3 貸家建付地

貸しアパートの土地などの場合は、以下の評価額となる。

$$
\begin{array}{l}\text{貸家建付地の}\\\text{相続税評価額}\end{array}=\begin{array}{l}\text{自用地}\\\text{価 格}\end{array}\times\left(1-\begin{array}{l}\text{借地権}\\\text{割 合}\end{array}\times\begin{array}{l}\text{借家権}\\\text{割 合}\end{array}\times\begin{array}{l}\text{賃 貸}\\\text{割 合}\end{array}\right)
$$

✎ 本番得点力が高まる! **問題演習**

問 1
□□□

次の設例に基づいて、下記の問に答えなさい。

《設 例》

Aさんは、2023年12月に死亡した。Aさんの家族は、妻Bさん（60歳）、長男Cさん（35歳）、長女Dさん（33歳）および養子Eさん（20歳）の4人である。

なお、長女Dさんは、自動車の購入のため、2022年5月にAさんから現金300万円の贈与を受けている。

Aさんの親族関係図およびAさんの財産の状況は、以下のとおりである。

〈Aさんの親族関係図〉

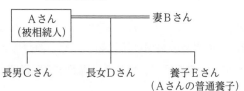

〈Aさんの財産の状況（相続税評価額）〉

　　・預貯金　　　　　　　：3,000万円

　　・上場株式　　　　　　：1,000万円

　　・自宅の敷地（400㎡）：8,000万円（※）

　　・自宅の家屋　　　　　：1,000万円

　　※Aさんが居住の用に供していた自宅の敷地であり、金額は「小規
　　　模宅地等についての相続税の課税価格の計算の特例」の適用前の
　　　ものである。

　　※上記以外の条件は考慮しなくてよい。

問　自宅の敷地を妻Bさんが取得した場合、「小規模宅地等についての
　　相続税の課税価格の計算の特例」の適用により減額される金額は、次
　　のうちどれか。

1）$8,000万円 \times \dfrac{400㎡}{400㎡} \times 80\% = 6,400万円$

2）$8,000万円 \times \dfrac{330㎡}{400㎡} \times 80\% = 5,280万円$

3）$8,000万円 \times \dfrac{200㎡}{400㎡} \times 50\% = 2,000万円$

《2018年1月個人第5問・問14改題》

問1　**2）**──小規模宅地等の特例では、特定居住用宅地の適用面積330㎡ま
　　　での部分について、評価額の減額割合が80％となる

　　　$特定居住用宅地の評価減額 = 宅地の評価額 \times \dfrac{適用面積}{敷地面積} \times 80\%$

　　　　　　　　　　　$= 8,000万円 \times \dfrac{330㎡}{400㎡} \times 80\%$

　　　　　　　　　　　$= 5,280万円$

第8章

保険顧客資産相談業務

金財の実技試験は「個人」と「保険」の2種類がある。そして、生命保険に関連する仕事をしている人や、今後つきたい人は、この章で学ぶ「保険」の実技試験を選ぶべきだ！　なぜなら、お客様のニーズに合った生命保険を提案するために必要な知識がここにあるからだ！

スマッシュを決めろ！

1 出題範囲が偏（かたよ）っているので、過去問の理解に徹するのが一番！

　金財・保険顧客相談業務では、生命保険に関する相談を受けたときに必要な知識が問われる。5設例×3問＝15問の出題には「第1問：公的年金」「第2問：個人保険」「第3問：法人保険」「第4問：所得税」「第5問：相続」というお約束パターンがある。よって「金融資産運用」と「不動産」を除く、残りの4分野に専念できる！　しかも、ライフでは公的年金しか出ず、保険は必ず法人契約も出るなど、出題は偏っている。過去問の理解に徹しつつ、このテキストを補助的に使うのがベストだ！

実技試験【金財】保険顧客資産相談業務の出題形式とは？

うち、**6割以上**で合格！

設例 **5**題 ✕ 各**3**問 ➡ 全**15**問

| 第1問 ライフ | 第2問 保険 | 第3問 保険 | 第4問 タックス | 第5問 相続 |

実務において、実際に相談を受けるような場面を想定した「設例」が置かれ、それについての問題が、1つの設例につき3問出題される。

2 「定番の計算問題」を徹底的に理解！

　15問のうち7問前後（5〜10問）の計算問題が出るが、その7割前後は「定番問題」である。特に「公的年金に関する計算」「法人契約の生命保険の経理処理」「総所得金額の計算」「相続税の計算」は出題率80〜100％以上が継続するだろう！　まずは、最短の勉強時間で合格ラインの実力をつけるために（この章で分析する）以下の計算問題を集中的に繰り返し勉強しよう。

保険顧客資産相談業務

<ruby>保<rt>ほ</rt></ruby><ruby>険<rt>けん</rt></ruby><ruby>顧<rt>こ</rt></ruby><ruby>客<rt>きゃく</rt></ruby><ruby>資<rt>し</rt></ruby><ruby>産<rt>さん</rt></ruby><ruby>相<rt>そう</rt></ruby><ruby>談<rt>だん</rt></ruby>

第1問　ライフ
● 公的年金に関する計算

第2問　保険・個人
● 必要保障額の計算
● 生命保険の各種保険金・給付金の
　計算　第9章 4

第3問　保険・法人
● 法人契約の生命保険の経理処理

第4問　タックス
● 総所得金額の計算
● 退職所得金額の計算
　第4章 2
● 一時所得金額の計算
　第4章 7
● 医療費控除の計算
　第4章 12

第5問　相続
● 相続税の計算
● 贈与税額の計算
　第6章 3　第7章 9

直近1年以内の過去問に出ている計算問題を徹底的に理解できるよ
うに取り組もう。

1 【第1問】ライフプランニングと資金計画
公的年金に関する計算

絶対マスター

絶対読め！**30**秒レクチャー

　保障性の保険を提案する場合には遺族年金の知識が必須だし、貯蓄性の保険の提案をする場合には老齢年金の知識が必須だ！同じ内容の、第7章 1 「公的年金に関する計算」に目を通してから問題演習を繰り返せば、試験対策は終了だ！

ナナメ読み！ 学習のポイント

（→第7章 1 「公的年金に関する計算」を参照すること！）

本番得点力が高まる！ 問題演習

問1

次の設例に基づいて、下記の問に答えなさい。

――――《設 例》――――

　会社員のAさん（38歳）は、妻Bさん（37歳）、長男Cさん（4歳）および二男Dさん（0歳）との4人暮らしである。

　Aさんは、二男Dさんの誕生を機に、生命保険の見直しを考えている。Aさんは、その前提として、自分が死亡した場合に公的年金制度から遺族給付がどのくらい支給されるのかを知りたいと思っている。また、40歳から公的介護保険制度の保険料負担が生じることから、当該制度についても詳しく知りたいと考えている。

そこで、Aさんは、懇意にしているファイナンシャル・プランナーのMさんに相談することにした。Aさんの家族構成等は、以下のとおりである。

〈Aさんの家族構成〉

Aさん　　：1986年4月26日生まれ
　　　　　　会社員（厚生年金保険・全国健康保険協会管掌健康保険に加入中）

妻Bさん　：1987年4月19日生まれ
　　　　　　国民年金に第3号被保険者として加入している。

長男Cさん：2019年7月25日生まれ

二男Dさん：2023年10月14日生まれ

〈公的年金加入歴（2024年4月まで）〉

	20歳	22歳		38歳
Aさん	国民年金 学生納付特例期間 （36月）		厚生年金保険 被保険者期間 （181月）	

	18歳		28歳（Aさんと結婚）	37歳
妻Bさん	厚生年金保険 被保険者期間 （120月）		国民年金 第3号被保険者期間 （97月）	

※妻Bさんは、現在および将来においても、Aさんと同居し、生計維持関係にあるものとする。また、就業の予定はないものとする。

※家族全員、Aさんと同一の世帯に属し、Aさんの健康保険の被扶養者である。

※家族全員、現在および将来においても、公的年金制度における障害等級に該当する障害の状態にないものとする。

※上記以外の条件は考慮せず、各問に従うこと。

問　Mさんは、Aさんが現時点（2024年5月26日）において死亡した場合に妻Bさんに支給される遺族基礎年金の年金額（2024年度価額）を試算した。Mさんが試算した遺族基礎年金の年金額の計算式として、次のうち最も適切なものはどれか。

1）816,000円＋234,800円＝1,050,800円
2）816,000円＋234,800円＋78,300円＝1,129,100円
3）816,000円＋234,800円＋234,800円＝1,285,600円

《2019年5月保険第1問・問1改題》

　次の設例に基づいて、下記の問に答えなさい。

───────── 《設 例》 ─────────

　食品販売会社に勤務するAさん（59歳）は、妻Bさん（56歳）と長男Cさん（22歳）との3人暮らしである。Aさんが勤務する会社は65歳定年制を採用しており、Aさんは65歳まで働き続けたいと考えている。

　Aさんは、これまで公的年金についてあまり意識したことがなかったが、長男Cさんに年金手帳が送付されてきたことを機に、年金に関心を持つようになった。

　そこで、Aさんは、懇意にしているファイナンシャル・プランナーのMさんに相談することにした。Aさんおよび家族に関する資料は、以下のとおりである。

〈Aさんの相談内容〉
・国民年金保険料の学生納付特例制度について教えてほしい。
・65歳まで働き続けた場合の公的年金制度からの老齢給付について教えてほしい。

〈Aさんおよび家族に関する資料〉
（1）Aさん（会社員）
・1965年5月10日生まれ

- ・20歳から22歳までの大学生の間（35月）は、国民年金に任意加入し、定額保険料および付加保険料を納付していた。
- ・公的年金の加入歴は下記のとおりである（見込み期間を含む）。

20歳	22歳	59歳	65歳
国民年金保険料（付加保険料を含む）納付済期間 35月	厚生年金保険 被保険者期間 434月	厚生年金保険 被保険者期間 71月（加入見込み）	

(2) 妻Bさん（専業主婦）
- ・1968年3月28日生まれ
- ・18歳からAさんと結婚するまでの8年間、厚生年金保険に加入。結婚後は国民年金に第3号被保険者として加入している。

(3) 長男Cさん（大学生）
- ・2002年5月10日生まれ
- ・Aさん夫婦と同居している。

※妻Bさんは、現在および将来においても、Aさんと同居し、生計維持関係にあるものとする。
※家族全員、現在および将来においても、公的年金制度における障害等級に該当する障害の状態にないものとする。

※上記以外の条件は考慮しなくてよい。

問　Mさんは、Aさんが原則として65歳から受給することができる老齢基礎年金および付加年金の年金額を試算した。Mさんが試算した老齢基礎年金および付加年金の年金額の計算式として、次のうち最も適切なものはどれか。なお、Aさんは65歳になるまで厚生年金保険に加入し続けるものとし、老齢基礎年金の年金額は、2024年度の価額に基づいて計算するものとする。

1) $816,000円 \times \dfrac{35月}{480月} + 400円 \times 35月$

2) $816,000円 \times \dfrac{480月}{480月} + 200円 \times 35月$

3) $816{,}000\text{円} \times \dfrac{480\text{月}}{480\text{月}} + 400\text{円} \times 35\text{月}$

《2014年5月保険第1問・問2改題》

問1 3) ── 第7章①の 学習のポイント 2 を参照

遺族基礎年金は「満額の基礎年金額＋子の加算」

基礎年金額は80万円強。2人目までは20万円強の加算（18歳になった年度末まで対象）、3人目以降は数万円の加算と大まかに覚えておく。具体的な金額は選択肢を見て、2024年度の価額では、基礎年金額（816,000円）＋長男分（234,800円）＋二男分（234,800円）＝1,285,600円

問2 2) ── Aさんの老齢基礎年金を求めるために、まず納付済月数（見込み含む）を計算すると

35＋434＋71＝540（＞480月）

この場合は480月（満額）で計算する

付加保険料を1月（400円）払うと、付加年金は200円増える

以上より、2）が正しい

2

【第2問】保険・個人
必要保障額の計算

最後の
ひと押し

絶対読め！**30**秒レクチャー

　個人が保険で準備すべき金額である「必要保障額」の計算はカンタンだ！　いま本人が死んだ場合をリアルに想像して、その後の人生で出て行く累計のお金から、入ってくる累計のお金を引き算するだけでOK。また、ダンシンつきの住宅ローンは死んだら借金チャラとなる点に注意！

レッツ団信！
住宅ローンは
チャラだ！

ohaka

ナナメ読み！　学習のポイント

1　必要保障額
（ひつよう ほ しょうがく）

① 本人が死んだ場合に、その後の遺族の人生で**出て行く**累計のお金を合計。
　　平均余命（よめい）までの日常生活費、葬儀費用、緊急予備資金などを足す。団体信用生命保険（通称「ダンシン」）がついた住宅ローンは完済される。

② 本人が死んだ場合に、その後の人生で**入ってくる**累計のお金を合計。
　　公的年金の総額、保有する金融資産、死亡退職金などを足す。

③ ①から②を引くと、必要保障額（保険を準備すべき金額）が出る。

問1
□□□

次の設例に基づいて、下記の問に答えなさい。

──────《設 例》──────

会社員のAさん（40歳）は、妻Bさん（35歳）および長男Cさん（0歳）との3人暮らしである。Aさんは、長男Cさんの誕生を機に、生命保険の加入を検討していたところ、先日、Aさんの職域を担当する生命保険会社の営業担当者から下記の生命保険の提案を受けた。

そこで、Aさんは、ファイナンシャル・プランナーのMさんに相談することにした。

〈Aさんが提案を受けた生命保険に関する資料〉

保険の種類　　　　：5年ごと配当付特約組立型総合保険（注1）

月払保険料　　　　：20,100円

保険料払込期間　　：70歳満了

契約者（＝保険料負担者）・被保険者：Aさん

死亡保険金受取人　：妻Bさん

指定代理請求人　　：妻Bさん

特約の内容	保障金額	保険期間
終身保険特約	200万円	終身
定期保険特約	3,000万円	10年
三大疾病一時金特約（注2）	一時金200万円	10年
総合医療特約（180日型）	1日目から日額10,000円	10年
先進医療特約	先進医療の技術費用と同額	10年
指定代理請求特約	－	－
リビング・ニーズ特約	－	－

（注1）複数の特約を自由に組み合わせて加入することができる保険

（注2）がん（上皮内がんを含む）と診断確定された場合、または急性心筋梗塞・脳卒中で所定の状態に該当した場合に一時金が支払われる（死亡保険金の支払はない）。

※上記以外の条件は考慮せず、各問に従うこと。

問　はじめに、Mさんは、現時点の必要保障額を試算することにした。下記の〈算式〉および〈条件〉に基づき、Aさんが現時点で死亡した場合の必要保障額は、次のうちどれか。

1)　　4,004万円

2)　　6,004万円

3)　1億3,504万円

〈算式〉

必要保障額＝遺族に必要な生活資金等の支出の総額－遺族の収入見込金額

〈条件〉

1．長男Cさんが独立する年齢は、22歳（大学卒業時）とする。

2．Aさんの死亡後から長男Cさんが独立するまで（22年間）の生活費は、現在の日常生活費（月額30万円）の70％とし、長男Cさんが独立した後の妻Bさんの生活費は、現在の日常生活費（月額30万円）の50％とする。

3．長男Cさん独立時の妻Bさんの平均余命は、32年とする。

4．Aさんの死亡整理資金（葬儀費用等）、緊急予備資金は、500万円とする。

5．長男Cさんの教育資金の総額は、1,300万円とする。

6．長男Cさんの結婚援助資金の総額は、200万円とする。

7．住宅ローン（団体信用生命保険に加入）の残高は、2,000万円とする。

8．死亡退職金見込額とその他金融資産の合計額は、1,800万円とする。

9．Aさん死亡後に妻Bさんが受け取る公的年金等の総額は、7,500万円とする。

《2022年1月保険第2問・問4改題》

問1 1)──① Aさん死亡後からCさんが独立するまでの生活費は

30万円×70％＝21万円

21万円×12カ月×22年＝5,544万円

Cさん独立後のBさんの生活費は

30万円×50％＝15万円

15万円×12カ月×32年＝5,760万円

死亡整理資金他500万円＋教育資金1,300万円

＋結婚援助資金200万円

＋住宅ローン0万円（団信加入）＝2,000万円

→　支出見込額の合計は13,304万円

② 死亡退職金と金融資産の合計額は1,800万円

妻Bさんが受け取る公的年金総額は7,500万円

→　収入見込額の合計は9,300万円

③ 必要保障額は、13,304万円－9,300万円＝4,004万円

【第3問】保険・法人

3 法人契約の生命保険の経理処理

絶対マスター

絶対読め！ **30** 秒レクチャー

法人保険の経理処理では、貯蓄性のある保険料は資産、掛け捨ての保険料は費用という大原則を理解したうえで「ハーフタックス」などの例外を押さえておこう。なお、法人が保険金や解約返戻金を受け取った際の経理処理は、雑収入または雑損失が生じるのがポイントだ。

掛け捨ては金が残らぬ解約時

じゃあ費用だ！

ナナメ読み！ 学習のポイント

1 法人が支払った保険料の経理処理

① 貯蓄性のある保険料（終身保険など）は資産に計上し、掛け捨ての保険料（定期保険や医療保険など）は損金とするのが原則。

② 掛け捨ての保険料を支払うことは、資産の減少と費用の発生を伴う。よって貸方に現金・預金、借方に保険料を書き込む仕訳になる（→バランスシートの左側（借方）にある現金・預金を相殺して減らすことになる）。

借　方	貸　方
定期保険料	現金・預金

③ 終身保険の部分の保険料は貯蓄性が高いため、費用ではなく「保険料積立金」という資産の計上になるので注意！

借　方	貸　方
保険料積立金	現金・預金

④　経理処理の問題では、まず「現金・預金などの資産はバランスシートの左側（借方）にある」ことをイメージする。そのうえで、「現預金を増やす経理処理なら左側（借方）に現預金がくる」「現預金を減らす経理処理なら右側（貸方）に現預金がくる」と理解しておく。

(1)「貯蓄性のある」定期保険および第三分野保険

「最高解約返戻率が50％を超える」定期保険や第三分野保険（医療保険やガン保険など）を全額損金とすることはできない。最高解約返戻率「50％超70％以下」「70％超85％以下」「85％超」の3区分に応じて、保険料の一定割合を資産計上する必要がある。

(2) ハーフタックス・プラン（福利厚生目的の養老保険加入）

法人契約の養老保険で「被保険者＝役員・従業員、満期保険金受取人＝法人、死亡保険金受取人＝被保険者の遺族」とする契約は、貯蓄性がありながら全額資産計上にはならない。福利厚生目的とみなされる条件を満たせば、半分は福利厚生費として損金算入（半分は資産計上）とすることが認められる。

【例】ハーフタックスプランの支払い保険料が400万円の場合の仕訳

借　方	貸　方
保険料積立金　200万円 福利厚生費　　200万円	現金・預金　　400万円

2　法人が受け取った保険金の経理処理

法人が満期保険金や解約返戻金や死亡保険金を受け取った場合、その保険契約に関して資産として計上されている保険料積立金との差額が雑収入（または雑損失）となる。つまり、掛け捨ての定期保険や医療保険に関する保険金や給付金が会社に入ってきた場合は、（その保険契約に関する保険料積立金がないので）いったん全額を雑収入（益金）として計上する必要がある。

【例】終身保険（保険金受取人が法人、払込保険料300万円）の保険金500万円を受け取った場合の仕訳

借　方	貸　方
現金・預金　　500万円	保険料積立金　　300万円 雑収入　　　　　200万円

問 1
□□□

次の設例に基づいて、下記の問に答えなさい。

───── 《設　例》 ─────

　X株式会社（以下、「X社」という）は、Aさん（40歳）が設立した会社である。Aさんは、現在、従業員の退職金準備の方法について検討している。そこで、Aさんは生命保険会社の営業担当者であるMさんに相談することにした。

〈Mさんの提案内容〉
　従業員の退職金準備を目的として、中小企業退職金共済制度（X社は加入要件を満たしている）および下記〈資料〉の生命保険（福利厚生プラン）を提案した。

〈資料〉

保険の種類	養老保険（特約付加なし）
契約者（＝保険料負担者）	X社
被保険者	全従業員（30名）
死亡保険金受取人	被保険者の遺族
満期保険金受取人	X社
保険期間・保険料払込期間	60歳満期
死亡・高度障害保険金額	500万円（1人当たり）
年払保険料	600万円（30名の合計）

※上記以外の条件は考慮せず、各問に従うこと。

問 《設例》の〈資料〉の福利厚生プランの保険料払込時の経理処理（仕訳）として、次のうち最も適切なものはどれか。

1)

借　　方		貸　　方	
保険料積立金	600万円	現金・預金	600万円

2)

借　　方		貸　　方	
福利厚生費	600万円	現金・預金	600万円

3)

借　　方		貸　　方	
福利厚生費	300万円	現金・預金	600万円
保険料積立金	300万円		

《2019年9月保険第3問・問8》

問2
□□□　次の設例に基づいて、下記の問に答えなさい。

───────── 《設　例》 ─────────

　株式会社X（以下、「X社」という）の創業社長であるAさんは、2024年8月、業務外の事由により死亡した。

　現在、X社では、2代目社長に就任したAさんの長男Cさんを中心に、社長交代等に係る対応に追われている。そこで、Cさんは、懇意にしているファイナンシャル・プランナーのMさんに相談することにした。

　なお、X社が加入していた生命保険に関する資料、およびAさんの家族に関する資料は、以下のとおりである。

〈X社が加入していた生命保険に関する資料〉

保険の種類	無配当定期保険
契約年月日	2018年10月1日
契約者（＝保険料負担者）	X社
被保険者	Aさん
死亡保険金受取人	X社
保険料払込期間	10年満了
死亡保険金額	9,000万円
年払保険料	90万円

〈Aさんの家族に関する資料〉

Aさん 　　　　： 　2024年8月に73歳で死亡。

妻Bさん 　　　： 　68歳。Cさん家族と同居している。

長男Cさん 　　： 　45歳。X社の2代目社長。配偶者あり。

※上記以外の条件は考慮しなくてよい。

問　X社は、《設例》の生命保険契約から死亡保険金9,000万円を受け取った。死亡保険金受取時のX社の経理処理（仕訳）について、下記の空欄①～③に入る語句または数値の組合せとして、次のうち最も適切なものはどれか。

〈X社の死亡保険金受取時の経理処理（仕訳）〉

借　　方		貸　　方	
（　①　）	（　②　）万円	（　③　）	（　②　）万円

1)　①現金・預金　②9,000　　③雑収入

2)　①現金・預金　②540　　　③保険料積立金

3)　①死亡保険金　②9,000　　③支払保険料

《2012年9月保険第3問・問7改題》

次の設例に基づいて、下記の問に答えなさい。

《設 例》

　Aさん（50歳）は、X株式会社（以下、「X社」という）の創業社長である。Aさんは、先日、生命保険会社の営業担当者から、自身の退職金準備を目的とした下記の〈資料〉の生命保険の提案を受けた。

　そこで、Aさんは、ファイナンシャル・プランナーのMさんに相談することにした。

〈資料〉Aさんが提案を受けた生命保険の内容

保険の種類：無配当低解約返戻金型終身保険（特約付加なし）	
契約者（＝保険料負担者）	：X社
被保険者	：Aさん
死亡保険金受取人	：X社
死亡保険金額	：5,000万円
保険料払込期間・低解約返戻金期間	：65歳満了
年払保険料	：310万円
65歳までの払込保険料累計額（①）	：4,650万円
65歳時の解約返戻金額（②）	：4,200万円（低解約返戻金期間満了直後）
受取率（②÷①）	：90.3％（小数点第2位以下切捨て）

※解約返戻金額の80％の範囲内で、契約者貸付制度を利用することができる。

※上記以外の条件は考慮せず、各問に従うこと。

問 《設例》の終身保険の第1回保険料払込時の経理処理（仕訳）として、次のうち最も適切なものはどれか。

1)

借　　方		貸　　方	
定期保険料	155万円	現金・預金	310万円
前払保険料	155万円		

2)

借　　方		貸　　方	
定期保険料	310万円	現金・預金	310万円

3)

借　　方		貸　　方	
保険料積立金	310万円	現金・預金	310万円

《2022年9月保険第3問・問9》

問1 3) ── 学習のポイント **1** **(2)** を参照

法人が契約者となる養老保険で、社員等に対して普遍的加入（全員またはそれに準ずる加入）を実施して、死亡保険金の受取人を被保険者の遺族にした場合、満期保険金の受取人が法人でも、保険料の$\frac{1}{2}$は福利厚生費として計上できる

問2 1) ── 学習のポイント **1** ②及び 学習のポイント **2** を参照。

10年満期の定期保険（掛け捨て）の保険料は全額が損金算入され、資産計上されていないため、受け取った死亡保険金は全額が雑収入となる。よって借方に「現金・預金　9,000万円」、貸方に「雑収入　9,000万円」と仕訳する

問3 3) ── 学習のポイント **1** ③を参照

終身保険（貯蓄性が高い）の保険料は全額が「保険料積立金」という資産の計上になる

4

【第3問】保険・法人・【第4問】タックス

退職所得金額の計算

ここで差がつく

絶対読め！30秒レクチャー

> ありがとう。

> おつかれさまでした。

退職金の計算では、勤続年数が長いほど控除も優遇されている。退職所得控除後の金額からさらに1/2が非課税になる点も重要だ！

また、勤続年数を考える際は端数が何カ月だろうと切上げ！ 四捨五入ではないから要注意だ！

退職所得の計算問題は直近の試験において約50％の頻度で出題されているので、うっかり見落とすことがないよう、計算式をしっかり理解しておけ！

【参考】第4章 ②

ナナメ読み！ **学習のポイント**

1 課税対象となる退職所得の計算式

退職所得の金額＝(退職金の額－退職所得控除額)×$\frac{1}{2}$

2 退職所得控除額の計算

① 勤続年数が20年以下の場合……40万円×勤続年数

② 勤続年数が20年超の場合………800万円＋70万円×(勤続年数－20年)

③ 勤続年数に1日であろうと端数があれば、1年として計算する。

（例：勤続30年と1カ月→勤続31年）

問1
□□□　　　次の設例に基づいて、下記の問に答えなさい。

――――――《設　例》――――――

　Aさん（65歳）は、X株式会社（以下、「X社」という）の創業社長である。Aさんは、今期限りで勇退し、X社の専務取締役である長男Bさん（43歳）が社長に就任する予定である。X社は、Aさんに支給する役員退職金の原資として、下記〈資料〉の生命保険の解約返戻金を活用することを検討している。

　そこで、Aさんは、生命保険会社の営業担当者であるファイナンシャル・プランナーのMさんに相談することにした。

〈資料〉X社が現在加入している生命保険の契約内容

保険の種類	：長期平準定期保険（特約付加なし）
契約年月日	：2004年4月1日
契約者（＝保険料負担者）	：X社
被保険者	：Aさん
死亡保険金受取人	：X社
保険期間・保険料払込期間	：99歳満了
死亡・高度障害保険金額	：1億円
年払保険料	：240万円
現時点の解約返戻金額	：4,400万円
現時点の払込保険料累計額	：4,800万円

※解約返戻金額の80％の範囲内で、契約者貸付制度を利用することができる。

※保険料の払込みを中止し、払済終身保険に変更することができる。

※上記以外の条件は考慮せず、各問に従うこと。

問 仮に、Ｘ社がＡさんに役員退職金5,000万円を支給した場合、Ａさんが受け取る役員退職金に係る退職所得の金額として、次のうち最も適切なものはどれか。なお、Ａさんの役員在任期間（勤続年数）を35年とし、これ以外に退職手当等の収入はなく、障害者になったことが退職の直接の原因ではないものとする。

1) 1,575万円
2) 1,850万円
3) 3,150万円 《2023年1月保険第3問・問7改題》

問1 1) ── 勤続年数は35年

勤続年数は35年
退職金の5,000万円から控除額「40万円×20年＋70万円×(35－20)年」を引いて、最後に$\frac{1}{2}$をしたものが退職所得となる
よって、
〔5,000万円－｛800万円＋70万円×15年｝〕×$\frac{1}{2}$＝1,575万円

5

【第4問】タックスプランニング
総所得金額の計算

絶対読め！30秒レクチャー

一時所得の
最後の $\frac{1}{2}$ を忘れるな！

　総所得金額を求める問題は、第4問で1つ出るのがお約束だ！ 給与所得控除額の表の使い方と、一時所得の処理さえ注意すれば大丈夫。様々な過去問を繰り返し解いて、確実にスマッシュを決めよう！

＼ナナメ読み！ **学習のポイント**

1 給与所得金額の計算

① 給与収入金額を表に当てはめて、給与所得控除額を計算する。

② 給与収入金額から給与所得控除額を引けば、給与所得金額が出る。

2 総所得金額に算入される一時所得の金額

一時所得の金額＝総収入金額－収入を得るために支出した金額－特別控除（50万円）

　なお、確定申告の際に総所得金額に入れるのは、この《一時所得の金額》を、さらに2分の1にした金額でよい。

3 総所得金額の計算

　各分野の所得金額（および総所得金額に算入される金額）を合計すると、総

366

所得金額が求められる。

本番得点力が高まる！ 問題演習

問1
☐☐☐
次の設例に基づいて、下記の問に答えなさい。

----------《設 例》----------

　会社員のAさんは、妻Bさん、長男Cさんおよび父Dさんとの4人家族である。Aさんは、2024年中に終身保険および一時払変額個人年金保険（10年確定年金）の解約返戻金を受け取っている。また、Aさんは、住宅ローンを利用して2024年2月に新築マンションを取得し、同月中に入居している。

〈Aさんとその家族に関する資料〉

　　Aさん（43歳）　　：会社員

　　妻Bさん（42歳）　：専業主婦。2024年中の収入はない。

　　長男Cさん（19歳）：大学生。2024年中の収入はない。

　　父Dさん（72歳）　：2024年中の収入は、老齢基礎年金のみであり、その収入金額は72万円である。

〈Aさんの2024年分の収入等に関する資料〉

　（1）給与収入の金額：800万円

　（2）終身保険の解約返戻金

　　　　契約年月　　　　　　　　　　　：2010年1月

　　　　契約者（＝保険料負担者）・被保険者：Aさん

　　　　死亡保険金受取人　　　　　　　：妻Bさん

　　　　解約返戻金額　　　　　　　　　：100万円

　　　　正味払込済保険料　　　　　　　：120万円

　（3）一時払変額個人年金保険（10年確定年金）の解約返戻金

　　　　契約年月　　　　　　　　　　　：2014年5月

　　　　契約者（＝保険料負担者）・被保険者：Aさん

死亡保険金受取人　　　　　　　：妻Ｂさん

解約返戻金額　　　　　　　　　：620万円

一時払保険料　　　　　　　　　：500万円

〈Ａさんが利用した住宅ローンに関する資料〉

　借入年月日　　　　　　　　　：2024年2月10日

　2024年12月末の借入金残高：2,500万円

　※住宅借入金等特別控除の適用要件は、すべて満たしている。

　※妻Ｂさん、長男Ｃさんおよび父Ｄさんは、Ａさんと同居し、生計
　　を一にしている。

　※Ａさんとその家族は、いずれも障害者および特別障害者には該当
　　しない。

　※Ａさんとその家族の年齢は、いずれも2024年12月31日現在の
　　ものである。

　※上記以外の条件は考慮せず、各問に従うこと。

問　Ａさんの2024年分の所得税における総所得金額は、次のうちどれか。

1) 635万円

2) 650万円

3) 700万円

〈資料〉給与所得控除額

給与収入金額		給与所得控除額	
万円超	万円以下		
	～　　180	収入金額×40％－10万円	(55万円に満たない 場合は、55万円)
180	～　　360	収入金額×30％＋8万円	
360	～　　660	収入金額×20％＋44万円	
660	～　　850	収入金額×10％＋110万円	
850	～	195万円	

《2020年9月保険第4問・問11改題》

問2
□□□
次の設例に基づいて、下記の問に答えなさい。

───《設　例》───

　個人事業主のAさん（青色申告者）は、妻Bさんとともに長年雑貨店を営んでいる。Aさんの2024年分の収入等に関する資料等は、以下のとおりである。

　なお、不動産所得の金額の前の「▲」は、赤字であることを表している。

〈Aさんの家族構成〉

Aさん（65歳）　　：個人事業主

妻Bさん（60歳）　：Aさんが営む雑貨店の業務にもっぱら従事し、2024年中に、青色事業専従者給与として96万円の収入を得ている。

長男Cさん（21歳）：大学生。2024年中の収入はない。

〈Aさんの2024年分の収入等に関する資料〉

事業所得の金額　　　　　　　　　：300万円（青色申告特別控除後）

不動産所得の金額　　　　　　　　：▲50万円

国民年金および国民年金基金の年金額：100万円

※上記不動産所得の金額の計算上、必要経費のなかに土地等を取得するために要した負債の利子はない。

〈Aさんが2024年中に支払った社会保険料に関する資料〉

支払内容	年間支払保険料
国民健康保険（介護保険を含む）の保険料	358,780円
長男Cさんの負担すべき国民年金の保険料	183,000円

※妻Bさんと長男Cさんは、Aさんと同居し、生計を一にしている。

※家族全員、障害者および特別障害者には該当しない。

※上記以外の条件は考慮しなくてよい。

問 Aさんの2024年分の総所得金額は、次のうちどれか。

1) 250万円
2) 300万円
3) 350万円

〈公的年金等控除額〉

公的年金等に係る雑所得以外の所得に係る合計所得金額が1,000万円以下

納税者区分	公的年金等の収入金額	公的年金等控除額
65歳以上	330万円未満	110万円
	330万円以上　410万円未満	収入金額×25％＋275,000円
	410万円以上　770万円未満	収入金額×15％＋685,000円
	770万円以上　1,000万円未満	収入金額×5％＋1,455,000円
	1,000万円以上	1,955,000円

《2013年9月保険第4問・問12改題》

問1 1)── ① 給与所得は、資料を参照して
給与収入（800万円）－給与所得控除額（800万円×10％
＋110万円）＝800万円－190万円＝610万円

② 一時所得は、2つの保険の分を合わせて
解約返戻金（100万円＋620万円）
－払込保険料（120万円＋500万円）
－特別控除（50万円）＝50万円
うち総所得に算入するのは半分の25万円

③ 合計して610万円＋25万円＝635万円

問2 1)── 事業所得が300万円、不動産所得が－50万円
公的年金等の収入が100万円で、控除額が表より110万円。こ
れは「年金等の収入が330万円未満に対して最大110万円まで
控除できる」という意味なので、年金部分の所得はゼロになる
不動産所得のマイナスは損益通算の対象（第4章 9 参照）
事業所得（300万円）＋不動産所得（－50万円）＝250万円

6

【第5問】相続・事業承継
相続税の計算

絶対マスター

絶対読め!30秒レクチャー

　「相続税の総額」を計算する問題は、3級実技（保険）の一番最後にほぼ毎回出題されている! その計算は、意外とカンタンだ! 課税遺産総額を法定相続分ごとに分割する。分割後の金額に応じた税率を掛ける。全員分を足し合わせる。過去問演習でこの手順をマスターしたら、試験対策は終了だ!

ナナメ読み! **学習のポイント**

（→第7章⑧「相続税に関する計算」を参照すること!）

✑ 本番得点力が高まる! **問題演習**

問1　　次の設例に基づいて、下記の問に答えなさい。

―――――《設　例》―――――

　Aさんは、2024年8月20日に病気により死亡した。Aさんの親族関係図等は、以下のとおりである。自宅および賃貸マンションは妻Bさんが相続により取得する予定である。なお、二男Dさんは、Aさんの相続開始前に死亡している。

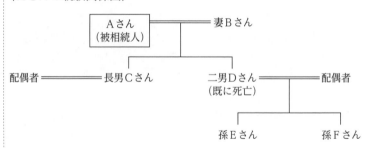

〈Aさんの親族関係図〉

〈Aさんの相続財産（相続税評価額）〉

　①現預金　　　　　　　　：7,000万円

　②上場株式　　　　　　　：3,000万円

　③自宅

　　敷地（280㎡）　　　　：6,000万円

　　建物　　　　　　　　　：2,000万円

　④賃貸マンション（全室、賃貸中）

　　敷地（300㎡）　　　　：8,000万円

　　建物　　　　　　　　　：6,000万円

　⑤死亡保険金：2,000万円（契約者（＝保険料負担者）・被保険者：

　　　　　　　　　　　　　　Aさん、死亡保険金受取人：妻Bさん）

　※自宅および賃貸マンションの敷地は「小規模宅地等についての相

　　続税の課税価格の計算の特例」適用前の金額である。

　※上記以外の条件は考慮しなくてよい。

問　Aさんの相続税における遺産に係る基礎控除額は、次のうちどれ
　か。

1）4,200万円

2）4,800万円

3）5,400万円　　　　　　　　　　《2018年9月保険第5問・問14改題》

問2
□□□
次の設例に基づいて、下記の問に答えなさい。

《設　例》

Aさん（70歳）は、妻Bさん（70歳）との2人暮らしである。Aさん夫妻には、子がいない。Aさんは、妻Bさんに全財産を相続させたいと考えており、遺言書の準備を検討している。

〈Aさんの親族関係図〉

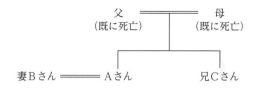

〈Aさんの主な所有財産（相続税評価額）〉

現預金	：	1億円
上場株式	：	3,000万円
自宅敷地（330㎡）	：	7,000万円（注）
自宅建物	：	1,000万円
賃貸アパート敷地（300㎡）	：	5,000万円（注）
賃貸アパート建物（6室）	：	3,000万円
合計	：	2億9,000万円

（注）「小規模宅地等についての相続税の課税価格の計算の特例」適用前の金額

※上記以外の条件は考慮せず、各問に従うこと。

問　仮に、Aさんの相続が現時点（2024年5月28日）で開始し、Aさんの相続に係る課税遺産総額（課税価格の合計額−遺産に係る基礎控除額）が2億円であった場合の相続税の総額は、次のうちどれか。

1）4,600万円
2）5,100万円

3) 6,300万円

〈資料〉相続税の速算表（一部抜粋）

法定相続分に応ずる取得金額			税率	控除額
万円超		万円以下		
	～	1,000	10%	－
1,000	～	3,000	15%	50万円
3,000	～	5,000	20%	200万円
5,000	～	10,000	30%	700万円
10,000	～	20,000	40%	1,700万円

《2023年5月保険第5問・問14改題》

問1 3)── 第6章 8 の 学習のポイント 2 を参照

代襲相続ケースでは法定相続人の数が増える（今回は1人→2人）場合があることに注意

法定相続人は、妻B、長男C、孫Eと孫F（代襲相続人）の4人

3,000万円＋600万円×4人＝5,400万円

問2 2)──「相続税の総額」は、実際の相続と関係なく、相続放棄などもなかったものとして計算することがポイント

① 課税遺産総額（課税価格の合計額－基礎控除）は、20,000万円

② 法定相続人を確認して、課税遺産総額を法定相続分ごとに分割する

法定相続人が妻と兄なので、法定相続分「$\frac{3}{4}$（妻）」「$\frac{1}{4}$（兄）」を掛けると、妻Bは15,000万円、兄Cは5,000万円

③ ②の各金額を「相続税の速算表」に当てはめて、各人の税額を求める

妻B：15,000万円×40％－1,700万円＝4,300万円

兄C：5,000万円×20％－200万円＝800万円

④ ③で求めた各人の税額を足し合わせたものが「相続税の総額」

4,300万円＋800万円＝5,100万円

実技試験

日本FP協会

資産設計提案業務

日本FP協会が行う3級FP技能士の試験は、学科は金財の試験問題と共通だが、実技は個性あるオリジナル問題が出題されている！

でも大丈夫。この章で「本番で必ず6割以上取る」ための戦略を確認したうえで、直近3回の過去問をすべて理解することをゴールとして勉強すれば、キミなら突破できる！

やりとおせ！

1　計算問題が多い「60分で20問」は、ペース配分に注意！

　3級の日本FP協会の実技試験は、60分の制限時間で20問にチャレンジするので、1問あたり平均3分しかかけられない。しかも、半分は計算問題だ。よって、知識問題は2分、計算問題は4分を目安にサクサクと進もう。もし4分かけても解けそうにない計算問題があれば、印をつけて飛ばして、最後に戻ってこよう。

2　学科の勉強を徹底的にすれば、実技対策の半分はOK！
　⇒　ただし、過去問を中心に知識を確認して、図表も理解しよう

　3級の日本FP協会の実技試験は全部で20問出題されるが、半分の10問は「学科の勉強を徹底的に行っていれば解ける」知識問題だ。ただし、登記簿、遺言書、保険の契約内容など、図表を絡めた知識問題もあるので、過去問に出た図表だけは徹底的に読み込んで理解しておこう。

3　「定番の計算問題」を徹底的に理解！

　日本FP協会の3級実技においても、計算問題の約7割は「定番問題」である。特に「キャッシュフロー表」「個人バランスシート」「各種係数」「生命保険の保険金・給付金」の4つは出題率90〜100％が継続するだろう！　難しい計算は捨てていいが、定番の計算は確実に取ろう。

資産設計提案業務

し さんせっけいていあん

まずは、最短の勉強時間で合格ラインの実力をつけるためにこの章で分析する以下の計算問題を繰り返し勉強しよう。

ライフ

- キャッシュフロー表に関する計算
- 個人バランスシートに関する計算
- 各種係数に関する計算

保険

- 生命保険の各種保険金・給付金の計算（2問出る）

金融

- 株式投資の指標の計算

タックス

- 医療費控除の計算
  第4章 12
- 総所得金額の計算
  第7章 4
- 退職所得金額の計算
  第7章 6

不動産

- 建蔽率・容積率の計算

相続

- 法定相続分の計算

余力のある人は、直近1年以内の過去問に出ている計算問題を徹底的に理解できるように取り組んでみよう。

ライフプランニングと資金計画

1 キャッシュフロー表に関する計算

絶対読め！ **30**秒レクチャー

ファイナンシャル・プランナーの実務で超重要な「キャッシュフロー表」の計算問題は、FP協会の実技では毎回ズバリ「問2」に出る！　足し算と引き算と掛け算だけしかない表なので、基本的なしくみは小学生でも理解できるほどカンタンだ。過去問に出たキャッシュフロー表に関する問題は、1つ1つ電卓を叩いて、紙に書いて、計算の手順を完璧に理解しておけ！

【参考】第1章 ② 「ライフプランニングの手法・プロセス」

ナナメ読み！ **学習のポイント**

1 キャッシュフロー表の基本項目

（1）収入：可処分所得を入れる

額面の年収から所得税・住民税と社会保険料を引いた金額。

> 可処分所得＝年収－（所得税・住民税＋社会保険料）

（2）支出：項目別に分かれている

① 基本生活費：食費、光熱費など

② 住居費：家賃、ローン返済額、固定資産税、管理費など

③ 教育費：学校教育費、学校外教育費（塾、予備校など）

④ 保険料：生命保険、損害保険などの保険料

⑤　その他の支出：交通費、レジャー費など

⑥　一時的な支出：上記に該当しない一時的な支出

(3) 年間収支：1年間でいくら貯金が増えたか（減ったか）を表す

> 年間収支＝年間収入の合計額－年間支出の合計額

(4) 金融資産残高：貯蓄（金融資産）の残高の合計を表す

> 金融資産残高＝前年の貯蓄残高×(1＋運用利率)＋その年の年間収支

2 将来価値の計算

> n年後の数値＝現在の数値×(1＋年間物価上昇率)^n

　キャッシュフロー表には、将来の物価上昇率を考慮した数値を記載する。例えば、現在の基本生活費が年間400万円で、基本生活費の変動率が年率1％とすると、1年後、3年後の数値は以下のようになる。

　1年後：400万×(1＋0.01)＝404万円

　3年後：400万×(1＋0.01)^3≒412万円

※400万×(1＋0.01)^{3}という計算式は、分解すると

　400万×(1＋0.01)＝404

　404万×(1＋0.01)＝408.04

　408.04万×(1＋0.01)＝412.1204　　という式になる。

✎ 本番得点力が高まる！ **問題演習**

問1
□□□
　　　下記は、杉山家のキャッシュフロー表（一部抜粋）である。このキャッシュフロー表の空欄（ア）、（イ）にあてはまる数値の組み合わせとして、正しいものはどれか。なお、計算過程においては端数処理をせず計算し、計算結果については万円未満を四捨五入すること。

〈杉山家のキャッシュフロー表〉　　　　　　　　　　　　　（単位：万円）

経過年数			基準年	1年	2年	3年
西暦（年）			2024	2025	2026	2027
家族・年齢	杉山　拓	本人	48歳	49歳	50歳	51歳
	美穂子	妻	47歳	48歳	49歳	50歳
	徹	長男	17歳	18歳	19歳	20歳
	健太	二男	15歳	16歳	17歳	18歳
	遙香	長女	11歳	12歳	13歳	14歳
ライフイベント		変動率		健太高校入学	徹 大学入学 遙香 中学校入学	自動車の買替え
収入	給与収入（夫）	1％	728	735	743	750
	給与収入（妻）	－	100	100	100	100
	収入合計	－	828	835	843	850
支出	基本生活費	2％	290			（ア）
	住宅関連費	－	147	147	147	147
	教育費	－	240	260	400	300
	保険料	－	36	36	36	36
	一時的支出	－				250
	その他支出	－	25	25	25	25
	支出合計		738		910	
年間収支			90		▲67	
金融資産残高		1％	1,168	1,251	（イ）	

※年齢および金融資産残高は各年12月31日現在のものとし、2024年を基準年とする。

※給与収入は可処分所得で記載している。

※記載されている数値は正しいものとする。

※問題作成の都合上、一部空欄にしてある。

1）（ア）307　（イ）1,184

2）（ア）308　（イ）1,184

3）（ア）308　（イ）1,197　　　　　《2019年1月資産第1問・問2改題》

問1 3) …… （ア）は3年後の基本生活費：290万円×$(1 + 0.02)^3$

$$= 307.75 \cdots 万円$$

四捨五入して308万円

（イ）は2年後の金融資産残高： 学習のポイント **1** **(4)** に当てはめて

1,251万円×$(1 + 0.01) - 67$万円＝1,196.51万円

四捨五入して1,197万円

出題率 **100%** | 難易度 ★★☆☆☆

ライフプランニングと資金計画

2 個人バランスシートに関する計算

絶対
マスター

絶対読め！**30**秒レクチャー

　純資産額の計算も、毎回「問15〜17」あたりに出るから準備しておけ！「個人バランスシート」とは、個人の資産と負債、そして純資産の状態を示したもの。この計算問題の攻略はカンタン。575のリズムで「資産から 負債をひけば 純資産♪」とうたいながら複数の過去問に取り組めば、自信を持って本番に臨めるはずだ！

資産から
負債をひけば
純資産

＼ ナナメ読み！ **学習のポイント**

1 個人バランスシートにおける純資産（じゅんしさん）の求め方

> 純資産＝資産－負債

① 資産の合計を求める

【資産】金融資産、生命保険（解約返戻金（へんれい）相当額を使う）、土地、家屋、動産　など

② 負債の合計を求める

【負債】住宅ローン、自動車ローン、教育ローン、カードローン　など

③ 資産合計から負債合計を引く

という手順によって、純資産を求めることができる。

本番得点力が高まる！ **問題演習**

問 1
□□□

下記の問について解答しなさい。

《設　例》

　藤原健吾さんは株式会社PEに勤務する会社員である。健吾さんは今後の生活設計について、FPで税理士でもある馬場さんに相談をした。なお、下記のデータはいずれも2024年9月1日現在のものである。

[家族構成（同居家族）]

氏名	続柄	生年月日	年齢	職業
藤原　健吾	本人	1978年8月4日	46歳	会社員
恵子	妻	1979年6月19日	45歳	専業主婦
詩音	長女	2005年5月5日	19歳	大学生

[保有財産（時価）]　　　　（単位：万円）

金融資産	
普通預金	280
定期預金	200
投資信託	240
個人向け国債	30
上場株式	430
生命保険（解約返戻金相当額）	40
不動産（自宅マンション）	2,800

[負債残高]

　住宅ローン（自宅マンション）：2,100万円（債務者は健吾さん、
　　　　　　　　　　　　　　　　　　　　団体信用生命保険付き）

[その他]

　上記以外については、各設問において特に指定のない限り一切考慮しないものとする。

問　ＦＰの馬場さんは、藤原家の2024年９月１日現在のバランスシートを作成した。下表の空欄（ア）にあてはまる金額として、正しいものはどれか。なお、〈設例〉に記載のあるデータに基づいて解答することとする。

〈藤原家のバランスシート〉　　　　　　　　　　　　　　（単位：万円）

[資産]	×××	[負債]	×××
		負債合計	×××
		[純資産]	（　ア　）
資産合計	×××	負債・純資産合計	×××

1）1,220（万円）

2）1,920（万円）

3）1,960（万円）　　　　　　　　　《2022年９月資産第７問・問16改題》

問1 2) ── 「純資産＝資産－負債」の式を使って純資産の算出をする

　① 資産合計を求める

　　普通預金280万円＋定期預金200万円＋投資信託240万円
　　＋個人向け国債30万円＋上場株式430万円＋生命保険40万
　　円＋不動産2,800万円＝4,020万円

　② 負債合計を求める。住宅ローンの残債は、2,100万円

　③ 純資産は、資産4,020万円－負債2,100万円＝1,920万円

実技試験 【日本FP協会】 資産設計提案業務

3

ライフプランニングと資金計画
各種係数に関する計算

絶対マスター

絶対読め！**30**秒レクチャー

　ここは、FP協会の実技では毎回「問16〜18」のどこかで1つ出る項目だ！　過去問を解いて、読んで、理解する勉強を中心に行おう。ベーシックな「終価／現価」、つみたて運用の将来いくら？　や毎年取り崩し運用の現在いくら？を出す「年金終価／年金現価」、つみたて運用や取り崩し運用の年額を出す「減債基金／資本回収」、この3つのセットを理解しよう！
【参考】第1章 ② 「ライフプランニングの手法・プロセス」

ナナメ読み！　**学習のポイント**

1　6つの係数

　係数の説明は丸暗記まではしなくてよい。問題演習の解説にある「6つの係数を忘れても解ける裏ワザ」は理解しておこう。

（1）終価係数

　元本を一定期間、一定利率で複利運用したとき、将来いくらになるかを計算するときに使用する。

【使用ケース】100万円の元本を年利率5％で複利運用すると10年でいくらになるか？

（2）現価係数

　将来の一定期間後に目標のお金を得るために、現在いくらの元本で複利運用をすればよいかを計算するときに使用する。

【使用ケース】10年後に100万円にしたい場合、年利率5％で複利運用する場合、いまいくらのお金があればよいか？

(3) 年金終価係数

　一定期間、一定利率で毎年一定金額を複利運用で積み立てたとき、将来いくら（終価）になるかを計算するときに使用する。

【使用ケース】年率5％の複利運用で毎年3万円を10年間積み立てると、10年後の合計額はいくらになるか？

(4) 年金現価係数

　元本を一定利率で複利運用しながら、毎年一定金額を一定期間取り崩していくとき、現在いくら（現価）の元本で複利運用すればよいかを計算するときに使用する。

【使用ケース】毎年100万円を5年間受け取るために、年率3％で複利運用するとして今いくら原資が必要か？

(5) 減債基金係数

　→「ゲンサイ・キキンは毎年つみたて額」と覚える

　将来の一定期間後に目標のお金を得るために、一定利率で一定金額を複利運用で積み立てるとき、毎年いくら積み立てればよいかを計算するときに使用する。ここでいう基金は「積立金」という意味。

【使用ケース】5年後に300万円用意するために、年率5％で複利運用する場合に毎年いくら積み立てる必要があるか？

(6) 資本回収係数

　→「シホン・カイシュウは毎年取り崩し（回収）額」と覚える

　元本を一定利率で複利運用しながら、毎年一定金額を一定期間取り崩していくとき、毎年いくらずつ受け取りができるかということや、借入額に対する利息を含めた毎年の返済額を計算するときに使用する。

【使用ケース】500万円を年率3％で借り、10年間で返済する場合、毎年いくら返済する必要があるか？

本番得点力が高まる！ 問題演習

 誠さんは、60歳で定年を迎えた後、その後公的年金の支給が始まる65歳までの5年間の生活資金に退職一時金の一部を充てようと考えている。仮に退職一時金のうち700万円を年利2.0％で複利運用しながら5年間で均等に取り崩すこととした場合、年間で取り崩すことができる最大金額として、正しいものはどれか。なお、下記〈資料〉の3つの係数の中から最も適切な係数を選択して計算し、円単位で解答すること。また、税金や記載のない事項については一切考慮しないこととする。

〈資料：係数早見表（年利2.0％）〉

	減債基金係数	現価係数	資本回収係数
5年	0.19216	0.9057	0.21216

※記載されている数値は正しいものとする。

1) 1,485,120円
2) 1,345,120円
3) 1,267,980円 《2019年9月資産第7問・問17》

問2 徹也さんと杏奈さんは、今後15年間で積立貯蓄をして、長女の結衣さんの教育資金として250万円を準備したいと考えている。積立期間中に年利2％で複利運用できるものとした場合、250万円を準備するために必要な毎年の積立金額として、正しいものはどれか。なお、下記〈資料〉の3つの係数の中から最も適切な係数を選択して計算し、解答に当たっては、百円未満を四捨五入すること。また、税金や記載のない事項については一切考慮しないこととする。

〈資料：係数早見表（年利2.0%）〉

	現価係数	減債基金係数	資本回収係数
15年	0.74301	0.05783	0.07783

※記載されている数値は正しいものとする。

1) 123,800円

2) 144,600円

3) 194,600円 《2016年5月資産第7問・問18》

問1 1) ── このケースでは一定金額（700万円）を一定期間（5年）で取り崩す場合に毎年受け取れる金額を求めるので、資料を見て、資本回収係数（→シホン・カイシュウは毎年取り崩し額）を使う

700万円 × 0.21216 ＝ 148.512万円（1,485,120円）

※　なお、700万円を<u>年利0%</u>で5年間取り崩しても毎年140万円が受け取れるから、<u>年利2%ならそれより多いはず</u>と推測して1）の1,485,120円、と係数早見表を使わずに当てる裏ワザも知っておこう

問2 2) ── ここでは「<u>6つの係数を忘れても解ける裏ワザ</u>（年利0%の場合の係数を出してからそれに近い数字を見つける！）」による超実戦的な解き方を示しておく。念のため、このような手順で他の過去問にもチャレンジしておこう

① 250万円を15年で積み立てる場合に、年利ゼロなら250万円 ÷ 15年 ≒ 16.67万円（$\frac{1}{15年}$ ≒ 0.067倍）を毎年出す必要がある

② それが年利2%なら、（お金が増えるぶん）0.067倍よりいくらか少ない倍数でOKと推測

③ 年利2%の表で数字を見ると「<u>減債基金係数</u>」がビンゴ！

④ 250万円 × 0.05783（減基2%15年）≒ 144,600円

---

4 生命保険の各種保険金・給付金の計算

絶対マスター

絶対読め！**30**秒レクチャー

　「保険証券分析」は保険見直し相談の際に必須のスキルなので、FP協会の実技では毎回出るのが自然だ！　保険証券を読み取って、様々なアクシデントが起きたときの各種保険金を出す問題や、入院給付金の日数計算は出る可能性が高いので、過去問を読みながら本気で理解しろ！

【参考】第2章 ③ 「生命保険商品の種類と内容」

ナナメ読み！ 学習のポイント

1 保険金・給付金の計算

① 終身保険：一生涯いつ死んでも、死亡保険金が出る

② 定期保険：保険期間に死んだら、死亡保険金が出る

③ 特定疾病保障保険：特定疾病時（ガン等）だけでなく、<u>死亡時にも保険金が出る</u>

④ 傷害特約：不慮の事故を原因とした、「死亡時には満額の保険金」が出て、「障害状態になったら一定の給付金」が出る

⑤ 災害入院特約：ケガによる入院時に「日額×日数」が出る

⑥ 疾病入院特約：病気による入院時に「日額×日数」が出る

⑦ 成人病入院特約：ガン等の成人病による入院時に「日額×日数」が出る

⑧ ガン診断給付金：ガンと診断されたときに「診断給付金」が出る

2 入院給付金の日数計算

① 「5日目から」の場合、入院日数から4日を差し引く必要がある

② 通常、180日以内の同一理由の入院は1回目の入院の継続扱いとなるが、「1入院限度日数」の残高を使い切るまでは大丈夫

 本番得点力が高まる！ **問題演習**

問1

鶴見一郎さんが加入している生命保険（下記〈資料〉参照）の保障内容に関する次の記述の空欄（ア）にあてはまる金額として、正しいものはどれか。なお、保険契約は有効に継続しているものとし、特約は自動更新されているものとする。また、一郎さんはこれまでに〈資料〉の保険から保険金および給付金を一度も受け取っていないものとする。

〈資料〉

保険証券記号番号 ○○△△××□□	定期保険特約付終身保険	
保険契約者	鶴見 一郎 様	保険契約者印
被保険者	鶴見 一郎 様 契約年齢 ２３歳 １９８３年１０月１０日生 男性	（鶴見）
受取人	（死亡保険金） 鶴見 和子 様（妻）	受取割合 １０割

◇契約日（保険期間の始期）
２００６年８月１日

◇主契約の保険期間
終身

◇主契約の保険料払込期間
６０歳払込満了

◆ご契約内容

終身保険金額（主契約保険金額）	２００万円
定期保険特約保険金額	１，５００万円
特定疾病保障定期保険特約保険金額	５００万円
傷害特約保険金額	５００万円
災害入院特約［本人・妻型］入院5日目から	日額５，０００円
疾病入院特約［本人・妻型］入院5日目から	日額５，０００円

不慮の事故や疾病により所定の手術を受けた場合、手術の種類に応じて手術給付金（入院給付金日額の１０倍・２０倍・４０倍）を支払います。
※妻の場合は、本人の給付金の6割の日額となります。

成人病入院特約 入院5日目から	日額５，０００円
リビング・ニーズ特約	

◆お払い込みいただく合計保険料

毎回	××,×××円

[保険料払込方法（回数）]
団体月払い

◇社員配当金支払方法
利息をつけて積立て

◇特約の払込期間および保険期間
１０年

鶴見一郎さんが、2024年中にぜんそく発作で死亡（急死）した場合に支払われる死亡保険金は、合計（ア）である。

1) 1,700万円
2) 2,000万円
3) 2,200万円　　　　　　　　　　　《2019年1月資産第4問・問9改題》

問2 　　杉野健三さんが加入しているがん保険（下記〈資料〉参照）の保障内容に関する次の記述の空欄（ア）にあてはまる金額として、正しいものはどれか。なお、保険契約は有効に継続しているものとし、健三さんはこれまでに〈資料〉の保険から保険金および給付金を一度も受け取っていないものとする。

〈資料〉

保険証券記号番号（○○○）△△△△△		保険種類　がん保険（愛称：＊＊＊＊＊）
保険契約者	杉野　健三　様	保険契約者印　◇契約日（保険期間の始期）　2016年8月1日
被保険者	杉野　健三　様 契約年齢42歳　男性	（杉野）　◇主契約の保険期間　終身
受取人	（給付金） 被保険者　様	◇主契約の保険料払込期間　終身払込
	（死亡保険金） 杉野　ひとみ　様（妻）	受取割合　10割

◆ご契約内容

主契約 [本人型]	がん入院給付金　1日目から	日額10,000円
	がん通院給付金	日額5,000円
	がん診断給付金　初めてがんと診断されたとき	100万円
	手術給付金　1回につき　手術の種類に応じてがん入院給付金 日額の10倍・20倍・40倍	
	死亡保険金　がん入院給付金日額の100倍（がん 以外の死亡の場合は、がん入院給付 金日額の10倍）	

◆お払い込みいただく合計保険料

毎回　×,×××円

[保険料払込方法]
月払い

杉野健三さんが、2024年中に初めてがんと診断され、がんの治療のために22日間入院し、その間に手術（給付倍率40倍）を1回受け、退院から1週間後に交通事故で死亡した場合に支払われる保険金および給付金は合計（　ア　）である。

1.　720,000円
2.　1,720,000円
3.　2,620,000円　　　　　　　　　　　　《2022年1月資産第4問・問8改題》

問1 3)── ぜんそく発作による死亡は（不慮の事故による死亡ではなく）病気死亡にあたるので、傷害特約の保険金は出ないことに注意

　　終身保険：保険金200万円

　　定期保険は、保険期間に死んだら死亡保険金が出る（問題文から、特約は自動更新されている）：保険金1,500万円

　　特定疾病保険は、生存中に受け取らずに死亡した場合に保険金が出る：保険金500万円

　　200万＋1,500万＋500万＝2,200万円

問2 2)── ①初めてのがん診断：がん診断給付金100万円

　　②がん治療で22日入院：がん入院給付金1万円×22日
　　　　　　　　　　　　　　　　　　　＝22万円

　　③手術（40倍）：手術給付金1万円×40倍＝40万円

　　④がん以外で死亡：死亡保険金1万円×10倍＝10万円

　　以上の①～④を合計すると、172万円

---

5 金融資産運用 株式投資の指標の計算

ここで差がつく

絶対読め！**30**秒レクチャー

割安？　割高？

この株…。

　ここは問題が作りやすいので、FP協会の3級実技でも2回に1回は出題され続けるだろう。同じ内容の、第3章④「株式投資」に目を通してから問題演習を行えば、試験対策は終了だ。

ナナメ読み！ 学習のポイント

（→第3章④「株式投資」を参照すること！）

✎ 本番得点力が高まる！ 問題演習

問1

　　　下記〈資料〉に基づくWX株式会社の投資指標に関する次の記述のうち、最も適切なものはどれか。なお、記載のない事項は一切考慮しないものとし、計算結果については表示単位の小数点以下第3位を四捨五入すること。

〈資料：WX株式会社に関するデータ〉

株価	2,000円
1株当たり純利益（今期予想）	300円
1株当たり純資産	2,200円
1株当たり年間配当金（今期予想）	30円

1) 株価純資産倍率（PBR）は、1.1倍である。

2) 配当性向は、10％である。

3) 配当利回りは、1.36％である。　　《2024年1月資産第2問・問3》

問1 2)──── 株式の評価尺度は第3章[4]2を参照

1) ✕

株価純資産倍率（PBR）は、現在の株価を1株あたり純資産で割った（純資産から見た株価の割安感を計る）指標

$$PBR = \frac{2,000円}{2,200円} = 0.9090\cdots 倍 \rightarrow 0.91倍$$

2) ◯

配当性向は、年間配当金を純利益で割った（利益のうち何％を配当として株主に還元するかを示す）指標

$$配当性向(\%) = \frac{30円}{300円} \times 100 = 10\%$$

3) ✕

配当利回りは、株価に対する（1株あたり）年間配当金を表す指標

$$配当利回り = \frac{30円}{2,000円} \times 100 = 1.5\%$$

---

6 不動産 建蔽率・容積率の計算

絶対マスター

絶対読め！**30**秒レクチャー

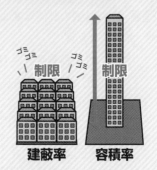

　不動産の計算問題のスーパー定番「ケンペイ率・ヨウセキ率」は、今後も高い確率で出題されるはずなので絶対に勉強しておこう！

　学習のポイントは、第7章7「建蔽率・容積率の計算」と同じなので、そこを3周繰り返せ！

建蔽率　　容積率

＼ナナメ読み！　学習のポイント

「建築面積」とあったら建蔽率。耐火や角地なら割増あり。

「延べ面積」とあったら容積率。前面道路が12m未満なら「幅員容積率」と比べて数字が少ないほうを用いる。

✎ 本番得点力が高まる！ 問題演習

　まず、第7章7「建蔽率・容積率の計算」の問題演習を解くこと！さらに以下の問題にもチャレンジしてみよう。

問 1 　建築基準法に従い、下記〈資料〉の土地に建築物を建築する場合の延べ面積（床面積の合計）の最高限度として、正しいものはどれか。なお、記載のない条件については一切考慮しないこととする。

〈資料〉

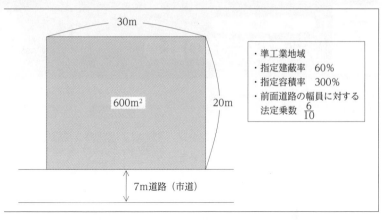

1）600 × 0.6 = 360（㎡）

2）600 × 3.0 = 1,800（㎡）

3）600 × 7.0 × $\dfrac{6}{10}$ = 2,520（㎡）　　　　　　《2018年9月資産第3問・問6》

問1 2）──「延べ面積」なので容積率（「指定」または「幅員」）を使う

　　・指定：300％

　　・幅員：7m × $\dfrac{6}{10}$ = 420％

　　数字が小さいほうを用いるので、300％（= 300 ÷ 100 = 3.0）

　　600㎡ × 3.0 = 1,800㎡

7

相続・事業承継
法定相続分の計算

絶対読め！30秒レクチャー

法定相続分の計算なんて超カンタンだ。まず死んだ人（被相続人）に×をつける。そして「子がいるか？」いなければ「生きている親はいるか？」をチェックして「通常パターン、逆流パターン、分散パターン」のどれかを特定する。最後に、上流や下流など、各フローの中で（平等ではなく）公平に分けるだけだ！

【参考】第6章 ④ 「相続の開始と相続分」

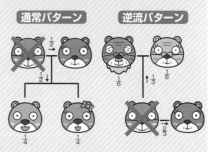

通常パターン　逆流パターン

ナナメ読み！ 学習のポイント

1 法定相続分の算出方法

（1）相続パターンを特定する

下記①～③のどれに該当する相続かを見極めて、横（配偶者）・下（子）・上（親）・上から下（兄弟姉妹）の各フローに分配される法定相続分を確認する。

① 通常パターン（横＋下）

配偶者以外に、子（または孫）がいる場合には、

「横に半分、下に半分」という流れが生じる相続が標準的。

② 逆流パターン（横＋上）

子供はいないが、生きている親がいる場合には、

「横に $\frac{2}{3}$、上に $\frac{1}{3}$」と、一部の資産が逆流する。

③ 分散パターン（横＋上から下）

子供もいない、生きている親もいない場合には、
「横に$\frac{3}{4}$、上から下に$\frac{1}{4}$」と一部の資産が分散する。

（2）個々の法定相続分を計算する

① （1）で特定した各フローに分配される法定相続分トータルを、対象人数で割る。

　例）子が3人なら、$\frac{1}{2} \times \frac{1}{3} = \frac{1}{6}$

② <ruby>代襲<rt>だいしゅう</rt></ruby>相続人が複数いる場合には、さらにその人数で割る。

③ 相続人の配偶者（例：長男の妻）には、法定相続分がないことに注意。

④ 相続を放棄した人は（はじめから相続人とならなかったものとみなされるため）法定相続分がなく、代襲相続も生じないことに注意。

✎ 本番得点力が高まる！ **問題演習**

問1
□□□
2024年1月5日に相続が開始された牧村誠一さん（被相続人）の〈親族関係図〉が下記のとおりである場合、民法上の相続人および法定相続分の組み合わせとして、正しいものはどれか。なお、記載のない条件については一切考慮しないこととする。

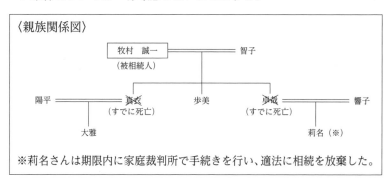

〈親族関係図〉

※莉名さんは期限内に家庭裁判所で手続きを行い、適法に相続を放棄した。

1．智子　1／2　　歩美　1／2

2．智子　1／2　　歩美　1／4　　大雅　1／4

3．智子　1／2　　歩美　1／6　　大雅　1／6　　莉名　1／6

《2022年1月資産第6問・問14改題》

　野村良介さんの〈親族関係図〉は下記のとおりである。仮に、現時点で良介さんが死亡した場合の法定相続人・法定相続分の組み合わせのうち、正しいものはどれか。なお、記載のない条件については一切考慮しないこととする。

〈親族関係図〉

[前妻]
東　優子 ＝＝＝ 野村　良介（相談者）＝＝＝ 野村　美幸

東　雅美　　　野村　沙耶　　　野村　翔太

野村良介さんは、15年前に優子さんと離婚し、雅美さんは優子さんと生活を共にしている。

1)　美幸　$\dfrac{1}{2}$　　沙耶　$\dfrac{1}{4}$　　翔太　$\dfrac{1}{4}$

2)　美幸　$\dfrac{1}{2}$　　沙耶　$\dfrac{2}{10}$　　翔太　$\dfrac{2}{10}$　　雅美　$\dfrac{1}{10}$

3)　美幸　$\dfrac{1}{2}$　　沙耶　$\dfrac{1}{6}$　　翔太　$\dfrac{1}{6}$　　雅美　$\dfrac{1}{6}$

《2016年9月資産第6問・問13》

問1 2)── 子供がいる場合は「通常パターン（横＋下）」となり、「横に半分、下に半分」という流れが生じる。配偶者は$\frac{1}{2}$。亡くなっている卓哉さんの代襲相続人である莉名さんは放棄したので考慮しない

下の半分のうち、歩美さんの分はその半分で$\frac{1}{2} \times \frac{1}{2} = \frac{1}{4}$

下の半分のうち、亡くなっている真衣さんの分は代襲相続により孫の大雅さんに流れるので$\frac{1}{2} \times \frac{1}{2} = \frac{1}{4}$となる

問2 3)── （配偶者以外に）子供がいる場合は「通常パターン（横＋下）」となり、「横に半分、下に半分」という流れが生じる。配偶者は$\frac{1}{2}$。なお、前妻には相続権はない

下の半分のうち、離婚した夫婦でも子供の相続権は残り、後妻の子供と同じ立場になるので良介さんの3人の子供の法定相続分は$\frac{1}{2} \times \frac{1}{3} = \frac{1}{6}$

································· MEMO ·····················

············ **MEMO** ····················

【編著者】白鳥 光良（しらとり・みつよし）

株式会社 住まいと保険と資産管理　代表取締役社長

武蔵大学経済学部金融学科 非常勤講師（「ファイナンシャルプランナー演習」担当／平成28年度「学生が選ぶベストティーチャー賞」受賞）。

1973年千葉県生まれ。上智大学経済学部にてポートフォリオ理論を専攻。
アンダーセンコンサルティング（現アクセンチュア）に2年3カ月勤務後、
良質なFPサービスが手頃な料金で誰でも利用できる状態を目指して、
2000年1月に同社を設立して代表に就任。「その人がその人らしく生きることを支援する」を企業理念とする、社名の3つの領域に強い専門のFPによる全国共通のサービスを展開。住宅の購入・売却の相談、保険見直し相談、資産管理・運用の相談、ライフプラン作成等を20年以上にわたって専門に研究し、サービスを提供している。
著書に『65才までに"あと3000万円"貯める！』（ローカス）等がある。
(株)住まいと保険と資産管理　https://www.mylifenavi.net

【執筆協力】深谷 康雄（ふかや・やすお）

深谷康雄リタイヤメントFPオフィス代表

大手信託銀行にて、資産管理のコンサルティング、企業年金の運用などに関する業務を30年以上経験後に独立して現職。「小難しい金融関連の情報をわかりやすく伝える」ことに情熱を注ぐ。著書に『『金融資産運用』計算ドリル』（インデックスコミュニケーションズ、共著）がある。趣味は落語。1級ファイナンシャル・プランニング技能士、CFP®。
リタイアメントに関する情報まとめ　https://note.com/frfpoffice

装丁・本文デザイン：株式会社シンクロ

一般社団法人　金融財政事情研究会　ファイナンシャル・プランニング技能検定
３級実技試験（個人資産相談業務）　平成29年10月許諾番号1710K000002

スッキリわかるシリーズ

2024-2025年版
スッキリわかる　FP技能士３級
<small>エフピー ぎ のう し きゅう</small>

<small>(2009-2010年版　2009年７月１日　初版　第１刷発行)</small>

2024年５月21日　　初　版　第１刷発行

編　著　者	白　鳥　光　良	
発　行　者	多　田　敏　男	
発　行　所	TAC株式会社　出版事業部	
	（TAC出版）	

〒101-8383
東京都千代田区神田三崎町3-2-18
電　話　03 (5276) 9492（営業）
FAX　03 (5276) 9674
https://shuppan.tac-school.co.jp

組　　版	株式会社　グ ラ フ ト
印　　刷	株式会社　ワ　コ　ー
製　　本	株式会社　常 川 製 本

© HIA Co.,Ltd. 2024　　　Printed in Japan　　　ISBN 978-4-300-11187-1
N.D.C. 338

魅惑のパーソナルファイナンスの世界を感じられる無料オンラインセミナーです！

「多くの方が不安に感じる年金問題」「相続トラブルにより増加する空き家問題」
「安全な投資で資産を増やしたいというニーズ」など、社会や個人の様々な問題の解決に、
ファイナンシャルプランナーの知識は非常に役立ちます。
長年、ファイナンシャルプランニングの現場で顧客と向き合い、
夢や目標を達成するためのアドバイスをしてきたベテランFPのTAC講師陣が、
無料のオンラインセミナーで魅力的な知識を特別にお裾分けします。
とても面白くためになる内容です！
無料のオンラインセミナーですので、気軽にご参加いただけます。
ぜひ一度視聴してみませんか？　皆様の世界が広がる実感が持てるはずです。

皆様の **人生を充実させる**のに必要なコンテンツが
ぎっしり詰まった**オンラインセミナー**です！

参考 ➡ **過去に行ったテーマ例**

- 達人から学ぶ「不動産投資」の極意
- 老後に役立つ個人年金保険
- 医療費をたくさん払った場合の節税対策
- 基本用語を分かりやすく解説 NISA
- 年金制度と住宅資産の活用法
- FP試験電卓活用法
- 1級・2級本試験予想セミナー
- 初心者でもできる投資信託の選び方
- 安全な投資のための商品選びのチェックポイント
- 1級・2級頻出論点セミナー

- そろそろ家を買いたい！実現させるためのポイント
- 知らないと損する！社会保険と公的年金の押さえるべきポイント
- 危機、災害に備える家計の自己防衛術を伝授します
- 一生賃貸で大丈夫？老後におけるリスクと未然の防止策
- 住宅購入時の落とし穴！購入後の想定外のトラブル
- あなたに必要な保険の見極め方
- ふるさと納税をやってみよう♪ぴったりな寄付額をチェック

TAC FP講座 オススメコース

自分に合ったコース・カリキュラムを知る! **2級本科生** 認 AFP認定研修対象コース

合格はもちろん、お金の知識を活かす方法が学べます!

各科目の頻出論点を中心に、実際の仕事や生活に活かせるレベルまで学習します。ファイナンシャル・プランニングの手法が身につく提案書の作成も講師が丁寧に指導しますので、**お金の知識ゼロ、3級をお持ちでない方でも、2級合格とAFP取得を安心して目指せるコース**です。

カリキュラム（全34回）
受講期間：4〜6カ月 ※1回2時間半

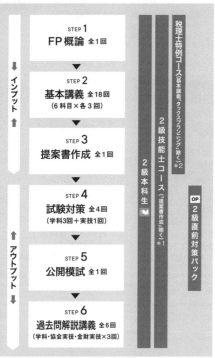

インプット

STEP 1
FP概論 全1回

STEP 2
基本講義 全18回
（6科目×各3回）

STEP 3
提案書作成 全1回

STEP 4
試験対策 全4回
（学科3回＋実技1回）

STEP 5
公開模試 全1回

アウトプット

STEP 6
過去問解説講義 全6回
（学科・協会実技・金財実技×3回）

税理士特例コース（基本講義、タックスプランニングを除く）※2

2級技能士コース（提案書作成を除く）※1

2級本科生

OP 2級直前対策パック

※実技試験は、日本FP協会は「資産設計提案業務」、金融財政事情研究会は「個人資産相談業務」に対応しています。
※「公開模試」について、会場受検か自宅受検かを選択できます。
※1「2級技能士コース」は、日本FP協会「2級資格取得有者が対象です。なお、当該コースの受講で AFP資格は取得できません。
※2「税理士特例コース」は税理士登録者が対象です。税理士試験合格だけでは対象になりません。
「税理士特例コース」を受講・修了することで、試験を受けることなく AFP資格を取得できます。
「税理士特例コース」申込時には「税理士証票」「公認会計士開業登録通知書もしくは登録証明書」のいずれかのコピーをご提出ください。

通常受講料

	2級本科生	2級技能士コース	税理士特例コース
通学（教室・ビデオブース）講座	¥101,000 無	¥96,000	—
通学（教室・ビデオブース）＋Web講座	¥110,000 無		
Web通信講座	¥101,000	¥96,000	¥78,000
DVD通信講座	¥121,000	—	—
Webフォロー	¥15,300	—	—

※上記受講料は教材費込・消費税込です。
※0から始まる会員番号をお持ちでない方は、受講料のほかに別途入会金（¥10,000・消費税込）が必要です。会員番号につきましては、TACカスタマーセンター（0120-509-117）までお問い合わせください。
※「2級本科生Webフォロー」は当該合格目標月の「2級本科生」「3・2級本科生」を受講している方のみお申込みいただけます。お申込みはTAC各受付または郵送のみです。
※「公開模試」の受講料は、「2級本科生」「2級技能士コース」の受講料に含まれています。

本科生・コース生
無料体験入学実施中!

無 **2級無料再受講制度対象コース**

無 のマークの付いたコースを申込むと次回または次々回の2級無料再受講制度をご利用いただけます。

Webフォロー

Webフォローは、受講している同一コースの講義をWebで視聴できるフォローです。弱点補強等、講義の復習や、欠席フォローとして様々にご活用いただけます。

一般教育訓練給付制度対象コース

のマークの付いたコースが対象です。

対象となるコースの要件を満たして受講修了した場合、受講料の一部が支給される制度です。ご利用には一定の条件があります。制度の詳細をご確認の上、ご利用ください。

※対象となるコースの開講月や校舎が限定されています。日程表及びTAC発行の「教育訓練給付制度パンフレット」をご確認の上、制度をご利用ください。
※通学メディアで教育訓練給付制度をご利用の場合、Webフォローでの受講は出席として扱われませんのでご注意ください。

FP（ファイナンシャル・プランナー）対策書籍のご案内

TAC出版のFP（ファイナンシャル・プランニング）技能士対策書籍は金財、日本FP協会それぞれに対応したインプット用テキスト、アウトプット用テキスト、インプット＋アウトプット一体型教材、直前予想問題集の各ラインナップで、受検生の多様なニーズに応えていきます。

みんなが欲しかった！ シリーズ

『みんなが欲しかった！ FPの教科書』
- ●1級 学科基礎・応用対策 ●2級・AFP ●3級
- 1級：滝澤ななみ 監修・TAC FP講座 編著・A5判・2色刷
- 2・3級：滝澤ななみ 編著・A5判・4色オールカラー
- ■ イメージがわきやすい図解と、シンプルでわかりやすい解説で、短期間の学習で確実に理解できる！ 動画やスマホ学習に対応しているのもポイント。

『みんなが欲しかった！ FPの問題集』
- ●1級 学科基礎・応用対策 ●2級・AFP ●3級
- 1級：TAC FP講座 編著・A5判・2色刷
- 2・3級：滝澤ななみ 編著・A5判・2色刷
- ■ 無駄をはぶいた解説と、重要ポイントのまとめによる「アウトプット→インプット」学習で、知識を完全に定着。

わかって合格る シリーズ

『みんなが欲しかった！ FPの予想模試』
- ●3級 TAC出版編集部 編著
- 滝澤ななみ 監修・A5判・2色刷
- ■ 出題が予想される厳選模試を学科3回分、実技2回分掲載。さらに新しい出題テーマにも対応しているので、本番前の最終確認に最適。

『みんなが欲しかった！ FP合格へのはじめの一歩』
- 滝澤ななみ 編著・A5判・4色オールカラー
- ■ FP3級に合格できて、自分のお金ライフもわかっちゃう。本気でやさしいお金の入門書。自分のお金を見える化できる別冊お金ノートつきです。

『わかって合格る FPのテキスト』
- ●3級 TAC出版編集部 編著
- A5判・4色オールカラー
- ■ 圧倒的なカバー率とわかりやすさを追求したテキストさらに人気YouTuberが監修してポイント解説をしてくれます。

『わかって合格る FPの問題集』
- ●3級 TAC出版編集部 編著
- A5判・2色刷
- ■ 過去問題を徹底的に分析し、豊富な問題数で合格をサポートさらに人気YouTuberが監修しているので、わかりやすさも抜群。

スッキリ シリーズ

『スッキリわかる FP技能士』
- ●1級 学科基礎・応用対策 ●2級・AFP ●3級
- 白鳥光良 編著・A5判・2色刷
- ■ テキストと問題集をコンパクトにまとめたシリーズ。繰り返し学習を行い、過去問の理解を中心とした学習を行えば、合格ラインを超える力が身につきます！

『スッキリとける 過去＋予想問題 FP技能士』
- ●1級 学科基礎・応用対策 ●2級・AFP ●3級
- TAC FP講座 編著・A5判・2色刷
- ■ 過去問の中から繰り返し出題される良問で基礎力を養成し、学科・実技問題の重要項目をマスターできる予想問題で解答力を高める問題集。

書籍の正誤に関するご確認とお問合せについて

書籍の記載内容に誤りではないかと思われる箇所がございましたら、以下の手順にてご確認とお問合せを
してくださいますよう、お願い申し上げます。
なお、正誤のお問合せ以外の**書籍内容に関する解説および受験指導などは、一切行っておりません。**
そのようなお問合せにつきましては、お答えいたしかねますので、あらかじめご了承ください。

1 「Cyber Book Store」にて正誤表を確認する

TAC出版書籍販売サイト「Cyber Book Store」の
トップページ内「正誤表」コーナーにて、正誤表をご確認ください。

CYBER TAC出版書籍販売サイト
BOOK STORE

URL：https://bookstore.tac-school.co.jp/

2 1の正誤表がない、あるいは正誤表に該当箇所の記載がない
⇒下記①、②のどちらかの方法で文書にて問合せをする

★ご注意ください★

お電話でのお問合せは、お受けいたしません。
①、②のどちらの方法でも、お問合せの際には、「お名前」とともに、
「対象の書籍名（○級・第○回対策も含む）およびその版数（第○版・○○年度版など）」
「お問合せ該当箇所の頁数と行数」
「誤りと思われる記載」
「正しいとお考えになる記載とその根拠」
を明記してください。
なお、回答までに1週間前後を要する場合もございます。あらかじめご了承ください。

① ウェブページ「Cyber Book Store」内の「お問合せフォーム」より問合せをする

【お問合せフォームアドレス】

https://bookstore.tac-school.co.jp/inquiry/

② メールにより問合せをする

【メール宛先　TAC出版】

syuppan-h@tac-school.co.jp

※土日祝日はお問合せ対応をおこなっておりません。
※正誤のお問合せ対応は、該当書籍の改訂版刊行月末日までといたします。

乱丁・落丁による交換は、該当書籍の改訂版刊行月末日までといたします。なお、書籍の在庫状況等
により、お受けできない場合もございます。
また、各種本試験の実施の延期、中止を理由とした本書の返品はお受けいたしません。返金もいたし
かねますので、あらかじめご了承くださいますようお願い申し上げます。

（2022年7月現在）